王永昌精选集

王永昌 ◎ 著

人民日报出版社
北京

图书在版编目（CIP）数据

王永昌精选集 / 王永昌著. -- 北京：人民日报出版社，2024.4
ISBN 978-7-5115-8253-9

Ⅰ.①王…　Ⅱ.①王…　Ⅲ.①哲学 - 中国 - 文集
Ⅳ.①B2-53

中国国家版本馆CIP数据核字（2024）第066128号

书　　名：王永昌精选集
　　　　　WANG YONGCHANG JINGXUAN JI
作　　者：王永昌
出 版 人：刘华新
策 划 人：欧阳辉
责任编辑：曹　腾　杨　校
版式设计：九章文化
出版发行：人民日报出版社
社　　址：北京金台西路2号
邮政编码：100733
发行热线：（010）65369509　65369527　65369846　65363512
邮购热线：（010）65369530　65363527
编辑热线：（010）65369523
网　　址：www.peopledailypress.com
经　　销：新华书店
印　　刷：北京盛通印刷股份有限公司
法律顾问：北京科宇律师事务所　010-83622312

开　　本：710mm×1000mm　1/16
字　　数：215千字
印　　张：20
版次印次：2024年8月第1版　2024年8月第1次印刷

书　　号：ISBN 978-7-5115-8253-9
定　　价：78.00元

目录

哲学是一门怎样的科学…………………………………001

哲学与时代的断想………………………………………005

哲学在当代有哪些使命…………………………………018

人是实践创造着的存在物………………………………021

论人的实践创造本质……………………………………032

实际活动的人：马克思新世界观的出发点……………043

论天然世界与人为世界及其哲学意义…………………056

实践观念存在的内在逻辑、含义和特性………………068

实践观念存在的客观依据及其认识论价值……………078

用马克思主义观点深化人的研究………………………088

论价值的含义、要素和生成的根据……………………098

"事实检验"与"价值检验" …………………… 109

略论主客体间意识关系的三个层次 …………… 113

矛盾对立面是向"他者"转化 ………………… 121

可能性空间：在生产力与生产关系之间 ……… 126

世界大变局视野下的确定性与不确定性 ……… 136

不确定性原理告诉人们要向内而生 …………… 145

改革开放实践与常识性问题 …………………… 154

改革开放实践与世界现代化过程 ……………… 157

改革开放实践与中国现代化的民族性 ………… 160

改革开放实践与人类文明新形态 ……………… 163

改革与代价 ……………………………………… 167

"经济人"与"道德人" ………………………… 177

阳明心学对培育企业家精神的时代价值 ……… 183

探索跨越"中等收入陷阱"的中国方案 ……… 193

现代经济体系中的"三大经济形态" ………… 200

"三大经济形态"的异同关系 ………………… 207

"三大经济形态"的交融关系 ………………… 220

区分"三大经济形态"的重大意义 …………… 223

金融是激活财富的无穷"酵母"……………………227

普惠金融是助推百姓财富增值的金融"福音"……233

努力建设美好生活大国……………………………239

共同富裕是发展人类文明新形态的历史性创举……248

实现共同富裕是一个长期的历史过程………………261

绿水青山何以就是金山银山………………………272

谈谈"绿水青山"如何转化为"金山银山"…………286

构筑全人类共同价值哲学话语体系…………………294

在新时代新征程上奋力走好新的赶考路……………303

哲学是一门怎样的科学

"哲学是研究自然、社会和人类思维发展的最一般规律的科学","哲学是人们对于整个世界的根本看法的体系"。这是我国比较流行的哲学定义。但我觉得却有进一步商榷的必要。

首先,迄今为止,面对无穷无尽的宇宙世界,我们人类充其量不过是处于孩提时期,只在十分有限的小天地里忙碌着。所以,从科学、实证的观点看,人类还谈不上能对"整个世界"提出多少"根本的看法""一般的规律"。当然,宇宙间的事物是相互联系的,我们能够从已有知识由此及彼地推断出未知领域的"知识",但这种"知识",严格地讲,只是逻辑的推论,是未被证实的判断和猜测,还谈不上是真正意义上的"科学"。可是,在现行的哲学论著里,一方面存在着大量尚未被实践和科学发展所证实的"逻辑推理",另一方面却又简单地断定这些"逻辑推理"就是"科学原理"。这种"矛盾"现象的存在,大都与把哲学规定为"研究整个世界的一般规律的科学"这一传统定义相关。

其次，传统哲学定义的主要理论依据，是毛泽东同志的下述论断：哲学是"关于自然知识和社会知识的概括和总结"。[①]但是，在这一定义中，并没有用广泛无边的"整个世界"的概念，也没有把"整个世界"视为哲学的研究对象，更没有规定哲学对未被人们所触及、所认识的"自在之物"也要提出"看法""规律"。相反，他指出，哲学应立足于已知的"自然知识和社会知识"，是关于自然知识和社会知识的概括和总结。

再次，如果把哲学定义为研究整个世界一般规律的科学，那就等于说古今中外的一切哲学流派、一切哲学理论都是科学的。然而，这是不符合历史事实的。在哲学发展史上，有不少哲学理论、哲学体系、哲学观点都称不上是科学的。

最后，传统的哲学定义并没有完全体现哲学的本质。所谓哲学的本质，就是哲学的根本、本性、要旨和哲学的中心问题。把哲学视为研究整个世界最一般规律的科学，虽然指出了哲学不同于其他学科的一个重要特点，即哲学是人类所有研究中最为一般、最为顶层的一些基本问题，但是，哲学研究的最为一般性问题，是不是从"整个世界"的整体和单方面来进行的呢？其实并不完全是这样的。我们认为，就哲学的本质而言，哲学是一门思索和研究主体与客体、人与世界关系最为基本问题的学说。

正因为这样，恩格斯才说，哲学的基本问题、最高问题是思维与存在的关系问题，即主体与客体、人与世界的关系问题。思

[①] 《毛泽东选集》第3卷，人民出版社1991年版，第816页。

维与存在、主体与客体、人与世界的关系，细究起来，其含义可以有所不同，学术界也有争议。但我认为，这两种表述在其实质上基本含义是一致的，即都涉及人与存在及其关系问题。可惜的是，在现行的哲学体系和哲学教科书中，并没有从这一基本内涵方面去领会、理解恩格斯的上述著名论断。纵观整个哲学发展史，古今中外的哲学家们大都是从不同角度，围绕着主体与客体、人与世界的关系问题来建立自己的学说、来阐发自己的哲学见解的。

也正是在主体与客体、人与世界的关系问题上，才能充分体现哲学的本质和哲学区别于其他学科的特点。一般地讲，除哲学之外，所有具体学科，或侧重于研究客体（世界）的某一方面，或侧重于研究主体（人、思维）的某一方面。唯独哲学，才把主体与客体、人与世界、思维与存在关系内在地结合起来并由此去研究它们的对象性关系。因而，哲学才得以比其他学科站得更高、探讨的问题更具一般性，也就是人与世界关系的根本性的"元问题"。

哲学要探讨思维、人、主体问题，但它不只是孤立地、单方面地来探讨思维、人、主体，而是从客体与主体、世界与人、存在与思维的关系角度来探讨人、思维、主体；同样，哲学探讨客体、存在、世界的问题，也不只是孤立地、单方面地来探讨客体、存在、世界，不是从"整个世界"来探讨"世界"，而是从主体与客体、思维与存在、人与世界的关系角度来探讨客体、存在、世界的。离开了这种"关系"、脱离了"对象性"、不从"矛盾性"角度去分析和探讨问题，也就不是真正从哲学高度去探讨问题了。

  总之,传统的哲学定义在很大程度上带有主观性和非现实性。只有把哲学定义为一门研究主体与客体、人与世界关系问题的学说,才能揭示出哲学与各门具体学科的根本区别,才能概括出历史上所有哲学的基本特点,从而真正体现出哲学的内在本质。

哲学与时代的断想

自古以来,哲学始终与时代处于生生不息的彼此联系之中。时代的脉搏就是哲学的脉搏;哲学的命运就是时代的命运。但是,如何界定和把握哲学与时代的"相关性",其观点却莫衷一是,意见众说纷纭。能否正确把握这种"相关性",直接涉及哲学的本性和功能、哲学的使命和价值。因此,深刻反省哲学与时代的关系,对于哲学和时代的发展来说,都是十分必要的。

在哲学与时代的关系上,马克思说过不少至理名言,最令哲人智者们难以忘怀的是:"哲学家的成长并不像雨后的春笋,他们是自己时代、自己人民的产物。人民最精致、最珍贵和看不见的精髓都集中在哲学思想里";"任何真正的哲学都是自己时代精神的精华"。① 马克思的话值得我们再三品味:哲学不仅是时代的精神,而且是站在时代精神之巅的"精华";哲学不仅仅是时代和人民的产物,而且是时代和人民心中那些最精致、最珍贵的

---

① 《马克思恩格斯全集》第1卷,人民出版社1956年版,第120—121页。

"精髓"。然而，到底什么是"时代精神的精华"和"最精致、最珍贵和看不见的精髓"呢？是不是反映了当下时代现实基本精神的哲学就是"时代精神的精华"？有的人往往只是直观地、被动地理解马克思的名言，以为哲学是时代和人民的产物，只要反映时代现实的基本精神的哲学，就是站在时代精神之巅的精华——真正的哲学了。其实并不完全如此。

不错，任何一种哲学——哪怕是近乎荒谬的哲学——都离不开产生它的时代，都或多或少地反映着时代的精神，都蕴含着那个时代的影子。但是，在马克思看来，真正哲学决不仅仅是时代精神的"记录""回声"，真正的哲学应该成为时代精神之巅的"瞭望塔"，纵观时代的过去、现在和未来，横察时代和人民的心灵呼唤，引导时代和人民的思想境界；真正的哲学不但依赖于自己的时代和人民，而且还必须关注自己的时代和人民，向时代和人民负责，尽哲学自己应尽的时代责任。正因为如此，马克思才崇尚这样的哲学："象普鲁米修斯从天上盗来天火之后开始在地上盖屋安家那样，哲学把握了整个世界之后就起来反对现象世界。"[①]而反对这样的哲学："喜欢幽静孤寂、闭关自守并醉心于淡漠的自我直观。"[②]马克思之所以成为马克思，关键就在于他与当时的时代现实和人民同呼吸、共命运；扎根于时代现实而又不迁就于时代现实；正确地解释时代现实而又主张实际地改变时代现实；理性地批判时代现实而又理智地建构时代未来。这就是马克

---

① 《马克思恩格斯全集》第40卷，人民出版社1982年版，第136页。
② 《马克思恩格斯全集》第1卷，人民出版社1956年版，第120页。

思倡导的理论与实践的统一，哲学与时代的活生生的统一。真正的哲学，必然是和现实世界能动地相互作用的，而不只是被动地反映"时代精神"。

对此，马克思也说得清清楚楚："因为任何真正的哲学都是自己时代精神的精华，所以必然会出现这样的时代：那时哲学不仅从内部即就其内容来说，而且从外部即就其表现来说，都要和自己时代的现实世界接触并相互作用。"①

由此看来，马克思认为只有真正的哲学，才称得上是"自己时代精神的精华"，并不是任何一种什么哲学都可以称得上"时代精神的精华"；真正把握了自己时代精神精华的哲学，绝不应仅仅止步和满足于对"自己时代"的静态直观和单向理解的水平，而必须实际地与现存世界相互作用，批判性地超越自己的时代，理性地呼唤和创造着新的时代。这样的哲学才是彻底地与时代、与人民彼此融为一体的哲学。

真正把握时代精神而达至其精华的哲学，必然是正确地解释时代现实、理性地分析和批判时代现实、敏锐地洞察时代的未来趋势而合乎逻辑地超越现实和引领新的时代、向时代和人民高度负责的精神旗帜。质言之，解释时代现实、批判时代现实、超越时代现实，构成了"时代精神的精华"的三个基本内容和含义，它们不可或缺，否则就称不上——至少称不上完整的——"时代精神的精华"。

时代现实首先是哲学认识和理解的对象。只有正确认识和解

---

① 《马克思恩格斯全集》第1卷，人民出版社1956年版，第121页。

释时代现实,才有可能打开迈向时代精神宫殿的大门。所谓正确地解释时代现实,就是要揭示这个时代产生和存在的历史逻辑,说明这个时代的基本本质,解开这个时代基本的社会结构,反映这个时代脉搏跳动的主导音符和人民的真实心声,捕捉住这个时代中显露出来的未来发展端倪,也就是合历史地、合规律地、实事求是地理解和说明这个时代的现实。不先解决时代现实的解释问题,对时代现实的理性批判和内在超越也就失去了客观前提和现实基础,因而也就缺乏其应有的科学性和生命力。正如马克思当年在批判他那个时代的现实时指出:"对现代国家制度的真正哲学的批判,不仅要揭露这种制度中实际存在的矛盾,而且要解释这些矛盾;真正哲学的批判要理解这些矛盾的根源的必要性,从它们的特殊意义上来把握它们。"[①]

对时代现实的批判,就是在正确地理解和解释时代现实的基础上,站在是否合乎客观规律、是否有利于人类的生存和发展的立场上,去理智地分析时代现实,去张扬和欢呼铸造着真善美的时代现实,抑制和揭露那些假恶丑的社会现实。哲学对时代现实的把握,始终是严肃、真诚、可信的理性分析和理性批判。

对时代现实、现存世界的理性批判,必然导致对时代现实的能动超越。因为,理性的批判,是一种理智性、合理性和建设性的"怀疑",是一种理性反省和历史自信,是一种理想的追求,因而理性的批判是实现对时代现实的能动超越的基础,只有"在批判旧世界中",才能"发现新世界"。所谓对时代现实、现存世

[①] 《马克思恩格斯全集》第1卷,人民出版社1956年版,第359页。

界的能动超越，就是在正确理解和理性批判时代现实的基础上，对时代现实的积极扬弃，对时代现实的未来命运和发展趋势的超前把握，对时代现实和未来趋势的理想建构，哲学地变革和塑造时代现实，为追求真善美的时代现实和抑制假恶丑的社会现实的人们、为弘扬真理和正义事业的人们、为维系人类生存和发展的神圣使命而不屈不挠奋斗着的人们，提供行动上、理智上和道义上的根据和支撑，从而使哲学真正成为人民内心的活生生的灵魂，成为变革和超越时代现实的精神旗帜。

解释时代、批判时代和超越时代——作为时代精神的精华——真正的哲学的彼此关联的三个基本要素，实际上是哲学以高度浓缩的、统一的整体形式反映和把握了一切时代的时代精神的基本逻辑，反映和把握了一切时代的时代现实的产生、存在和发展的基本形态，反映和把握了一切人类社会自我变革、自我超越、自我发展的基本过程，也反映和把握了人类一切理智活动、实践活动的内在基本结构。正因为如此，它们才称得上是"时代精神的精华"，才称得上是自己时代、自己人民的"最精致、最珍贵和看不见的精髓"。可以说，任何一个时代现实、时代精神、人类社会和人类活动，其深层的内部结构都必然包含着解释、批判（分析）和超越的逻辑环节，它们以不同的形式、不同的机制、不同的功能维系着那个时代的存在和发展。

然而，总有一些人热衷于把马克思主义哲学的"时代观"黑格尔化，认为哲学只能是自己时代的产物，只能听命于时代，只能是时代支配和决定哲学。不错，黑格尔当年曾经断言："就个人来说，每个人都是他那时代的产儿，哲学也是这样，它是被把握在思想中的它的时代。妄想一种哲学可以超出它那个时代,这与妄想个人可以跳出他的时代,跳出罗陀斯岛,是同样愚蠢的。如果它的理论确实超越时代,而建设一个如其所应然的世界,那末这种世界诚然是存在的,但只存在于他的私见中,私见是一种不结实的要素,在其中人们可以随意想象任何东西。"[①]虽然黑格尔本人是一位哲学著作等身、颇有杰出成就的伟大哲学家,而且一生都献身于哲学事业,但在哲学对时代的作用和意义上,他大概是一个典型的"无所作为"的悲观论者。也尽管黑格尔在青年时代曾胸怀大志、雄心勃勃地宣称要"为塑造我们的时代尽自己最大的力量"[②],但在晚年他却把哲学禁锢在时代现实的"锁链"里,甘当时代现实和普鲁士王国的聪明的"辩护师"。黑格尔只看到时代决定哲学、支配哲学,哲学依赖时代、反映时代,而看不到真正的时代哲学是可以和时代相互作用的。

事实上,时代哲学与时代现实的关系不只是单向的,而且是双向的;不只是时代决定哲学,而且哲学也影响时代;不光是时代创造哲学,而且哲学也创造时代;不仅是时代规定哲学,而且哲学也改造时代;不只是时代推进哲学,而且哲学也推进时代。这是因为哲学能够站在时代精神之巅,用理性之箭射穿时代现实的表层之雾,把握时代现实的真正本质,看到时代未来的发展方向。

哲学对自己的时代和自己的人民、对呼唤时代灵魂和人民心

[①] 〔德〕黑格尔:《法哲学原理》,范扬、张企泰译,商务印书馆1961年版,第12页。

[②] 苗力田:《黑格尔通信百封》,上海人民出版社1985年版,第52页。

声、对变革现存的时代和创造新的时代,决不是无所作为、无能为力的。

哲学作为人类理性沉思和思想感情的一种表现形态,自然带有时代特征,但它作为人类理性的能动形态,又必然体现着人类的创造性,它不仅蕴含和表现时代精神、民族性格和人民心灵,而且也能动地参与形成时代精神、民族性格和人民心灵。哲学脱离了自己时代和人民,便成了无本之木、无源之水,不可能成为时代命运的号角,时代远望的理想,时代发展的先声,也不可能化为人民变革时代、推进时代和创造时代的无畏勇气和精神力量。

哲学要成为"解释""批判""超越"的真正无愧于自己时代和人民的"灵魂"和"精髓",首先必须保持和弘扬哲学所特有的本性。这种本性至少表现在以下几个方面:

第一,哲学诉诸理性的思考和审视,而不诉诸武断和盲从。哲学自古是人类追求智慧的理智性活动。但是,无思考、无审视也就无智慧、无哲学,真正的哲学宫殿必须建立在理性思考和理性审视的基础上。哲学从来不认为有任何东西是理所当然、绝对神圣而只能顶礼膜拜、不能审视的。"哲学并不要求人们信仰它的结论,而只要求检验疑团。"[1]哲学认为人类生活的真正价值和意义,恰恰在于人们能不断地探究、思考、察问和审视其生存的境遇、生活的目的、人作为人的尊严和命运,正如苏格拉底说的:"一种未经审视的生活还不如没有的好。"

---

[1] 《马克思恩格斯全集》第1卷,人民出版社1956年版,第123页。

第二,哲学诉诸真理和真相,而不诉诸"启示"和权威。真正的哲学从来就不是本质软弱、缺乏骨气的奴仆,它也从来与奴颜婢膝的习性、阿谀奉承的言辞、欺世盗名的假话无缘。哲学的力量在于激发人们去追求真理,在于说出事理的真相。"追求真理的勇气,相信精神的力量,乃是哲学研究的第一个条件。"①哲学不屈从于任何"启示"和权威,它只服从于事物的真理和真相。因为,"真理是普遍的,它不属于我一个人,而为大家所有;真理占有我,而不是我占有真理"②。

第三,哲学诉诸理性的怀疑,而不诉诸神化的教条。在彻底地思考和追求真理的地方,必然会有科学的、理性的怀疑,而不存在愚昧的迷信和盲目的信仰。理性的怀疑使瘫痪的精神和人格站立起来,而盲目的信仰、神化的教条则使站着的精神和人格瘫痪下去;前者使人热爱真理和思考,使人理智和清醒,后者使人唯唯诺诺,人云亦云,使人迷茫和麻木。理性的怀疑就是对业已存在的一切东西的再认识、再审视、再检验,正是在这种反思性怀疑的活动中,才产生了高于其他一般精神活动的理性的哲学思维。没有科学的理性怀疑,便不会有真正的哲学真理和哲学智慧。

第四,哲学诉诸理性的批判,而不诉诸浅薄的"微笑"。由于哲学诉诸理性、思考、真理和怀疑,它必然也倡导理性的批判精神。批判也就是分析、反省、思考,而不是无视一切、否定一

---

① 〔德〕黑格尔:《小逻辑》,贺麟译,商务印书馆1980年版,第36页。
② 《马克思恩格斯全集》第1卷,人民出版社1956年版,第7页。

切。科学的批判精神本质上是一种求实求真精神、追根究底的真理精神、执着无畏的革命精神。哲学从来不承认有完美无缺、尽善尽美、天然合理的东西,"在它面前,不存在任何最终的绝对的、神圣的东西"(借用恩格斯语)。"这是因为哲学是一门批判性的学科。无论哲学的注意力是集中在生活关系上,还是集中在我们用以解释和组织经验的概念和语言框架上,哲学总是一种批判性的思考。换句话说,哲学家不轻信,他们不愿受到印象(表象)或言辞(语词)的欺骗和愚弄。"① 哲学的理性不是别的,就是一种对人们自身、对周围世界、对人们生活价值、对人们信仰信念和行为追求等对象世界进行的批判性思考。

第五,哲学诉诸理性的理想和能动的超越,而不诉诸虚无主义地否定一切、抛弃一切。哲学立足于时代现实而又高于时代现实,用无畏的理性力量去唤醒和驱动时代的精神、人民的信念,是用理性去导引、呼唤和孕育新的时代和新的时代精神。因此,真正的哲学总是时代的灵魂、时代的旗帜、时代的号角、时代的先声;总是为时代和人民提供着"最精致、最珍贵"的精神力量和坚定信念,去孕育和催发着人们追求更加美好的未来理想;总是站在时代当下现实之上呼唤人们去能动地创造新的时代现实。因而真正的"时代精神的精华"——时代哲学,是追求现有与应有、现实与理想、批判与建设的内在统一体。当然,哲学所追求、所赋予人们的理想,是科学的、理智的、现实的理想,而不

---

① 〔美〕菲力浦·劳顿,〔美〕玛丽–路易丝·毕肖普:《生存的哲学》,胡建华、杨全德等译,湖南人民出版社1988年,第4页。

是虚幻的、武断的、神学的、教条的"信仰";哲学所追求、所具有的超越,也是合乎情理、合乎理性的现实超越,而不是随心所欲、狂妄傲慢的虚无否定。理想和超越是内在关联的:没有理想也就没有超越,没有超越也就无法兑现理想;理想是超越的一个环节,而超越是理想的本质和实现过程。哲学要实现自己的时代和人民所赋予的使命,就必然理性地建构未来的理想和能动地确立起超越意识。

第六,哲学诉诸变革和行动,而不诉诸幽静孤寂的自我直观。有理想信念和超越精神的哲学,是绝不会甘愿把自己闭锁在淡漠的、冰冷的自我直观之中的,而必然会导向关注人及其现实的行动。因为,纯粹的理性活动,并不能代替现实人的现实活动,现实的理想和超越只有在现实人的现实活动中才能现实化。"思想根本不能实现什么东西。为了实现思想,就要有使用实践力量的人","要想站起来,仅仅在思想中站起来,而现实的、感性的、用任何观念都不能解脱的那种枷锁依然套在现实的、感性的头上,那是不行的"。[①]但是,这并不是说人们的思想、哲学的理性对变革时代现实和改造客观世界是毫无作用的,而只是说,仅仅通过思想,仅仅满足于观念,是不能直接改变世界、实现超越的。其实,虽然思想本身不能直接改变世界,但富有理想、批判和超越精神的思想,可以感召人心、导致人们行动地对世界进行变革的实践性解释,从而成为驱动人们行动的实践意识;虽然观念本身不能直接创造新世界、新时代,但富有理想、批判和超

---

① 《马克思恩格斯全集》第2卷,人民出版社1957年版,第152、105页。

越意识的观念，却可以发现新世界、新时代，可以改变人、塑造人、武装人，而人则能现实地创造新世界和新时代。

哲学要成为"解释""批判"和"超越"的"时代精神的精华"，除了要保持和弘扬其特有的独立本性，还必须恰到好处地处理哲学与时代现实的复杂关系。

保持和弘扬哲学的特有本性，并不是说要把哲学的理性之光束缚在哲学家们的狭窄的书斋里，不是要在哲学与现实之间筑起隔风挡雨的"围墙"，更不是说哲学越"纯"越好、越远离时代现实越好。恰恰相反，是为了哲学能按其特有的本性和特点去更好地把握时代现实。那种主张远离或脱离时代现实的、自我淡漠直观的、自我吐丝织网和自吟自乐的纯哲学观点，将使哲学偏离时代现实、丧失哲学诸多本性和社会功能。那些要求哲学非时代化、非现实化、非社会化、非实践性的倾向，势必把哲学拉进幽静孤寂的自我封闭的死胡同。

在哲学与时代现实的关系问题上，正确的态度和做法应该是：既立足于时代现实、关注时代现实，又要保持哲学自身的特有特性。这就要求哲学既根植于时代现实，又高于时代现实；既切入时代现实，又审视时代现实；既走向时代现实，又批判和超越时代现实；既要和时代现实同呼吸，又要给时代现实注入理性的理想之光。

哲学要成为时代精神的真正精华，还必须具体地分析时代和时代现实的基本性质，切中时代的主导本质，把准时代的主导问题，进而确定自己与时代现实是肯定还是否定的性质，及其非此即彼的多维关系。

"时代"不过是人们对具有相对统一和主导本质的社会历史运动时态的一种"刻划"和"量度",在一个大时代里还可以有阶段性的"小时代"。时代有生机勃勃的向上发展的时代,也有处于落日余晖的逐渐衰亡过程中的时代,还有喜忧参半、无所作为、维系现状的停滞时代。此外,这些时代在某一发展阶段上还往往会出现与该时代"主调"不相符的"小时代"。哲学是理性地肯定时代、歌颂时代、与时代和谐一致,还是理性地思考时代、鞭挞时代,这要取决于时代的基本性质。但不管怎样,哲学都必须对时代现实保持自身的独立本性,立足于时代,又高于时代,正确地解释时代、理性地批判时代和能动地超越时代,即使这个时代处于健康成长、向上进步的发展过程中,也应该如此。因为,哲学的理性从来不满足于现状,而总是向自己的时代和人民提出更加真善美的理想的精神境界。

对一个时代性质的正确把握和评说,往往在这个时代过去之后才有更多的可能。这是因为"不识庐山真面目,只缘身在此山中",再加上人们可以从不同的视角去界定同一个时代,如从经济的、政治的、制度的、科技的、文化的等不同侧面,去把握一个时代的特性,这就要求哲学应比其他学科站得更高、视野更开阔和更整体地审视、把握自己的时代。从哲学的高度更完整地把握时代特性,也就是从人与周围世界的关系方面去解释、批判和超越时代。人怎样处理人与世界关系的活动及其方式的不同特性,构成了人与世界关系的不同历史性阶段和时代性格局,也铸造了具有时代特征的时代哲学。而这样的时代哲学,则必然映现着、集中着、珍藏着和孕育着自己时代精神的精华。

从人与世界关系的哲学方面去审视，和平与发展是时代的两大主题，变革与发展是时代的最大现实。无论是和平与发展，还是变革与发展，它们的共同实质和哲学基础，都在于探索、寻找和创造人类处理人与世界关系的新的时代格局和方式。离开了探索和创新实践，不可能有生机勃勃的时代；换句话说，任何时代都需要探索和创新才能进步。真正的哲学不应置身于时代现实之外，而应该对人与世界关系的历史格局、现实格局和未来格局以及它们的发生、发展和进化的运动规律，从根本上、整体上作出高屋建瓴的理性回答——时代的"最高精华"。

总之，无论对时代现实的求实解释，还是对时代现实的理性批判和能动超越，哲学都可以发挥自己的独特作用。解释的求实精神、批判的反省精神和超越的实践精神，探索、变革、思考、创造，正是我们时代肯定意义上的"时代精神"和主导本质；而构成一切时代的真正哲学的精华的基本要素，恰好也是它的"解释""批判"和"超越"的独有"天职"。对真正的哲学来说，时代问题、时代命运、时代使命，绝不是额外的、无为的负担，而是时代的恩赐和哲学的幸运。

哲学在当代有哪些使命

哲学作为人类掌握外部世界和人自身世界的一种理性方式，它不仅反映和表现对象世界的特征，而且也能动地体现出人的创造性，并参与形成人的历史、文化和社会，参与塑造时代精神。任何民族和时代都会有自己相应的哲学。哲学是一个民族、一个时代的灵魂和性格。

哲学，特别是马克思主义哲学，之所以具有改造世界的现实力量，是因为它提供诉诸理性批判的世界观和方法论，提供精神世界的理性王国，提供人存在和进化的根据，提供人的生活支柱、价值和意义，提供人创造世界的动力和追求理想的"灯塔"，从而引导人们超越现象走向本质，超越迷茫走向执着，超越虚幻走向理智，超越现实走向未来，超越荒诞走向真理，超越世俗走向神圣，超越启蒙走向创造。

当代中国哲学的现实命运和发展前景，主要取决于以下两个方面：一是我们的哲学能否或多大程度上理解和把握当今中国社会变革和现代化建设实践的本质及意义，反映和表现当代中国、当代世界的主旋律和时代精神；二是我们的哲学工作者能否或多大程度上能按照哲学独特的本性、功能和特点，提供只有哲学才能提供的"理性世界"、理性智慧和思维方式，从而参与塑造时代精神，推动时代发展进步。不是时代不需要"清高"的哲学，而是哲学能否满足时代现实和现实时代走向未来的需要。因此，哲学家们应该有强烈的时代使命和责任感。

以往，曾这样那样地出现过哲学的"贫困化"和"冷落化"现象，有的人存在着丧失理念、丧失信仰、丧失文化、丧失哲学的现象，这也许是世俗流风所致。就是说，我们的哲学还未能很好地反映和参与塑造新的时代精神，还未能实现哲学的当代化，还落后于时代实践。

当代中国的改革开放及其思想理论创新发展的轨迹，告诉人们一个朴实的真理：马克思主义（包括它的哲学）的生命力在于它不断实现自己的中国化时代化，能随着时代的发展而发展。改革开放实践中形成并不断丰富着的中国特色社会主义理论，就是活生生的当代中国的马克思主义。中国特色社会主义理论，用新的思想、新的观点和新的方法深刻地丰富和发展了马克思主义。中国特色社会主义理论的日趋成熟和社会主义市场经济理论的确立及发展，开启了中国历史发展的新征程，也给当代中国哲学的发展提供了广阔的新天地。

我认为，当代中国哲学的时代课题，最主要、最迫切的有：探讨和完善中国特色社会主义理论的哲学基础；探讨和确立以体制改革为重心的社会全面改革开放的哲学基础；探讨和确立社会主义市场经济的哲学基础；探讨和研究近代社会、现代文明发展的哲学基础；探讨人类社会制度、社会形态存在、发展以及人类命运共同体的哲学基础，并从中得出令人信服的哲学思想层面的必然和应然的内在结论；等等。

当代中国哲学的时代使命，最主要、最迫切的是：用哲学的方式去解放和发展人的生产力、人的生命力，去解放和发展人的创造力，去解放和发展社会的生产力和创造力。哲学没有同自己时代主旋律相吻合的使命和责任感，就不会有足以撼动人们深层理性和灵魂的力量。

时代精神应该有主音符，因为时代实践有主题。时代主题的直接反映是时代精神，而时代精神背后的理性良知、跳动的脉搏和神圣的灵魂，便是时代精神的精华，也就是最深层的哲学思想。当代中国最需要的哲学理念、哲学精神是什么？这需要作广泛深入的探讨，百家争鸣。我个人以为，从近、现代人类文明发展轨迹及其发展趋势，从中华优秀传统文化的特点及近、现代中国历史发展的逻辑，特别从社会主义建设和发展的曲折过程以及改革开放的成功实践等方面来看，当代中国哲学应着重塑造和弘扬一种合理的理智理性，或者说就是理性的实践精神、实践的主体精神，它的核心是立足于人的全面发展和社会文明进步的求实创新精神。

人是实践创造着的存在物

人是现实创造着的存在物。人类的进化史,就是人类顽强拼搏的奋斗史;人类文明的发展史,就是人类不屈不挠的创造史。因为,人的进化,同时也意味着人的本能的退化;人越作为人向前发展,他就越无法靠自然本能而生存;人越走向文明,他就越需要更多地依靠自己的创造活动。这是人类的进化和文明发展的一个基本规律。正因为如此,人类的文明发展是不可逆转而不断拓展发展的。

一、人的"退化"与进化

在艰难曲折的漫长进化过程中,无情的大自然使人类的先天本能日趋退化。但这种"退化",同时也意味着人类的进化,因为它"迫使"人类必须自己依靠自己,自己创造自己,自己完善自己,自己去创造出"人"的生存方式,发展出"人"的生存能力。这就是人的"后天学能"的生成和发展。

先天本能的退化和后天学能的进化,是人类发展进程中互为因果的两个相反相成的侧面。如果用非哲学化的语言来描述人类进化中的这种相反相成现象,那就是:大自然造成了人在本能上的"缺陷",人则不得不去寻找和发展自我保存的能力,以弥补这种"缺陷";大自然没有给人事先"设计"好一切行为的必然性"指令",这等于"抛弃"了人,让人成为四处流浪的"弃儿",人却因此而上升为自然和人自身的"主人";大自然使人的本能日趋退化,这等于让人在威力无比的大自然面前"无能为力",人却由此变得大有作为。这正可谓"因祸而得福"。

中国哲人王夫之也曾作过生动而有趣的描述:人裸而猿毛,人圆胪而牛有角,此乃自然天道也;然而,人故此而"辑裘以代毛","铸兵以代角";"夫人之为道,既异于天之无择矣"。他认为,自然天道无为,人道则有为,与天道抗争,"人有为也,有为而求盈,盈而与天争胜"。如同"穷则思变""置之死地而后生"一样,人在先天本能上的退化,导致了人在后天学能上的创造:"人有可竭之成能,故天之所死,犹将生之;天之所愚,犹将哲之;天之所无,犹将有之;天之所乱,犹将治之。"

二、"劳动创造了人本身"

如果说大自然给类人祖先提供了进化为"人"的生物学前提,那么,完成由类人祖先向人进化的直接根据,则是我们人类遥远祖先的生产劳动。

恩格斯指出,生产劳动是"使人从动物界上升到人类并构成人的其他一切活动的物质基础"①。我们完全有理由可以这样说，当一种"动物"主要不是依靠自然的本能行为从自然界那里直接获取生存的必需品，而是通过自己的活动去变更自然，并创造出自己所需要的新的"生命材料"时，这种"动物"就不再是一般的动物，而是"属人"动物了，或者说是"人化"的动物了。因此，生产劳动是类人祖先进化为人的起点，是人作为人而产生和存在的真正根据。这样，我们"在某种意义上不得不说：劳动创造了人本身"②。

既然人产生的现实根据是人的生产劳动，那么，生产劳动就是人作为人的现实产生的起点，是人和其他动物最根本的区别：人类和动物的本质区别就在于，动物"最多是搜集，而人则从事生产"。如果说动物在维持自身生存的"搜集"活动中也"改变自然"的话，那么，"动物仅仅利用外部自然界，单纯地以自己的存在来使自然界改变；而人则通过他所做出的改变来使自然界为自己的目的服务，来支配自然界。这便是人同其他动物的最后的本质的区别"③。

因此，我们完全可以得出这样的结论：人是通过自己的生产劳动、实践活动，自己创造出自己来的；人自身的活动就是人作为人的根据。正因为如此，恩格斯才指出："人是唯一能够由于劳动而摆脱纯粹的动物状态的动物——他的正常状态是和他的意

---

① 《马克思恩格斯全集》第20卷，人民出版社1971年版，第374页。
② 《马克思恩格斯全集》第20卷，人民出版社1971年版，第509页。
③ 《马克思恩格斯全集》第20卷，人民出版社1971年版，第518页。

识相适应的而且是要由他自己创造出来的。"[1]马克思当年曾经充分肯定了黑格尔关于人的自我创造的辩证法观点,而且把它称之为辩证法的"伟大之处":"黑格尔《现象学》及其最后成果——作为推动原则和创造原则的否定的辩证法——的伟大之处就在于,黑格尔把人的自身创造看作一个过程,把对象化看作非对象化,看作外化和这种外化的扬弃;因而,他抓住了劳动的本质,把对象性的人、真正的因而是现实的人理解为他自己的劳动的结果。"[2]因而作为真正的、现实的人,即作为人的人,是由人自己创造出来的。人的确是世界上一种独一无二的自创性的、文化性的——实践存在物。

三、人作为自创性文化——实践存在物的主要表现

从上述结论中,我们又可以引申出其他一些富有启发性的论点。这些论点主要有:

人是自为的存在物。人所以为人,首先由于人是"无依无靠"的动物。换句话说,"人"在进化中由于其本能被退化到了最低点,因而无法仅仅依靠其本能就生存下去。尽管大自然也为人类的无限生存提供了可以无限利用的物质基础和生存空间,但这不过是一种可能性而已。人类要想现实地利用自然"财富"和有效地生存下去,就不得不依靠自己的努力、劳作和创造。因

---

[1] 《马克思恩格斯全集》第20卷,人民出版社1971年版,第535—536页。
[2] 〔德〕马克思:《1844年经济学—哲学手稿》,刘丕坤译,人民出版社1979年版,第116页。

此，人是世界上唯一靠自己的活动而生存的存在物，而不是靠自然的本能自在地生存着的存在物。用王夫之的话来说，就是天有天道，人有人道，"天道不遗于禽兽，而人道则为人之独"。天道无为，人道有为。天道"行于乾坤之全，而其用必以人为依。不依于人者，人不得而用之"。

人是开放的存在物。人作为自为、自立、自创性的存在物，同时也意味着是开放性的存在物。人的开放性是指，人无限地对世界开放着，他能不断地理解、变革和拥有越来越广泛的世界；同时人自身也无限地开放着，具有极大的可塑性和可变性，永远没有一个完成态；人没有特定不变的具体的存在方式和活动方式，人是自组织、自完善的开放性的存在物。

人是自由的存在物。人作为自为的、开放的存在物，同时也意味着人的生存方式和活动方式具有内在的自由本性。显而易见，假如人的一切行为只能按照自然的必然性、天生的本能性去"运作"的话，那人就永远只能做自然界的"囚徒"而无法成为世界的"主人"，也无法进行作为人所特有的实践创造活动。当然，我们说人是自由的存在物，这并不等于说人是同自然的必然性、客观的规律性相抗衡的存在物，也不是说人是可以随心所欲、无拘无束的存在物。我们这里讲的"自由人"，主要是指：人是一种从自然界中提升出来、从动物本能中解放出来的存在物；人能够认识、理解自己周围客观世界的现实存在及其发展规律，并能够掌握和利用它们的属性、功能、规律来为自己的目的服务；人对自身的内部世界以及自己的所作所为，都是有自觉意识的；人在一定客观条件许可的前提下，对自己的行为目标、行为方式都具有相当程度的自由选择性；人对自己的生活方式、生存意义、存在价值，也有自我选择、自我确立的自由度；而且，人还有趋向于或者说追求自由创造的内在本性。当然，人作为自由的存在物，同时也就意味着人是一种自觉的、理性的、精神性的存在物。

人是文化的存在物。既然人是自为的、开放的和自由的存在物，那人必定也是一种文化的存在物。这里讲的文化，指的是非自然的、非本能的和非生理遗传的"人化性"含义。就其本质而言，文化是我们人类适应和对付自然环境、社会环境以及自我世界的一种生存方式和活动方式；同时也包括人类通过各种属人的、自为的活动所创造出来的一切东西，在自然世界之上的"人化世界"，就是最广义的文化。这种文化，就是人类自己创造出来的物质的精神的财富以及创造这些财富的活动方式。或者可以更概括、更抽象地说，人作为人的存在、活动及其结果，就是文化。凡是属人的东西，就是非自然的、文化的东西。因此，从一定意义上讲，人是文化的存在物。而人作为文化的存在物，既指人是文化的创造者，又指人本身也是文化的产物。这是因为，文化本身就是人的存在方式；人只有在一定文化背景下根据一定的文化模型，才能去创造新的文化；人在创造文化的实践活动过程中，同时也被社会文化所创造。

人是社会的存在物。人作为自为的、开放的、自由的和文化的存在物，必然意味着人也是社会的存在物。因为，社会本身就是人的存在方式，就是人的自为、自由、创造和文化的表现。人只有在社会中，才能现实地生存着，才能摆脱本能而去进行自为、自由的文化创造；人只有成为社会的人，才能达到人的存在，才能作为人类社会的一分子而参与现实世界的创造。人作为社会的存在物，既意味着人是社会的创造者——社会是人类自己创造的结果，同时也意味着现实的人被社会所创造——人是社会环境创造出来的。而且，对个体的人来说，他只有首先被社会所创造——作为社会的存在物，才有可能参与社会活动去创造社会。这是因为，社会不仅是人们创造的产物，而且也是人们的存在形式，是全部人类文化的保存者、传递者。我们之所以是现在的"我们"，首先是由我们生活和生存于其中的这个社会所教育、熏陶而塑造出来的；其次才是我们个人自己以往的活动和自己努力的结果。因此，人是最为社会化的存在物。但是，说人是社会化的存在物，这并不否定人同时也是最为个体化的存在物。人作为社会的创造物、文化的产物，是社会的，人作为自己过去活动和努力的结果，参与社会的创造和文化的创造，却是充满着个体化色彩的。这种个体化造成了在同一社会中共同生活的人们之间的相互差别，即个性。

人是历史的、传统的存在物。既然一切属人的存在物都是人自己创造的，因此，只有人自己才能创造自己的历史。历史，就是人类以往走过路程的足迹，是人类从古至今的一切创造活动的记录，也是人类现实活动的起点。当然，历史也可以说就是传统。传统是人类创造的全部历史文化遗产的传存和传递的形态。没有传统，人类永远只能停留在原始状态，因而也就不会有人类的进步和发展，也就不会有真正的人——文明人的诞生和存在。人作为历史的、传统的存在物，同样也有两个方面的意义：一是人是历史、传统的创造者——历史和传统是人创造的结果；二是历史和传统是人的创造者——人是历史和传统塑造的产物。人被历史和传统所塑造、所制约，人依赖于历史和传统；同时，人又在历史和传统所提供的基础上，超越传统，创造历史。正如马克思所指出："人的存在是有机生命所经历的前一个过程的结果。只是在这个过程的一定阶段上，人才成为人。但是一旦人已经存在，人，作为人类历史的经常前提，也是人类历史的经常的产物和结果，而人只有作为自己本身的产物和结果才成为前提。"①

人是理想的存在物。人作为自为的、开放、自由的、社会的和历史的、传统的存在物，必然也是一种理想的存在物。换句话说，人作为人，他不会永远停留在过去和现在的某一点上而不再继续前行。人的非特定化决定了人是开放的、自由的、创造的生物，也决定着人永远处于不断的自我完善和发展之中，在不断地提升着自己。人是世界上最不特定化的未完成的存在物。因此，人总是面向明天、面向外界、面向新的制高点的存在物；人总是追求未来、追求理想、追求新的起跑线的存在物。人是历史的存在，也是未来的存在；人是现实的存在，又是理想的存在。人是追求和创造新的理想世界的存在物。

四、人是自我塑造、自我创造的存在物

由上述分析可知，人的确具有丰富而复杂的本质特征。人是一种有着不断发展着的存在形态的存在物。现实的人，都是不断

---

① 《马克思恩格斯全集》第26卷下，人民出版社1974年版，第545页。

自我塑造着、创造着的存在物。

面对这种不断丰富着的、发展着的人的本质特征,有些学者认为,人是一种不可规定的、无确定本质的动物。因为,人永远都不是他现在所已经是的存在物;人不仅仅简单地、僵死地存在着,而且正在活生生地形成着,正在不停顿地生长着;人不是现成存在着的"物",不是一种"实体",而是现实活动着的主体;人没有确定的"成品"模式,他可以以自己的行动达到他能够成为和认为应该成为的"模样";等等。因此,"人根本没有本性","谈论人的本性是不正确的"①。有的学者则把人特性的多样性本身就看作人的本质:"人之为人的特性就在于他的本性的丰富性、微妙性、多样性的复杂性。"②而有的学者则干脆把人定义为"人就是人"③。存在主义哲学家萨特还从"存在先于本质"的命题中推论出,人就是他的所有行动之和。因为,对人说来,"除掉行动外,没有真实","人只是他企图成为的那样,他只是在实现自己意图上方才存在,所以他除掉自己的行动总和外,什么都不是;除掉他的生命外,什么都不是","一个人不多不少就是他的一系列行径;他是构成这些行径的总和、组织和一套关系"④。诸如此类的对人的本质的看法和论点,虽然并不都是毫无道理的,在某些方面

---

① 〔德〕恩斯特·卡西尔:《人论》,甘阳译,上海译文出版社1985年版,第217页。
② 〔德〕恩斯特·卡西尔:《人论》,甘阳译,上海译文出版社1985年版,第15页。
③ 〔法〕让·保罗·萨特:《存在主义是一种人道主义》,汤永宽、周煦良译,上海译文出版社1988年版,第8页。
④ 〔法〕让·保罗·萨特:《存在主义是一种人道主义》,汤永宽、周煦良译,上海译文出版社1988年版,第18、19页。

也给人以启迪，但它们并没有真正揭示出人的普遍的统一本质。

我们认为，人既有丰富多样的本质特性，同时又有综合的统一本质。所谓人的普遍的、统一的本质，就是人与动物的最基本的区别和人作为人而存在的最主要、最根本的根据。这个区别和根据就是人的自由自觉的、现实的实践创造活动。

正如我们前面所述，人作为人而产生，是人类自己创造的；人作为人而存在，是人类自己创造的；人生活于其中的感性世界，是人类自己创造的；人类的历史、传统、社会、文化，是人类自己创造的；人的丰富本质以及人所是和应是的一切，也是由人类自己创造的；人类的未来和理想，同样将由人类自己去创造。没有人类自己的现实创造活动，也就没有人类和人类现在所拥有的，以及将要拥有的一切。因此，人是一种必然地——不得不去实践创造的生物，而且也是一种现实地——过去、现在和未来都进行着实践创造的存在物。

创造，绝不只是少数人的事，更不只是少数人的特权，而是人作为人而存在的根据，是植根在每一个人的所有内外存在的结构中的一种内在的必然性和现实的可能性。人就是自我追求、自我造就、自我创造和自我发展的存在物。正是在现实创造的一切活动中，我们才看到了人的产生和存在的一切"秘密"，才揭示了人的本质的丰富性、历史性、具体性和整体性。正如马克思指出："生命活动的性质包含着一个物种的全部特性、它的类的特性，而自由自觉的活动恰恰就是人的类的特性。"[①] 这种自由自觉

---

① 〔德〕马克思：《1844年经济学—哲学手稿》，刘丕坤译，人民出版社1979年版，第50页。

的活动，就是人的现实的实践创造活动。

现在，如果让我们给人下一个整体性的普遍定义，这个定义就是：人是在社会历史中自由自觉地、现实地实践创造着的存在物。人创造着他周围的外部世界，同时又创造着他自己的内部世界。

总之，人之为人的最基本、最深刻、最完整的统一本质，就是人的自由自觉的、千姿百态的现实的创造活动。这也就是人的实践活动发生和存在的主客体性根据。而人周围的物质世界的可塑性，又为人的实践活动提供了客观性前提。因此，人的实践活动既合乎物质世界的运动规律，又合乎人的存在的内在原则，它活生生地体现了物道（天道）与人道的现实统一。

论人的实践创造本质

人是自由自觉实践活动着的动物。人在不断地认识、解释和塑造外部世界的同时，也在不断地探索自我、认识自我和塑造自我。人的外向世界的活动和内向世界的活动是内在统一的。这种统一性表现在：人既按照外部世界的客观尺度去规范自己的活动，又遵循人类自己的内在尺度（人的尺度）去建构自己的行为及改造世界。因而人应当"了解自己本身，使自己成为衡量一切生活关系的尺度，按照自己的本质去估价这些关系，真正依照人的方式，根据自己本性的需要，来安排世界……"[①]。每个时代和社会都有自己的关于人的本质、人的形象、人的应然模本。深一点看，它们往往是一定时代的思想文化产生和存在的核心结构，也在相当大的程度上构成一定社会体制的秩序和生活方式的哲学基础。因此，用马克思主义观点去全面地探讨人的本质，具有重大的现实意义。

[①] 中共中央马克思恩格斯列宁斯大林著作编译局：《资本论》第1卷，人民出版社1975年版，第127页。

一、人的本质就在与"他物联系"之中

人有没有本质、能不能规定和表述人的本质,这似乎不成问题,但确实有人作出了否定的回答。

现代西方的生命哲学把人看作一种无规律可循的神秘的变易之流,是一种相继的短暂性和短暂的绵延性,没有任何确定的结构和本质,根本无法用科学理性去加以解释和界定。存在主义哲学也否定人有一般的、确定的本质,认为人的存在是一种自由自为的存在;人有什么样的本质是由人自己选择、设计、规定的,人若有确定的本质就无法自我选择、自主设计和自由行动了。现代西方哲学人类学、文化人类学中的一些流派也认为,人是未完成的、对世界开放的,因而无完成态的、确定的本质;人们不能给开放的人下一个封闭的定义,给未完成的人下完成态的定义,给不确定的人下确定的定义。

显然,这些观点有某种程度上的合理性。比如他们注意到了人与物的不同,人有变动性、自由性、开放性、历史性、不确定性等特点。但是,由此而走向另一极端,完全否定人有人的本质、人有人的规定性,则是荒唐的。

我们认为,要想揭示人的内在本质,给人下一个较为确切的定义,首先必须把人放在与人最为相关、更为贴近的对象系统中加以分析和比较,进而才能揭示出人与它们的本质区别。

人来自自然界、动物界而又在本质上有别于它们;人是在与周围世界发生直接的相互作用过程中生存和发展的。因此,从人与动物、人与周围世界的相互关系方面去考察人的本质,就有希

望抵达人的彼岸真理。

给人下定义，就是确定人之为人的本质和根据。而确定人之为人的本质，就是寻找出人在周围世界中区别于他物（首先是动物）的独有特性。正如孤立单一的事物是没有本质特性一样，与周围世界、与他物没有联系的孤立的人，是根本不存在的，更谈不上有什么本质。一物的本质和属性虽然不是由同该物直接相关联、相对应的对象物中产生的，但却必须在它们相互对应的关联和关系中，才能现实地存在并表现出来。同样，人的本质、人的特性也只有在人与动物的比较关系中，在人与周围世界发生的相互关系中，才能现实地存在和表现出来。

当然，"现实的存在和表现"本身还不是"本质自身"，但却是我们走上寻找人的本质的"必由之路"。因为，"凡一切实存的事物都存在于关系中，而这种关系乃是每一实存的真正性质"[1]。一事物的本质和根据，就是该事物的内部结构、与他物关系中所存在的内在必然性和规律性。黑格尔指出，"关系就是自身联系与他物联系的统一"[2]。因此，认识一事物的本质和根据，首先要分析它与"他物关系"——在"他物联系"中确立和体现出来的属性、特质；其次要分析它的"自身联系"——它从他物联系中所确立的那些特质、属性之间的联系；最后是在特质、属性之间的联系中揭示其更深层次的、完整的统一本质。

认识人之为人而存在的本质和根据也同样如此。因为，"人

---

[1] 〔德〕黑格尔：《小逻辑》，贺麟译，商务印书馆1980年版，第281页。
[2] 同上。

双重地存在着：主观上作为他自身而存在着，客观上又存在于自己生存的这些自然无机条件之中"①。人的存在本质就存在于人自身和周围世界的"关系"中。要寻找人的本质，首先必须分析人的"他物联系"——人和周围人的世界的关系，其次必须考察人的"自身联系"——在同周围人的联系中确立的属人特质、属性之间的内在关系，最后通过分析这两种关系揭示其统一的本质，达到对人的完整本质的科学把握。

总之，只有从人与他物的"关系"入手，才能进入人的本质的"秘道"，才能发现人的本质多样性与完整性、一与多的统一；而如果把人视为一个孤立存在的、无任何关系性存在的封闭实体，那就无法掌握人的本质的"真谛"。

二、人与他物关系中的本质特性

从人与他物的相互关系来考察和提取人之为人的本质特性，主要有以下几个方面：

第一，自为性。我们知道，动物只是按照大自然"预先设计"好的自然规则、自然程序而自在地存在和活动的，它们基本上不需要通过自身的特殊努力，而只要按自然本能（性）活动，就能"恰到好处"地存在和生存下去。相反，人的体态、器官、肢体、需求、意识及行为等，都不像动物那样与相应的环境和对象物处于直接的、确定的对应状态。自然界事先没有给人完全

---

① 《马克思恩格斯全集》第46卷上，人民出版社1979年版，第491页。

"设计"好人的生存指令,因而人不得不靠自己的努力、自己的活动和创造来维系自身的生存。但也正由于如此,才使得人把自己从自然序列的链条上和动物王国中分离出来,成为世间唯一靠自为而存在和发展的动物。人就是这样的一种自为的存在物,他扬弃了与自然物、与动物界作为共同点的自然本能,排除了自在的存在本性,达到了自为存在的高度。

因此,人的自为性是人区别于他物和其他一切动物的本质特性之一。

第二,意识性。一般说来,许多高等动物也有感性的本能反应、外界刺激的信号反应和外界对象的实体感觉。但是,人的意识与动物的心理、反应有着质的区别,人的意识是自觉的,而动物的心理、感知则是无意识的、本能的,人的"意识代替了他的本能,或者说他的本质是被意识到了的本能"[①]。人的意识不但在形态上是自觉的、自主的,而且在指称和内容上,有主体与客体之间的关系意识,有指向自身的反思意识和自我意识;有摆脱自身、当下现实和具体时空界限的超越意识、未来意识;有支配行为和变革对象以达到目的的评价意识、价值意识和实践意识。

诸如此类的"人的意识"更是动物所不具有的。正如马克思指出:"动物是和它的生命活动直接同一的。……人则把自己的生活活动本身变成自己的意志和意识的对象。人的生活活动是有意识的。……有意识的生活活动直接把人跟动物的生命活动区别开来。正是仅仅由于这个缘故,人……才是有意识的存在

[①] 《马克思恩格斯全集》第3卷,人民出版社1960年版,第35页。

物，……他的活动才是自由的活动。"①

第三，社会性。同人的意识一样，人的社会性也是从动物的"群体性"演化而来的。如果用恩格斯的话说，就是"我们的猿祖先是一种社会化的动物；人这种一切动物中最社会化的动物，显然不可能从一种非社会化的最近的祖先发展而来"②。这种"社会本能是从猿进化到人的最重要的杠杆之一"。动物和人类猿类祖先的社会本能，是一种以群体的联合力量和协作行为来弥补个体能力的不足、维系该种族类生存下去的本能，它是自然界进化到较高形态的一种表现，但本质上还是自发、本能地产生和形成的。而人的社会性和动物的"社会性"有着根本的不同，这种不同在于，动物的共同协作是一种无意识的本能，而"共同协作的好处对于每一个人都一目了然了"③。人一开始就"意识到必须和周围的人们来往，也就是开始意识到人总是生活在社会中的"。④

因此，人类社会是有意识的自觉的结合，人的有意识的社会特性代替了动物无意识的社会本能。动物个体是以其不由自主的必然形式参与它所属的"群体"的，而且总是被固定在一定的"格"中。因此，个体动物参与群体并没有获得发展个体的"机会"，至多只是维持或有利于个体的生命存在。但是，个体人参

---

① 〔德〕马克思：《1844年经济学—哲学手稿》，刘丕坤译，人民出版社1979年版，第50页。
② 〔德〕恩格斯：《自然辩证法》，曹葆华、于光远、谢宁译，人民出版社1955年版，第139页。
③ 同上。
④ 《马克思恩格斯全集》第3卷，人民出版社1960年版，第35页。

与社会不但维持了他的生存，而且还从社会整体中获得了个体发展所需要的条件和机会，使个体的人发展成真正的人，从社会集体中获得人的独立性、自主性。

第四，历史性。人的历史本质是往往被人们所忽视的，其实，人不但是有意识的、自为的、社会的存在物，而且也是一个历史性的存在物。一般动物虽然有生物遗传和来自外界环境的作用而引起的十分缓慢的进化史，但它们并没有自己创造的、绵延不断的、向上发展的进步史。因为，动物在上一代与下一代之间除了生物遗传上的联系外，基本上就没有别的联系，上一代动物的生活"经验"不可能叠加式地遗传给下代，所以动物没有"知识""经验""文化"的积累和发展进程。但人就完全不同了，他不但有生物上的遗传和进化史，而且更主要的是人有自己的文明进化史：前人所创造的一切智慧、经验、文化等都可以代代相传，不断积累、叠加和提升，从而汇合成滚滚向前的人的历史洪流。

任何人都不可能离开历史而存在和发展，而只能在历史的基地上从事自己的创造；人之所以是现在的人乃是由历史规定的；不同的过去和历史使我们有所不同，今天的我们之所以不同于祖先，乃是我们和祖先处于不同的历史起点上，人的本质之所以是丰富的、发展的，也同样是因为我们人有自己的历史。正因为如此，马克思指出：人的"内在本性""向来都是历史的产物"[1]，而人类的"整个历史也无非是人类本性的不断改变而已"[2]。

---

[1] 《马克思恩格斯全集》第3卷，人民出版社1960年版，第567页。
[2] 《马克思恩格斯全集》第4卷，人民出版社1958年版，第174页。

第五，主体性。显然，动物不过是整个自然界运行"序列"中的一环，它们没有把自己从自然界提升出来而居自然之上，因而动物对自然、对自身都不具有主体性。人作为自然存在物来说，当然也属于自然"序列"中的一员。但是，人之所以把自己称为"人"，也就是把自己从自然界、动物界中划分、提升出来，并通过自己的理智和实践活动而成为自然、社会和自身的主人，从而成为自由自觉的主体性存在物。

人的主体性主要表现在：人能自觉地认识外部世界及其规律并利用它们为自己服务，人能以自身的内在尺度审视和评价周围世界；人能有目的、有选择、有计划地行动；人能制作创造活动工具、运用理智技巧去变革对象；人能在活动中实现自己的本质力量，留下意志的烙印；人还能认识自我、寻找和塑造自我、实现和发展自我；等等。

以上，我们着重从人与动物的"他物联系"方面，分析了人之为人的主要本质特性，但是这些特性只是分别从各个侧面反映了人的本质。只有这些特性的有机统一，才能全面而确切地反映出人的整体性本质。因此在这些特性的相互关系中，"人"必然还存在着一个更深刻的统一的本质。

三、人的本质就是人的实践创造活动

揭示人的诸多本质特性的内在的统一本质，实际上就是要探讨这些本质特性之间的内在联系——"人自身的关系"的关系，说明人的诸多本质特性得以产生、存在和进化的共同基础。我们认为，人的自为性、意识性、社会性、历史性和主体性等有机统一的共同基础，就是人的现实的实践创造活动。

人的实践活动、创造活动是人、人类、人的本质现实生成和存在的基本前提、客观基础。人作为一个有生命的自然存在物，和任何生物、动物一样，必须依赖于外部的无机界，通过与无机界、有机界（动物和人更多的是通过有机界）的新陈代谢作用，才能生存下来。

但是，人之为人，他天生是一个自为的存在物，而不是一个纯粹被动的自然存在物，因而人不像其他动物那样仅仅以纯粹自然存在物的角色生存在自然界，仅仅依靠自然界的现成"恩赐"来维系其生命、满足其需求。相反，人必须以自主的主体角色，通过自己的活动变革自然对象、创造属人的产品，才能作为"人"而得到满足和生存下去。"人们为了能够'创造历史'，必须能够生活。但是为了生活，首先就需要衣、食、住以及其他东西。因此第一个历史活动就是生产满足这些需要的资料，即生产物质生活本身。"如果"这种活动、这种连续不断的感性劳动和创造"[①]被中断了，那么整个人类世界就将不复存在。尽管人们可以根据意识、宗教或随便别的什么来区别人和动物，但只有"当人开始生产自己的生活资料的时候（这一步是由他们的肉体组织所决定的），人本身就开始把自己和动物区别开来。人们生产自己的生活资料，同时也就间接地生产着自己的物质生活本身"[②]。

[①] 《马克思恩格斯全集》第3卷，人民出版社1960年版，第49—50页。
[②] 《马克思恩格斯全集》第3卷，人民出版社1960年版，第24页。

所以，人的生产活动、创造活动是人作为人而存在和发展下去的首要前提，是人与动物区别开来、人的本质得以生成的现实基础，是"使人从动物界上升到人类并构成人的其他一切活动的物质基础"①，因而我们"在某种意义上不得不说：劳动创造了人本身"，"人同其他动物的最后的本质的区别"，依然"还是劳动"②。

现实的创造活动、实践活动是人和人的本质现实存在的方式，或者说是基本的、主导的存在方式。人的生命、人的内在结构、人的本质力量只有在人的功能性活动中，才能得到现实的存在、现实的确立和现实的展现。正如马克思指出："实际创造一个对象世界，改造无机的自然界，这是人作为有意识的类的存在物（亦即这样一种存在物，它把类当作自己的本质来对待，或者说把自己本身当作类的存在物来对待）的自我确证"，"正是通过对对象世界的改造，人才实际上确证自己是类的存在物。这种生产是他的能动的、类的生活。通过这种生产，自然界才表现为他的创造物和他的现实性。因此，劳动的对象是人的类的生活的对象化"。③人的实践创造活动，实质上就是人的本质力量的公开展现，实践创造物则是人的对象化、物态化了的本质力量。因此，要揭示人的完整本质，就必须把现实活动的人作为研究的出发点。

人的活动越有深度和广度，人的活动方式越丰富多样，人和

---

① 《马克思恩格斯选集》第20卷，人民出版社1971年版，第374页。
② 《马克思恩格斯选集》第20卷，人民出版社1971年版，第509、518页。
③ 〔德〕马克思：《1844年经济学—哲学手稿》，刘丕坤译，人民出版社1979年版，第50—51页。

人的本质也必然越丰富全面，人也就越能全面自由地占有自己的本质和展现自己的本质。因此，马克思反对扼杀、压抑人的本性的狭窄分工和不合理的社会制度，反对对人的实践活动、"社会活动的这种固定化"，认为，"任何人都没有特定的活动范围，每个人都可以在任何部门内发展"①，唯其如此，人才能全面地发展自己的各方面的本质属性。正是在可以自由地从事各种形式的活动的历史条件下，人才能"以一种全面的方式，也就是说，作为一个完整的人，把自己的全面的本质据为己有"，成为"具有人的本质的全部丰富性的人"②。

总之，人的最深层的、统一的本质，就在于人的创造活动、实践活动。从这种意义上说，人就是他的创造活动、实践活动；人的创造活动、实践活动就是人自身；人的创造活动、实践活动怎么样，人的本质也就怎么样。我们要寻找完整的人、统一的人，而这种人只有在创造活动、实践活动过程中才能存在；我们要寻找人的完整本质，而这种本质只有在人的创造活动、实践活动中才能得到揭示。据此，我们也许可以给人下这样一个较为确切的定义：人，就是世界上唯一能够自由自觉地自我创造着的实践动物。

---

① 《马克思恩格斯选集》第3卷，人民出版社1960年版，第37页。
② 〔德〕马克思：《1844年经济学—哲学手稿》，刘丕坤译，人民出版社1979年版，第77、80页。

实际活动的人：
马克思新世界观的出发点

当马克思从主体与客体、人与物的现实统一的实践角度去把握这个直面于人的世界，并把它合乎情理地理解为属人的、感性的对象世界时，就必然会用感性的、实践的观点来反观人自身，把人看作与他自己周围这个感性世界相对应的现实主体，即把人理解为实践活动着的、能动创造着的主体。

一、超越黑格尔唯心主义哲学

马克思认为，人作为有肉体、有生命的人，当然是一种自然的存在物，但人的真正本质主要不是他的自然属性，而是他的社会的实践创造本性；人作为活动着的主体，也不是由他的自然特性决定的，而是由人自己的实践活动所造就的。因此，马克思指出：人作为真正的主体"不是以纯粹自然的，自然形成的形式出现在生产过程中，而是作为支配一切自然力的那种活动出现在生产过程中"①。这种实践活动着的人、实际创造着的主体,正是马克思新的哲学世界观的基本出发点。

对此,马克思、恩格斯曾公然申明:"德国哲学从天国降到人间;和它完全相反,这里我们是从人间升到天国,就是说,我们不是从人们所说的、所设想的、所想象的东西出发,也不是从口头说的、思考出来的、设想出来的、想象出来的人出发,去理解有血有肉的人。我们的出发点是从事实际活动的人,而且从他们的现实生活过程中还可以描绘出这一生活过程在意识形态上的反射和反响的发展……前一种观察方法从意识出发,把意识看作是有生命的个人。后一种符合现实生活的观察方法则从现实的、有生命的个人本身出发,把意识仅仅看作是他们的意识。"②

这就是说,马克思的哲学世界观是从现实的感性世界和实际活动的人出发来理解和把握人与世界及其关系的,而这种新的哲学方法首先是与德国古典哲学中以黑格尔为代表的唯心主义"完全相反"的。黑格尔的唯心主义哲学仅仅从主体的、人的观念方面去把握人周围的现实事物和感性世界,认为这个感性世界是绝对理念运动的产物,是自我意识的外化。这虽然在"神秘"的形式下强调了人的能动性和创造性,但却片面地、抽象地因而也是虚幻地夸大了人的能动作用。在黑格尔的哲学体系中,绝对精神或理念是无所不包的万能的"主体",而从事现实活动的人,不过是理念的形式,或者说是实现这种理念的工具;人是意识和理念的化身。

---

① 《马克思恩格斯全集》第46卷下,人民出版社1980年版,第113页。
② 中共中央马克思恩格斯列宁斯大林著作编译局:《费尔巴哈》,人民出版社1988年版,第16页。

马克思指出,"人的本质,人,在黑格尔看来是和自我意识等同的";"在黑格尔那里……人的本质本身仅仅被看作抽象的、能思维的本质,即自我意识"①。黑格尔不是把自我意识当作人的、主体的特性,而是把人的、主体的特性等同于人、主体,这就把人的本质抽象归结为纯意识的、观念的东西了。由于黑格尔把人等同于自我意识,因而也就把人的实践活动看作自我意识的自满自足的对象运动,进而把实践活动的对象化产物——感性世界,也看作外化的自我意识,认为"对象不过是对象化了的自我意识","自我意识的外化创立物相",因为,"既然被当作主体的不是现实的人本身,因而也不是自然界,——因为人是属人的自然界,——而只是人的抽象,即自我意识,所以,物相只能是外化了的自我意识"②。这样,在黑格尔那里,现实的人成了抽象的"自我意识",感性对象成了一种思想客体,即观念主体的变体、精神的创造物。这种神秘的"自我意识"的人,当然只能是"设想的""想象的""虚构的"产物,在现实生活中是根本不存在的。

正因为如此,马克思一针见血地揭露了黑格尔所理解的"人"以及主客体理论的神秘主义和唯心主义的本质:"那个知道自己是绝对自我意识的主体,就是神,就是绝对精神,就是自己知道自己并且自己实现自己的理念。现实的人和现实的自然界不过成为这个潜在的、非现实的人和这个非现实的自然界的宾词、

---

① 〔德〕马克思:《1844年经济学—哲学手稿》,刘丕坤译,人民出版社1979年版,第118、128页。
② 〔德〕马克思:《1844年经济学—哲学手稿》,刘丕坤译,人民出版社1979年版,第117、119页。

象征。因此，主词和宾词之间的关系是绝对地颠倒的：这就是神秘的主体—客体，或包摄客体的主体性。"①

二、超越费尔巴哈唯物主义哲学

费尔巴哈首先在人、主体问题上恢复了唯物主义的权威。他把"人"作为他的所谓"新哲学"的基本核心，宣称"新哲学将人连同作为人的基础的自然当作哲学唯一的，普遍的，最高的对象"②，说他的学说和观点可以用两个词来概括，那"就是自然界和人"。而人是自然界的产物，"人产生自自然界这一个问题，对于每一个稍微了解自然界的人来说，都是显而易见的"。那么，"自然界从何而来呢？它是来自自身，它没有始端和终端"③。这样，费尔巴哈对人、主体作了直观的唯物主义的理解，认为人、主体既不是先验的、神秘的"自我"和"自我意识"，更不是绝对的、客观的理念。人就是活生生的自然的人。而且，费尔巴哈也确实想研究与精神客体不同的"感性客体"。他认为人所面对的自然界并不是人的创造物，更不是"自我意识"的外化，事情只能是相反，人和人的自我意识倒是自然界的产物。

然而，费尔巴哈所研究的"感性客体""感性对象"，并不是

---

① 〔德〕马克思：《1844年经济学—哲学手稿》，刘丕坤译，人民出版社1979年版，第128—129页。
② 《费尔巴哈哲学著作选集》上卷，生活·读书·新知三联书店1959年版，第184页。
③ 《费尔巴哈哲学著作选集》上卷，生活·读书·新知三联书店1959年版，第355页。

人化了的现实的感性世界，而是与人分离的开天辟地以来就始终如一的原始状态的自然界。费尔巴哈比敌视人的"唯物主义者有很大的优点：他承认人也是'感性对象'。但是，他把人只看作是'感性对象'，而不是'感性活动'，因为他在这里也仍然停留在理论的领域内，没有从人们现有的社会联系，从那些使人们成为现在这种样子的周围生活条件来观察人们——这一点且不说，他还从来没有看到现实存在着的、活动的人，而是停留于抽象的'人'，并且仅仅限于在感情范围内承认'现实的、单个的、肉体的人'，也就是说，除了爱与友情，而且是理想化了的爱与友情以外，他不知道'人与人之间'还有什么其他的'人的关系'。他没有批判现在的生活关系。因此，他从来没有把感性世界理解为构成这一世界的个人的全部活生生的感性活动……这就是说，正是在共产主义的唯物主义者看到改造工业和社会结构的必要性和条件的地方，他却重新陷入唯心主义"①。

因此，当费尔巴哈从"人是自然界的产物"的观点去考察人及其意识时，他是一个唯物主义者；但当他把人的本质仅仅归结为或只看到其自然的属性，仅仅把人归结为或还原为自然界，而看不到人是感性活动着的、进行着历史创造的社会主体，不了解人的社会性时，他仍然是一个十足的唯心主义者。费尔巴哈既不理解人周围的现实的客体和感性世界，也不理解人是与周围感性世界相统一的、从事着实际活动的社会主体，因而他对人和世界、主体和客体及其关系的理解，在本质上无疑是直观的、自然主义的。

---

① 中共中央马克思恩格斯列宁斯大林著作编译局：《费尔巴哈》，人民出版社1988年版，第22页。

三、马克思哲学新世界观的出发点

"实际活动着的人"是马克思哲学新世界观的出发点。

在与感性世界相对应的"人"的问题上,马克思始终不渝地坚持从现实的、感性的、实际活动的、社会历史的人出发,既批判了黑格尔把人归结或等同于"自我意识"的神秘主义和唯心主义观点,又批判了费尔巴哈对现实的人采取自然主义和直观主义的失误,进而建立了自己特有的、完整而科学的"感性活动着的人"的理论,亦即现实活动着的主体人的理论。

马克思认为,作为主体的人,首先无疑"直接地是自然存在物"[①]。这就是说,人是大自然进化的产物,是一种自然体,一种生命。人作为一种自然存在物,而且是有生命的自然存在物,它是站在平稳的地球上,被"赋有自然力、生命力,是能动的自然存在物;这些力量是作为秉赋和能力、作为情欲在他身上存在的"[②]。但是,从哲学世界观的角度来把握,当然不能把人仅仅看作生物的、生理的人。马克思哲学承认"自然人"的存在,因为"自然人"是哲学地把握人——主体的生物学前提。然而,马克思哲学不是停留在"自然人"上,更不是把作为人的"人""主体的人"简单归结或还原为"自然的人"。正如恩格斯写给马克思的一封信中所指出的:"我们必须从'我',从经验的、肉体的个人出发,不是为了……陷在里面,而是为了从这里上升到

---

① 〔德〕马克思:《1844年经济学—哲学手稿》,刘丕坤译,人民出版社1979年版,第120页。
② 同上。

'人'。"① 这说明，马克思哲学虽然肯定了"自然人"的存在，但它对人的把握绝不停留于人的自然属性上，更不把活生生、现实的人简单归结为人的自然实体，而是在肯定人的自然属性的前提下，把人作为人、作为实际活动着的主体来把握。

"人是有意识的存在物。"② 现实的人不仅是有肉体生命的自然存在物，而且还是有意识、有目的、有理性、能思维的存在物，是有精神能力、精神生活的存在物。尽管理性、自我意识不等于是人，但现实的、能动的人却是有意识、有理性的人。人的意识性正是人区别于一般动物和人之为人的重要特征之一。动物是和它的生命活动直接同一而无法自觉地加以区别的，但"人则把自己的生命活动本身变成自己的意志和意识的对象。他的生命活动是有意识的……有意识的生命活动直接把人跟动物的生命活动区别开来"③。人的意识性也是作为主体的人能动地掌握世界和变革世界的基本条件和特性之一；同时，人的意识的产生和发展除了有生理的物质基础外，主要是由主体人变革世界的实践活动所决定的。"思想、观念、意识的生产最初是直接与人们的物质活动，与人们的物质交往，与现实生活的语言交织在一起的。观念、思维、人们的精神交往在这里还是人们物质关系的直接产物……人们是自己的观念、思想等等的生产者，但这里所说的人们是现实的、从事活动的人们，他们受着自己的生产力的一定发展以及与

---

① 《马克思恩格斯全集》第27卷，人民出版社1972年版，第13页。
② 〔德〕马克思：《1844年经济学—哲学手稿》，刘丕坤译，人民出版社1979年版，第50页。
③ 同上。

这种发展相适应的交往（直到它的最遥远的形式）的制约。意识在任何时候都只能是被意识到了的存在，而人们的存在就是他们的实际生活过程。"①而正由于人是有意识的存在物，人才有可能现实地成为实际活动着的、实践创造着的主体，才能进行自由自觉的活动，才能现实地进行对象性的实践创造活动，才有不断地追求和塑造着的理想世界。

"人是类的存在物。"②现实的人不仅是自然的存在物，而且是社会历史的存在物；人也不仅是有意识的存在物，而且是有意识的"类的"存在物。任何人都不是孤立地站在自然面前的人，而总是生活在相应的社会形式、社会关系之中。所谓人是类的存在物——社会化的动物，指的是"这样一种存在物，它把类当作自己的本质来看待，或者说把自己本身当作类的存在物来对待"③。这也就是说，人无论在实践上、生活上还是在观念上、思想上，都把自己和其他人看作有类的、社会本性的动物，并且还能自觉地意识到这种类的、社会的本质，以及能把它当作自我反观的现实对象来把握。

所以马克思说，正是由于人能自觉地意识到自己的类的本质，人才是类的、社会的存在物；反过来说也一样，"正是由于他是类的存在物，他才是有意识的存在物，也就是说，他本身的

---

① 《马克思恩格斯全集》第3卷，人民出版社1960年版，第29页。
② 〔德〕马克思：《1844年经济学—哲学手稿》，刘丕坤译，人民出版社1979年版，第48页。
③ 〔德〕马克思：《1844年经济学—哲学手稿》，刘丕坤译，人民出版社1979年版，第50页。

生活对他说来才是对象"①。因此,既不能把人的本质归结为纯主观的、意识的东西,也不能把人的本质等同于他的自然属性和单个人的实体性东西。因为,人在本质上首先是社会性的。"人的本质是人的真正的社会联系。"②"人的本质并不是单个人所固有的抽象物,在其现实性上,它是一切社会关系的总和。"③

费尔巴哈不了解人的本质是社会的产物、历史的产物,不知道从社会实践和社会生活条件——感性世界中去寻找人的本质,只知道从抽象的人,而且是单个的人出发去解释人和现实人的一切。虽然他也确实讲过"孤立的,个别的人,不管是作为道德实体或作为思维实体,都未具备人的本质。人的本质只是包含在团体之中,包含在人与人的统一之中"④这样的话,但是,由于他只把人看作生物学上的实体,把人与人的关系只归结为生物学上的类(种类)的关系,因而他所说的人的"类"、人的"团体"、"人与人的统一",并非是社会关系,而是两性关系、情爱关系;或者是指人与人之间机械相加的"集合体","是一种内在的、无声的、把许多个人纯粹自然地联系起来的共同性"。他没有看到,"他所分析的抽象的个人,实际上是属于一定的社会形式的"⑤。

---

① 〔德〕马克思:《1844年经济学—哲学手稿》,刘丕坤译,人民出版社1979年版,第50页。
② 《马克思恩格斯全集》第42卷,人民出版社1979年版,第24页。
③ 中共中央马克思恩格斯列宁斯大林著作编译局:《费尔巴哈》,人民出版社1988年版,第89页。
④ 《费尔巴哈哲学著作选集》上卷,生活·读书·新知三联书店1955年版,第185页。
⑤ 中共中央马克思恩格斯列宁斯大林著作编译局:《费尔巴哈》,人民出版社1988年版,第89页。

因此，费尔巴哈充其量只能做到对单个人的朴素直观，而不可能看到人的社会本质。这也正是费尔巴哈等旧唯物主义者在观察人时的致命性失误。马克思批判和超越了旧唯物主义的根本缺陷，把自己的"新唯物主义的立脚点"紧紧地确立在"人类社会或社会化的人类"①的基础上，从而为建立完整而合理形态的唯物主义大厦，提供了科学的基点。当然，人的社会联系、社会本质并不是先天赋有的，也不是理性的反思所产生的，而是人们在自己的生命活动、交往活动和对象性的实践创造活动中产生和形成的，"实际创造一个对象世界，改造无机的自然界，这是人作为有意识的类的存在物的自我确证"②。

四、"人的对象性活动"是马克思哲学新世界观的灵魂

人是"对象性的存在物"③。现实的主体人不仅是自然的存在物、有意识的存在物和类的社会存在物，而且更是实际活动着的对象性的存在物。承认人是从事实际活动的、对象性的存在物，肯定和揭示出主体人的对象性本质，这是马克思新哲学世界观在"人—主体"问题上最富有特色、最富有创造性的成果之一，可以

---

① 中共中央马克思恩格斯列宁斯大林著作编译局：《费尔巴哈》，人民出版社1988年版，第89—90页。
② 〔德〕马克思：《1844年经济学—哲学手稿》，刘丕坤译，人民出版社1979年版，第50页。
③ 〔德〕马克思：《1844年经济学—哲学手稿》，刘丕坤译，人民出版社1979年版，第120页。

说,"人的对象性活动"构成了马克思哲学新世界观的内在灵魂。

人是对象性的存在物,首先意味着人是实际活动和实践创造着的现实主体。如果人不是对象性的存在物,不进行着对象性的活动,他就成了封闭的、无生命表现的实体,就不可能成为改造和驾驭周围感性世界的主体。动物的生命和生命活动之所以只能属于自然界的一部分,而无法从自然界、本能化的序列中提升出来,其根本的原因就在于,动物及其行为与周围世界不具有对象性的实践关系。而人之所以成为周围世界的现实主体,是因为人是实践创造着的动物;人的主体性正是在从事对象性的实践活动的历史过程中确立和发展起来的。

人是对象性的存在物这一点也意味着,人和他周围世界具有相互依存、相互设定的关系,亦即对象性关系。所谓人与周围世界的对象性关系,就是:人作为周围对象的对象,是以在他之外的对象的现实存在为前提的;而周围的对象之所以是人的对象,则是以作为对象的人的存在以及人被赋予了对象性本质为条件的:"一个在自身之外没有对象的存在物,就不是对象性的存在物。"①

我们说人是对象性的存在主体,是因为在人之外有"对象";我们说感性世界是对象性的,是因为在它之外有另一"对象"。当然,这两种"对象"物只有在相互规定、相互制约以及形成相互渗透的同构性关系时,才能真正成为现实对象性的"对象"。对此,马克思指出,"作为自然的、有形体的、感性的、对象性

---

① 〔德〕马克思:《1844年经济学—哲学手稿》,刘丕坤译,人民出版社1979年版,第121页。

的存在物,人和动植物一样,是受动的、受制约的和受限制的存在物"①。也就是说,人的对象是作为不依赖于他的客观实在而在他之外存在着的。但是对人来说,"这些对象是他的需要的对象;这是表现和证实他的本质力量所必要的、重要的对象",因而"对象性的存在物"又是人的存在物,人和动植物又是不一样的,是一种主动的、创造性的关系。这就是说,在其现实性上,环境改变人,人也改变环境。

总之,"说人是有形体的、赋有自然力的、有生命的、现实的、感性的、对象性的存在物,这就等于说,人有现实的、感性的对象作为自己的本质、自己的生命表现的对象;或者等于说,人只有凭借现实的、感性的对象才能表现自己的生命"②。因此,对实践创造着的对象性存在物来说,对象的人和人的对象是相关性地统一在一起的。

马克思把现实的人看作对象性的存在物,这就进一步从哲学的高度揭示了人的深层本质。因为,正是在对象性的活动和关系中,才能现实地确立人与周围世界的统一性,才能现实地确立人对感性世界的主体性地位,才能揭示人作为自然的存在物、有意识的存在物、类—社会的存在物在对象性活动中的现实存在。

因此,作为马克思新哲学世界观出发点的"人"——主体,就不再是唯心主义哲学所讲的思维、理性、观念、自我意识的

---

① 〔德〕马克思:《1844年经济学—哲学手稿》,刘丕坤译,人民出版社1979年版,第120页。
② 〔德〕马克思:《1844年经济学—哲学手稿》,刘丕坤译,人民出版社1979年版,第120、121页。

"化身"，也不再是旧唯物主义所讲的只有生物肉体而没有社会性、能动性和创造性的"自然人"，而是一种在对象的人和人的对象的对象性活动中所形成的具有自然力、生命力的，同时又是有意识的、社会的、能动的、现实的、对象性的、从事实际活动着的人——实践性的主体。

这样一来，马克思哲学就既从物的和人的对象性实践活动的相关律角度，科学地解决和确立了"感性世界"——客体的理论，又从对象的人和人的对象性实践活动的相关律角度，正确地把握和建立了"实际活动着的人"——主体的理论，从而为新的完整的哲学世界观的建构和崛起，找到并奠定了坚实和宽阔的基石。

当然，马克思所说的属人的"感性世界"，是以自然界的物质存在为基础的。就"感性世界"与"自然世界"两者的关系而言，先在于人的自然界是属人的感性世界的本源性基础，而感性世界则是自然世界的一种特殊的存在和发展形态。同样，马克思所说的"实际活动着的人"，也是来自这个先在的自然世界，并且总是不可避免地依赖于它的。作为马克思新哲学世界观出发点的"人"，并不是孤零零的、封闭的、实体的"人"，更不是上帝、观念的"化身"，而是一种包含着自然属性、社会属性、主体属性的完整形态上的活生生的、发展着的人。这样的人，就是在自然世界所提供的物质基础上，现实地塑造着属人的自然、属人的社会历史和属人的人的实践创造者。只有从这种实践活动着的人或者说人的对象性实践活动出发，我们才有可能更科学、更全面、更真实地掌握人和世界及其整体性关系。

论天然世界与人为世界及其哲学意义

从本质上说,哲学是以人和世界的总体性关系及历史演化规律为研究对象的。人周围的世界是个什么样的世界?它已经或应该是一个怎样的世界?深入思考这些问题,既是哲学的基本问题,也是每个人都自觉不自觉要面对的日常现实问题。

一、天然世界的界定

"世界"是一个包罗万象的总体性范畴,它涵盖宇宙间的一切事物和现象,诸如原始自然、人为自然、人自身、人类社会和人的精神现象及其运动和发展过程,都囊括在"世界"的概念之中。但是,这个"世界"不是死气沉沉的铁板一块,它充满着无穷的勃勃生机,是由相应特质的各个层次和子世界所组成的。人们可以从不同角度去界定世界系统内部的各种子世界。例如,可以把世界划分为:物理世界、化学世界、植物世界、动物世界,无机世界与有机世界,自然世界与人类世界,物质世界与精神世界，等等。

不过，哲学家们更多的是从人认识、掌握、改造和创造世界以及人与世界的关系方面来划分世界的。例如，天然世界与人为世界，原始自然与人工自然，人化世界与非人化世界，等等。

所谓天然世界，一般是指人类的实践活动尚未触及的、尚未改造的自生自存的物质世界，它是不依赖于人类和人类世界而存在的。因此，天然世界实际上是指天然自然、原始自然。但对天然自然所涉范围和内容，人们却有不同的理解。有人认为，天然世界除了人类活动尚影响不到的自然界，还包括作为生物体的人和一切人造自然物的质料。有人甚至把人类社会也包括在自然概念之中。这种说法仅仅在其起源的意义上才能成立，而且还是以"拆解"人、人造自然物和人类社会自身的完整性（只提取人的主物体、人造物的自然质料和人类社会的天然起源）为其前提的。此外，更主要的是，"天然世界""天然自然"范畴得以确立的根本原因，在于它的存在是以与其相对应的完整的"人类世界""人为世界"的存在为前提的。因此，人、人类、人类社会和人造物，它们各自作为一个有机的整体，不应该划归"天然世界"，而应属于"人的世界"。比方说，"男女之间的关系是人与人之间最自然的关系"，但正是在这种自然的关系中，"人同自然界的关系直接地包含着人与人之间的关系"，它以一种感性的形式表明，"自然界在何种程度上成了人的属人的本质。因而，根据这种关系就可以判断出人的整个文明程度。根据这种关系的性质就可以看出，人在何种程度上对自己说来成为类的存在物，对自己说来成为人并且把自己理解为人"。①因此,在马克思看来,人的自然属性是已赋予了人的意义、人的文明,已经是"属人的存在"了。因而,不能把它们简单归结为"天然的自然"。

我认为"天然世界"主要包括这样两大类自然现象:一是尚未被人类活动所触及、所影响、所改造过的自然界,如广阔天穹中的各种遥远星球以及地球上某些人迹未至的地方等,就都属于天然世界或天然的自然。这一点是人所共认的。二是被人类的认识活动所触及,但尚未被改造过的世界,如太阳星辰、雷鸣电闪、火山地震、高山深谷等,它们虽然早已成为人类或通过各种工具所及的认识对象,但却是尚未或基本尚未被人类改造过,也就是未受人类什么影响的自然界。

人类所观察、所感知、所思考的认识对象和认识时空域,一般总要远远大于实践对象。太阳古往今来都是人类世代感知、思索和审美的认识对象,但迄今为止,人类还无法影响和改造它。在今天,太阳仍然只是人类的认识对象和天然自然,而不是人类的实践对象和人化自然。因此,传统流行的没有实践对象就没有认识对象,人与对象先有实践关系,而后才有认识关系的观点,是很难成立的,至少是片面和武断的。把这类已是人的认识对象但还不是人的实践对象的自然界也称为"人化世界",同样是难以令人信服的。

有些人往往引证马克思的下面这段话作为自己立论的根据:

---

① 〔德〕马克思:《1844年经济学—哲学手稿》,刘丕坤译,人民出版社1979年版,第72页。

"从理论方面来说，植物、动物、石头、空气、光等等，部分地作为自然科学的对象，部分地作为艺术的对象，都是人的意识的一部分，都是人的精神的无机自然界，是人为了能够宴乐和消化而必须事先准备好的精神食粮；同样地，从实践方面来说，这些东西也是人的生活和人的活动的一部分。人在物质上只有依靠这些自然物——不管是表现为食物、燃料、衣着还是居室等等——才能生活。实际上，人的万能正是表现在他把整个自然界——首先就它是人的直接的生活资料而言，其次就它是人的生命活动的材料、对象和工具而言——变成人的无机的身体。自然界就它本身不是人的身体而言，是人的无机的身体。人靠自然界来生活。"①不错，马克思在这里是把自然界既作为人的认识对象，即"自然科学的对象"和"艺术的对象"，又作为人的实践对象，即人的生活和生命活动的对象。但能不能得出"自然既可以作为人的实践对象而'人化'，也可以作为人的认识对象而'人化'"的结论呢？显然是不行的。

因为，一是马克思这里所讲的"自然"是特指"植物、动物、石头、空气、光等等"与人的生命活动和实践活动直接相关联的"自然物"，对人来说这种人周围的感性的自然物，当然既是认识对象，又是实践对象，两者是具有直接同一性的。二是马克思本人并没有把认识对象的自然物看作是"人化自然"，而只是作为"人的精神的无机自然界"来看待的。它们作为"精神的

---

① 〔德〕马克思：《1844年经济学—哲学手稿》，刘丕坤译，人民出版社1979年版，第49页。

无机自然界",距离"人化的无机自然界"需要走完一段相当长的路程。因而它们还不是直接属人的人化物。三是把认识对象的自然物也看作"人化自然"不符合客观事实,混淆了认识对象与实践对象的区别,而且有可能推导出许多荒唐的结论。可见,探讨"天然自然""天然世界"概念的科学含义和所及内容,直接关系到怎样看待人和天然自然这部分"世界"的关系性质、认识对象与实践对象的关系等一系列重要的哲学问题。

二、人为世界的界定

与天然世界、天然自然相对应的是人为世界或人化世界。所谓人为世界,是指被人类创造和改造过的各种事物及其发展过程的总和。首先需要提出的是,我们这里新提出了一个"人为世界"的概念。一直以来,人们仅仅是用"人工自然""人化自然""人为自然""第二自然"同"天然世界""天然自然"相对应的。这就是说,他们只注意到了人工的自然、人化的自然、人为的自然,而忽视或否定还有其他方面的人为事物的存在。这是失之偏颇的。事实上,与天然自然相对的人及其他周围的感性世界、属人世界绝不只有"人工自然""人化自然"这一类,除"人工自然"以外,还有其他一些属人的世界。所以,我们提出了与天然世界相对称的"人为世界""人化世界"的概念,而把"人工自然"作为"人为世界"的一个组成部分来探讨。

人为世界就是与人的生命和实践活动直接相连的、感性的、属人的世界。正如美国设计科学(研究人造事物的设计)的创立者赫伯特·西蒙教授所指出:"我们今天生活着的世界与其说是自然的世界,还不如说是人造的或人为的世界。在我们周围,几乎每样东西都有人工技能的痕迹。"① 所谓"人为的"(artificial),就是指事物是由人或人工所产生而不是天然形成的,是非天然的或非自然的。此外,"人为"一词除塑造的、人造的、制造的意思外,还有假造、模仿、不自然、捏造、虚假等贬义的意思。所以,西蒙主张,在"中性的意义上,作为与自然形成相对的人工制造这一涵义来使用'人为'一词"。此外,西蒙所说的"人为事物""人工物"以及"设计"的对象,已不仅仅局限于"人工自然""人化自然",而且还包括了经济、政治、文化、公共生活、国家等人类社会本身的"人为事物"。他指出:"在我们对自己的周围环境所发生的兴趣当中,无论这种兴趣是对城市,还是对农村;是对区域,还是对国家,我们都必须研究我们用之于改造世界的那些过程——对机器、建筑、城市、洪水系统以及整个国民经济等等,进行设计的过程。""在运用自己的头脑进行工作的一切人的专业任务当中,设计是一个潜在的共同课题。科学家、建筑师、画家、工作团体的规划者和作家,无不置身于设计实践活动当中。"②

我们知道,马克思并不否定天然世界的存在及其对人为世界来说所具有的优先地位。但马克思更关注的是与人的生命、人的

---

① 〔美〕赫伯特·西蒙:《关于人为事物的科学》,杨砾译,解放军出版社1985年版,第3页。
② 见赫伯特·西蒙为杨砾等著《人类理性与设计科学》(辽宁人民出版社1987年版)所写的序。

生活、人的命运息息相关的人的周围的感性世界和属人的世界。因为，从人与世界的直接关系上说，"抽象的、孤立的、与人分享的自然界，对人来说也是无"①。所以，"马克思认为，'世界'不是形而上学地把握了的宇宙，而在本质上是'人的世界'"②。这个"人的世界"，不仅是指属人的"人化自然"，同时也包括人和人类社会本身。因为，人不仅仅是自然界的主人，不仅仅生活在人化自然里，"人就是人的世界，就是国家，社会"③。人既生活在人化自然之中，又生活在社会和人与人之间的关系之中，所以，人应该"成为自己的社会结合的主人，从而也就成为自然界的主人，成为自己本身的主人——自由的人"④。

总之，人为世界是人为自然、人为社会和人为人的完整统一。它们都是人在历史、社会实践活动中自己创造的。"这种活动、这种连续不断的感性劳动和创造、这种生产，正是整个现存的感性世界的基础。"⑤对人来说，人工自然、现实的感性自然是人类历史实践活动的产物，是人通过这种连续不断的历史活动使自己的"本质力量对象化"，从而产生出属人的现实自然。"在人类历史中即在人类社会的产生过程中形成的自然界是人的

---

① 〔德〕马克思：《1844年经济学—哲学手稿》，刘丕坤译，人民出版社1979年版，第131页。
② 〔德〕A.施密特：《马克思的自然概念》，欧力同、吴仲昉译，商务印书馆1988年版，第102页。
③ 《马克思恩格斯选集》第1卷，人民出版社1995年版，第1页。
④ 《马克思恩格斯全集》第19卷，人民出版社1963年版，第247页。
⑤ 中共中央马克思恩格斯列宁斯大林著作编译局：《费尔巴哈》，人民出版社1988年版，第21页。

现实的自然界;因此,通过工业——尽管以异化的形式——的那种自然界,是真正的、人类学的自然界。"①那么,人如何创造人——他自己和别人?现实的人也就是在人类历史活动的过程中生成着、创造着的人。正是这种现实创造着的"人",使动物的人、自然的人不断地进化为人的人。现实的人,已"不仅仅是自然存在物,他还是属人的自然存在物,也就是说,是为自己本身而存在着的存在物,因而是类的存在物"②。这种属人的、类的存在物,只有在创造自己周围的对象世界和人的世界活动中,才能现实地得到确立,所以马克思说:"正是通过对对象世界的改造,人才实际上确证自己是类的存在物。""实际创造一个对象世界,改造无机的自然界,这是人作为有意识的类的存在物……的自我确证"。③人在历史地创造人工自然和人之为人的同时,也创造着社会本身:因为,一切生产活动只有在一定社会形式中并借助于这种社会形式,才能实现对对象物的改造。人的"生命的生产——无论是自己生命的生产(通过劳动)或他人生命的生产(通过生育)——立即表现为双重关系:一方面是自然关系,另一方面是社会关系"④。由人的一切实践活动所创造的对象世界,都是人的本质力量的外化,而"人在积极实现自己本质的过程

---

① 《马克思恩格斯全集》第42卷,人民出版社1979年版,第128页。
② 〔德〕马克思:《1844年经济学—哲学手稿》,刘丕坤译,人民出版社1979年版,第122页。
③ 〔德〕马克思:《1844年经济学—哲学手稿》,刘丕坤译,人民出版社1979年版,第50页。
④ 中共中央马克思恩格斯列宁斯大林著作编译局:《费尔巴哈》,人民出版社1988年版,第24页。

中创造、生产人的社会联系、社会本质"①。

但是，属人的自然、属人的人和属人的社会创造，是人的本质力量在不同生命领域和不同的对象性关系中的外化、结晶和确证，它们是人的历史实践活动的同一个过程的三个不同侧面，以"三足鼎立"的态势支撑着人的世界和人为世界的运行，并以相互促进的方式加速度地推动着人的世界的全面发展。正如马克思指出："自然界的属人的本质只有对社会的人来说才是存在着的；因为只有在社会中，自然界才对人说来是人与人间联系的纽带，才对别人说来是他的存在和对他说来是别人的存在，才是属人的现实的生命要素；只有在社会中，自然界才表现为他自己的属人的存在的基础。只有在社会中，人的自然的存在才成为人的属人的存在，而自然界对人说来才成为人。""正象社会本身创造着作为人的人一样，人也创造着社会。"②

因此，社会是人同自然界的完成了的、本质的统一，是人实现了的"自然主义"和自然界实现了的"人本主义"。正是在"感性世界""人化世界"中，属人的自然、属人的人和属人的社会达到了融合，完成了本质的统一。

三、天然世界和人为世界的基本区别

天然世界和人为世界都是宇宙世界的组成部分，而人为世界

---

① 《马克思恩格斯全集》第42卷，人民出版社1974年版，第24页。
② 〔德〕马克思：《1844年经济学—哲学手稿》，刘丕坤译，人民出版社1979年版，第75页。

是天然世界进化到一定阶段的高级存在形态。天然世界始终是人为世界存在和发展的基础，人为世界永远离不开天然世界。同时，天然世界和人为世界又有着许多质的区别。

第一，从存在和发展的时空域上讲，天然世界大大超过人为世界，或者说天然世界无限地大于人为世界。因为，天然世界在时间上无始无终，在空间上无穷无尽。而人为世界无论在时间上还是在空间上都是有限的。尽管人为世界在不断地生成着、不断地向天然世界延伸着，但它只是随着人类的诞生才出现的，同时，它完全受制于人类的实践能力和社会发展的文明程度，任何时代的人类都只能在有限的范围内维系和创造着有限的人为世界。

第二，从各自本性上讲，天然世界完全是自然而然地产生和演化的。它们自满自足，自生自灭，具有纯物性、原生性、自在性和无意识性。然而，人为世界的主导本质就在于它的"人为性"，它是一个人为的存在和发展系统。与其说人为世界的产生和发展离不开天然世界，不如说它更依赖于人类及其意识，它是人的目的、需要、计划、意志的体现，是人的本质力量的对象化，是人的体力和智力以及人与人之间的社会聚合力的现实展现，是人为了使周围环境适应自己的生活需要而塑造的为我之物，是人有意识地"设计"并通过自己的实践活动而创造的属人的对象世界。因此，在人为世界、人的世界中凝结着人的主体性、自觉性、目的性、能动性和创造性。

第三，天然世界是尚未进入人的实践和生活领域的世界，它与人的关系不具有直接的属人意义和人的价值性，因而人对天然世界无权也无必要作出它应该是什么、应该是怎样的价值评价。如果人与天然世界有某种关系或者说一旦发生了一定的关系，那么，这种关系只能是一种是什么、是怎样的事实性关系。因此，人们对天然世界的把握方式首先是解释性和描述性的。而人为世界与人的关系性质却直接具有人的价值性和属人的意义，因为它是人为的、人造的或者经过人改变过的属人的对象世界，已经具有了合目的性、合意志性和价值性，因而人们不但可以站在它是什么、是怎样的事实性立场上去描述它，而且还可以站在它应该是什么，应该是怎样和应有怎样的功能性、目的性的价值立场上去评判和规范。

第四，从运动、发展过程来讲，人为世界的变化和发展速度要比天然世界快得多。数百年和几千年的时间对于天体演化史、地球演化史和生物进化史来说，实在是微不足道的。而人为世界则数十年、数百年时间内就能出现突飞猛进的变化。人为世界不但发展速度快，而且各种质的不同的品种层出不穷。现代人对天然地域的依赖要比古代人大为减少，人们几乎就生活在人为世界中，人接触的几乎全是人为的事物。人为世界是人的本质力量、人的智慧等主体力量的产物，人为世界的可持续发展越来越要求人们应具备更丰富的素养和强大的自省力量。

第五，正因为天然世界和人为世界各自有着不同的特点，所以人为世界有着与天然世界不同的特殊规律。人为世界是人为自然、人为社会和人之为人的有机统一，它与人的合目的性的各种实践活动和生活活动有着直接的相关性。因此，人为世界既有自然属性，又有社会属性；既有物的属性，又有人的属性；既有合规律的属性，又有合目的的属性。显然，人为世界更多地涉及人的需要、人改造世界和创造世界的"行动规律""实践规律""人为规律"，以及各种自然规律相互统一的"结合规律"。为此，人类建立了既相互联系又相互区别的不同类型的学科来分别研究天然世界和人为世界的发展规律。尽管现在已有许多学科在研究人为世界，但对人为世界还缺乏整体性意识和研究。当然，这种研究使命更多应是由哲学家们来承担的。

实践观念存在的内在逻辑、含义和特性

马克思主义哲学认识论认为：人们在实践活动中取得感性认识并上升为理性认识之后，其认识过程并没有完结，而更重要的是，还必须将理性认识运用于实践活动，为改造世界服务。那么，理性认识是怎样进入实践活动的？理性认识是否需要通过一定的中间转化环节才能被运用于实践活动？

一、理性认识的"是然性"特点需要有"实践观念"

要回答理性认识能否单独地直接指导和支配实践活动，在理性认识与实践活动之间是否存在着中间转化环节的问题，首先需要把理性认识与实践活动联系起来去考察它的性质、功能和特点。

感性认识和理性认识都是人们对外界客观事物的能动反映。理性认识是人们借助于抽象思维所把握的关于外界客观事物的本质、规律和内部联系的一种认识。作为对外界客观事物认识过程中的高级阶段的理性认识，其根本性质是属于一种事实性的认识，它只告诉人们外界客观事物本身"是什么""是怎样""是如何"的客观事实；解决的主要课题和直接目的是认识世界；它所要求的是主观与客观，认识与对象的符合、一致；所涉及的是真假、对错的问题；一般不直接触及外界客观事物有何用处、能否满足人们的某种需要和利益，以及人们为什么要进行改造世界的实践活动等利害关系问题。

然而，实践活动是人们有目的、有计划地改造世界的一种创造性的物质活动，或者说是人类为了自身的特定需要和利益而从事改造自然和改造社会的一种自觉的物质活动。如果说，感性、理性认识只是回答客观世界是什么样子、是如何的话，那么，改造世界的实践活动则是按人的意志、需要、愿望、目的把客观事物改造成为"应是什么样子"，使客观世界服从于人的意志，从而满足实践者的某种实际需求和利益。实践既不像外界客观事物及其运动规律那样，本身只存在着不以人的意志为转移的东西，也不像感性、理性认识那样，只如实地反映客观事物及其规律性的东西，而是既包括不以人的意志为转移的客观的东西，又包括按人们自己的需要、利益去创造的以人的意志为转移的东西这样两个部分。

因此，作为直接指导和支配实践活动的观念，仅仅有关于外界客观事物及其发展规律的理性知识、事实性认识，是远远不够的，还必须有关于反映实践主体自身一定需要和利益以及用此与外界客观事物的某些属性（有用性）相比较、相权衡而产生的价值认识。换句话说，作为直接指导和支配要把客观事物改造成为"应是什么样子""应是怎样"的实践活动的观念，必须具有两重的特性：一方面，作为对客观事物如实反映的事实认识，有不以人们意志为转移的客观内容、客观因素；另一方面，作为价值认识，又体现着人们的一定实际需要、愿望和意志，从而包含主体的因素、主体的内容。只有将上述事实认识和价值认识有机统一、将主体因素与客观因素相互结合起来，进而形成一种比理性认识更为复杂、更为高级、更为全面和具体的观念，才能谈得上直接指导和支配改造世界的实践活动。因为，如果没有反映实践者自身的一定实际需要和利益的观念性东西介入，根本就不可能具有产生实践活动的现实依据；如果没有体现主体对外界客观事物施加改造的反作用的内在意向，包含于直接指导实践活动的观念之中，就谈不上会有实践活动产生的现实可能性。

理性认识的功能是与它的性质密切相关的。由于理性认识是属于对外界客观事物的一种事实性认识，认识的成果只是关于客观事物的本质、规律的陈述性和描述性的判断，以及由这些判断所组成的学理性系统，它一般是以纯理论、纯知识的形态出现和存在的。因而它的基本功能就只是帮助人们去正确地理解、说明和解释外界客观事物及其发展规律的事实情形，而不直接涉及改造和如何改造世界的实践活动，也不直接提供和设定人们所要争取的未来出现的新事物。

然而，改造世界的实践活动，则要求直接指导和支配它的观念必须具有基于现实而又高于现实的理想、目的的高度，以及未来应如何行动、怎样改造世界的实践性的高度。亦即必须反映出人们要改造世界的意志、如何去改造的设想，必须事先观念地创造出未来的人造客体，模拟和规划出未来实践活动的对象、过程和结果。唯有这种直接涉及未来实践活动、与未来实践活动直接相关联的观念，才具有直接指导和支配实践活动的功能，能够导致主体在获得客观事物规律性的理性认识的基础上，借助于物质手段，逻辑地跨过现实事物当下的界限，越出观念的范围，进入实践的领域。

再从理性认识的特点上看，它也不可能直接指导实践，而需要经过一定的中间转化环节。我们知道，理性认识的特点是抽象性和间接性。理性认识对客观事物的认识和把握，往往是抽象、普遍、间接的，而不是具体、特殊、直接的。但实践活动不仅具有普遍性的特点，更具有直接现实性、个别性、特殊性的特点。实践活动的具体性特点，自然要求直接指导它的观念也必须具有相应的具体性。因此，理性认识要运用于实践，并直接对实践起作用，就不可停留于抽象性、一般性、间接性之中，而必须进一步深化和转化为关于客观事物和未来实践过程的具体性认识。

总之，从理性认识的性质、功能、特点以及实践对直接指导它的观念的要求等方面来看，理性认识与改造世界的实践活动之间存在着一定的中间转化环节，这是一种客观的、必然的现象。

二、实践观念的基本内涵

在理性认识回到改造世界的实践活动过程中，客观上还必然存在着一个观念的中间转化环节。这个中间转化环节，我们暂用"实践观念"这一概念来命名。

下面，我将着重来探讨一下实践观念的含义、主要内容、特点以及在认识过程中所处的地位。

所谓实践观念，是一种在理性认识的基础上为直接指导和支配人们自己的实践活动而产生的具体观念。或者说，实践观念是在未来实践活动之前，主要体现实践主体对外界客观事物和自己实践行为"要什么""要怎样""要如何"，即头脑规划未来实践活动的对象、条件、方法、步骤、途径、过程和实践结果的一种观念。它介于理性认识与改造世界的实践活动之间，具有高度的客观性、全面性和具体性，它总是同实践主体未来的实践活动处于直接的相互关联之中，带有明显的实践性和务实性，是一种可以直接付诸实施、行动的实践性意识，因而我们称之为"实践观念"，以区别于感性认识和理性认识等纯知识性、事实性的意识活动。

实践观念以现实地利用科学理论、理性认识，规划未来实践活动的对象、过程和结果，建立新的客观图景，改造客观世界和创造新的人造客体为直接目标。在原则上，实践观念虽然还属于观念、意识，即主观范围内的东西，但它已经不是一般的观念和意识。因为，它不只是认识、说明和解释客观世界，更是要改造现存世界和创造性地勾画未来实践活动及由实践活动所引起的人造客体。用列宁的话说，就是"人的意识不仅反映客观世界，并且创造客观世界"[①]，"人给自己构成世界的客观图画"，或者如马克思所指出：人们在生产实践活动之前，就事先"在观念上提出

---

① 《列宁全集》第55卷，人民出版社1990年版，第182页。

生产的对象，把它作为内心的图象、作为需要、作为动力和目的提出来"①。可以说，实践观念是一种观念的实践模型，观念中的实践活动，是对实践者自己未来的实践对象、实践途径、实践过程及实践结果等有关内容的一种创造性的"超前"反映和模拟。

因此，实践观念对客观世界的反映和掌握，必然具有"双重特性"和"双重功能"。它既面对客观事物的现状，又预见和规定其未来；既反映着人们对客观世界的认识，又体现着对客观世界的改造。它是认识世界和观念地改造世界的辩证统一，是理性认识与实践主体对未来实践活动超前反映而相互结合的产物。科学的实践观念，一方面正确地反映着客观事物的本质和发展规律，另一方面又实实在在地反映着与客观事物的本质和发展规律相一致的实践者的一定需求和利益。

"双重特性"的前一重性，表现着客观世界、客观规律对人和人的观念的决定作用；后一重性则是人们在获得了关于客观事物及其发展规律的理性认识的基础上，在一定条件下，以内在的意向表现着对客观世界施加改造的反作用。显然，实践观念的内容包含着来自客观世界和实践主体这两个方面，是这两个方面的内容和作用的有机结合（实践结果是这两个方面的现实化、物质化）。它主要体现着主观见之于客观的过程；反映着由科学理论、理性认识向改造世界的实践活动的逻辑推移；表现着人们与外界客观事物的实践性关系。由理性认识过渡到实践观念，也就是人们对周围世界的反映、分析和认识过渡到了有目的、有计划地影

---

① 《马克思恩格斯全集》第30卷，人民出版社1995年版，第33页。

响和反作用于周围世界的开始。简言之,实践观念主要涉及和解决实践主体如何利用科学理论或理性认识、如何运用自己的意志来达到自己的目的、如何使客观世界的现实对象服从自己并按自己的愿望和要求发生变化,以及由此而应该如何行动、如何改造世界等实践性问题。

那么,实践观念具体有哪些内容呢?实践观念的内容十分广泛,也很复杂。诸如实践动机、目的、愿望、意志、计划、方案、方针、政策、策略、战略、战术,自然科学中的技术科学、应用技术、产品设计,社会科学中的"社会技术"、"社会应用技术"(于光远同志的提法)等,都从不同的角度、不同的侧面表现了实践观念的具体内容。这些内容看起来错综纷乱,但从哲学认识论的高度,可以把它概括为四个方面:

第一,关于被改造客体的相对完整、具体的知识。这里既包括带有抽象、普遍特性的理性认识,更包括在理性认识的基础上对被改造对象各个方面的具体性认识。

第二,实践主体的一定需要和利益。恩格斯曾指出:我们必须用人们的一定需要去解释人们的实践行为。[1]这就清楚地告诉我们,在直接指导人们实践行为的观念中,必然存在和包括着实践主体的一定需要和利益。否则,人的实践行为也就成为无从理解的东西了。

第三,在前两者基础上形成的实践目的。实践目的主要体现和意味着实践主体"要什么",亦即实践主体对事物的现状不满

---

[1] 《马克思恩格斯全集》第20卷,人民出版社1971年版,第516—517页。

足，要争取什么、要改造什么、要创造什么。

第四，为达到实践目的而制定的未来实践活动的方法、途径、步骤等实践规划（计划）。实践规划主要体现和解决实践主体"要怎样"改造世界、"要如何"进行实践活动等问题。

三、实践观念的基本特点

实践观念不但与理性认识有着不同的内容，而且也存在着不同的特点。概括起来，实践观念有以下几个特点。

第一，实践性。实践观念是为直接指导和支配人们的实践活动而产生的，它产生和存在本身，就表明人们要用实际行动去改变事物当下的现状。同时，诸如要把客观对象改造成什么样子，为此应采取什么方法、步骤、手段，以及怎样进行改造等未来实践活动的因素，都已作为一个必然的环节和内容而包含于实践观念之中。这里，观念与实践似乎已开始相互融合、不可分离。所以，实践观念具有明显的实践性，即批判性、改造性、务实性和建设性。它是理论、知识、认识和观念地、超前地反映未来实践活动的有机统一。

第二，具体性。由现实的实践活动的具体性所要求，实践观念总是在特定的时间、地点和条件下，直接针对某一被改造的客体，为直接指导某一特殊的实践活动而形成的，从而决定了实践观念必然有具体性的特点。在实践观念中，理性认识的抽象性、普遍性与实践活动所要求的特殊性、具体性是有机结合的。

第三，创造性。科学理论、理性认识是人们对客观事物能动地认识和反映的结果。这里，虽然有"能动性"，但还谈不上有"创造性"和"意志的自由"。而实践观念是人们根据自己的需求，对未来某种"人造客体"的观念设定和创造；是主体对自己未来实践活动的一种"超前"的创造性模拟。实践观念所反映的、所具有的一些主要内容，如观念地提出未来新的客体，规划未来实践活动的方法、手段、过程和结果等方面，往往都是在原来现存的客观世界中所没有的，是科学理论、理性认识一般所不直接涉及和具有的。实践观念是主体观念地反映现存客体和观念地创造未来的新客体、未来的实践过程的辩证统一。

第四，价值性。所谓哲学意义上的价值，是指外界客体的某些属性、功能和社会、他人的利益同实践主体的一定需要、利益之间的一种肯定或否定的利害关系。实践观念产生的直接目的，就是通过实践活动去满足主体一定的需要和利益。但实践主体的需要和利益总是同社会的、他人的需要和利益处于直接的相互关联之中。因而实践观念必然地包含和存在着关于外界客体某种有用属性、功能的价值判断与关于社会的价值判断这样两个方面：一是对某一实践活动能否带来一定实际有用、有效的结果的预先判断，这种判断侧重于解决某一实践活动值不值得进行；二是对某一实践活动是否符合社会、他人的公共利益和伦理道德准则等正当合理与否、善恶好坏与否的社会规范性的判断，这种判断侧重于解决某一实践活动应不应当、应不应该进行。在实践观念中，作为"真"的事实性的理性认识、科学理论，是同人们的合需要性、合目的性、合社会正当性与否相关联的；而作为与人们（包括实践主体）的一定需要和利害关系直接联系所产生的价值认识，只要是以科学理论、理性认识为依据的，那就同"真"，同科学理论、理性认识的合事实性和合规律性相关联。我们所要求的实践观念，应该是合目的性、合需要性、合社会正当性与合事实性、合真实性、合规律性相统一的。

列宁指出："观念的东西转化为实在的东西，这个思想是深刻的：对于历史是很重要的。并且从个人生活中也可看到，那里有许多真理。"显然，我们探讨理性认识回到实践活动的转化过程，对于丰富和发展马克思主义哲学认识论，指导现代化建设实践，是有重大现实意义的。

实践观念存在的客观依据及其认识论价值

理性（智）认识一般要经过实践观念的中间转化环节，才能运用于实践活动，这不仅在理论上是符合逻辑的，而且事实上也是一种普遍存在的客观现象。

一、实践观念的客观事实依据

拿科学来说，几乎任何一门学科特别是近代以来形成的学科，从功能、特性上看，一般都可以分为关于研究对象客观特性、演化规律的理论认识部分和如何把理论认识应用于改造对象的实践活动中去的实用部分。构成现代自然科学的理论性部分是基础科学，应用（实用）性部分是技术科学、应用科学（包括应用技术、产品设计和研制）。就它们各自的功能和特点来说，基础理论的主要任务是研究自然界物质运动的基本规律，一般只回答自然界客观事物"是什么""是怎样"的事实和规律；技术科学是依据基础理论而提出改造世界的目标、课题，指出运用基础理论成果的可能性；应用技术研究的是如何把基础理论和技术科学所提供的成果运用于生产过程的实际问题，主要解决达到利用和改造自然的手段和方法；产品设计是在应用技术研究的基础上，综合地、创造性地规划出未来生产的结果——新产品的具体蓝图；产品研（试）制则是对产品的设计和蓝图加以现实化、物质化。由此可见，除了基础理论之外，技术科学、应用技术、产品设计和实验研制这三个环节，直接涉及的是人们对自然界的控制、利用和改造；它们主要的立足点不只是认识自然界本身，更是反映和认识自己的实践活动以及由实践活动所产生的"人造自然"。如果没有技术科学、应用技术、产品设计和实验研制这些中间转化环节及其转化过程，纯理论性的基础科学就不可能被运用于改造自然的社会生产活动。

同自然科学一样，社会科学也可以划分出一些相对独立的转化环节。于光远同志曾指出，可以"把自然科学里面关于科学的分类移植到社会科学中来。自然科学分做基础科学、技术科学、应用技术。……社会科学也可以做这样的划分：基础的社会科学、社会技术和应用技术"。划分的依据和标准是什么呢？"对于不以人的意志为转移的东西的研究"，"把它叫做基础科学"，"把专门研究如何运用意志来达到自己的目的的科学，称之为应用的技术"。[①]我们很赞成于光远同志的这一看法。人们要有效地改造社会，就必须认识社会发展的客观规律，从社会的"实"中

---

① 于光远：《基础的经济科学与应用经济技术》，《财政问题研究》1981年第4期，第3—13页。

求出社会的"是"来,以形成"基础的社会科学"。但"基础的社会科学"的成果,只有经过"社会技术""社会应用技术"的中间转化环节,才能运用于改造社会的实践活动。例如,由马克思主义哲学、政治经济学所揭示的关于社会发展规律的理论,只有转化为无产阶级革命实践的目的——争取建立、建成社会主义和共产主义社会,以及为实现这一目的而制定的纲领、路线、方针、政策、步骤、途径、方法等带有实践性质的具体观念时,方能服务于无产阶级变革社会的革命实践活动。再如,社会主义基本经济规律的理论,如不具体地转化为社会主义社会生产目的和经济建设的规划、政策、措施、方法等,而仅仅停留在一般抽象的指导上,那在实践中是远远不够的。

自然科学、社会科学中纯理论的东西与实践活动之间存在着一个实用部分的中间转化环节,无非是个体认识过程的延伸和社会化的宏观表现。就个人来说,如果掌握了科学理论、理性知识,而不去继续转化为直接指导自己实践活动的具体观念,形成一定的实践目的、计划、方法等,那就不可能产生现实的实践活动。

二、实践观念的哲学史依据

我们主张理性认识不能单独地直接指导和支配实践活动,在理性认识与未来的实践活动之间还必然存在着实践观念中间转化环节的论点,在哲学史上,特别是在马克思主义经典作家的著作中,也是有一定理论根据的。

德国古典哲学的奠基者康德，是以真、善、美来构建他的哲学体系的。康德认为，纯粹的思辨理性（真）与实践理性（善）之间不是毫无关联的，而是相互统一的。那么，通过什么途径、环节把思辨理性与实践理性联系起来呢？康德论证说，人的实践行为一方面由外部世界的因果必然所决定，另一方面又为自身内在的原则——自由意志所支配。人们在实践活动之前或实践活动的过程中，总是提出"应当如何如何""应该如何如何"的问题，而"应当""应该"就表明实践者可以如此，也可以不一定如此，但却要求、愿望要如此。因而这里就有个内在理性、意志支配自己实践行为的"自由"问题。①这样，康德就把"自由""意志"这类东西，看作是纯理论理性与实践理性之间的中间转化环节。

黑格尔既从斯宾诺莎那里接受了自由是对必然的认识的观点，又从康德这里吸取了由自由统一思辨理性与实践活动的辩证因素。在他看来，理念（概念）发展到了"目的性"阶段，主体也就有了显著的自由，因为目的扬弃了纯外在的必然性，而赋予了主体的"意志"。因此，黑格尔认为，人们在取得了关于事物的必然性、因果性的认识后，还必须进而过渡到目的性阶段。在目的性阶段，人的主观活动便能自由地掌握意志了，人们有了"能决定的主导的原则了。这就是由认识的理念过渡到意志的理念的关键"②。这里，黑格尔就把主体的能动性（主导的原则）、自由、目的、意志等东西，看作是理论性认识（认识的理念）向实

---

① 《康德哲学原著选读》，韦卓民译，商务印书馆1963年版，第11页。
② 〔德〕黑格尔：《小逻辑》，贺麟译，商务印书馆1980年版，第418页。

践性活动（意志的理念）过渡的中间转化环节和引起人们实践行为的原因所在。

那么，为什么其间必须有中间转化环节呢？黑格尔说，这是由理智性的认识和改造世界的实践活动它们各自的本性所决定的。"理智的工作仅在于认识这世界是如此，反之，意志的努力即在于使得这世界成为应如此。"[①] "是如此"的理智性认识的东西当然不能单独地直接指导"应如此"的实践活动。所以在取得了理智性的认识之后，在未来实践活动之前，还必须有一个"意志的自由"、对"外在的现实之要求"、"善的目的"之类的中间转化环节。

在马克思主义的经典著作中，也有关于这方面的一些论述。马克思指出：理论（智）性的认识，"事实上是思维的、理解的产物……，是思维着的头脑的产物，这个头脑用它所专有的方式掌握世界，而这种方式是不同于对世界的艺术的、宗教的、实践精神的掌握的"[②]。马克思讲的"实践精神"（原文是Prakisch-geistigen，也可译为"实践—精神"），是一种带有强烈实践倾向的观念，主要指目的、动机、愿望、设想、规划、方法、措施等直接指导和支配人们实践行为的观念。

马克思恩格斯在他们的著作中，还多次使用过类似"实践精神"的"实践意识"概念。比如，马克思写道："理性向来就存在，只不过它不是永远以理性的形式出现而已。因此，批评家

---

① 〔德〕黑格尔：《小逻辑》，贺麟译，商务印书馆1980年版，第420页。
② 《马克思恩格斯全集》第46卷上，人民出版社1979年版，第39页。

可以把任何一种形式的理论意识和实践意识作为出发点。"①马克思恩格斯还指出：理论性的意识"是某种和现存实践的意识不同的东西；它不用想象某种真实的东西而能够真实地想象某种东西"②。

可见，在马克思恩格斯看来，纯理论性的认识、意识、观念与实践的意识、精神、观念是两种具有不同性质和功能的观念性东西。如果说前者是以认识、反映、说明、理解和理论形态的方式掌握世界的话，那么，后者则是以实践、务实、改变的方式掌握世界，是直接支配实践行为的，它比前者更接近于现实的实践活动。

毛泽东同志在指导中国革命的长期实践斗争中，丰富和发展了马克思主义关于实践是"主观见之于客观"的原理。他认为："主观见之于客观"是一个复杂的过程，人们在取得了对客观事物的本质和规律性认识的基础上，还必须通过选择、确定实践目的和制定相应的计划、方案、措施、战略、策略、方针、政策等环节，才能直接、有效地指导改造世界的实践活动。他指出："共产党领导机关的基本任务，就在于了解情况和掌握政策两件大事，前一件事就是所谓认识世界，后一件事就是所谓改造世界。"③了解情况是掌握政策的前提和基础。所谓"掌握政策"，自然包括制定政策和实施、执行政策两个方面。这就告诉我们，由"了解情况"所获得的认识与方针、政策这类观念性东西是不

---

① 《马克思恩格斯全集》第1卷，人民出版社1956年版，第417页。
② 《马克思恩格斯选集》第1卷，人民出版社2012年版，第162页。
③ 《毛泽东选集》第3卷，人民出版社1991年版，第802页。

应简单等同的。毛泽东同志认为："做就必须先有人根据客观事实，引出思想、道理、意见，提出计划、方针、政策、战略、战术，方能做得好"[1]。这里特别值得注意的是，毛泽东同志把思想、道理、意见与计划、方针、政策、战略、战术这些主观范围内的东西，不但中间用逗号隔开，以示区别，而且用词也很有讲究，把思想、道理等观念看作是从"客观事实"中"引出"来的（正如自然科学中的基础理论研究成果只用"发现"概念一样），而计划、方针、政策等观念是人根据对客观事实的认识和自己的需要"提出"来的（正如自然科学中的技术科学、应用技术的研究成果只用"发明"概念一样）。一个是"引"，"引出"关于不以人的意志为转移的客观事物的（理性）认识；一个是"提"，"提出"包含着人的意志、需要、目的等主体因素的行动设想、计划、方案。这二者显然是不同的。正如自然科学中的基础理论研究成果用"发现"、技术科学研究成果用"发明"一样，一字之差，反映了本质上不同的两种属性。

在《论持久战》一文中，毛泽东同志根据当时国际、国内特别是中日两国的各方面客观事实，说明中国的抗日战争既不是"亡国论"，也不是"速胜论"，而是最后胜利一定属于中国、属于中国人民，但必须经过艰苦的、长期的"持久战"。这是毛泽东同志通过分析大量的客观存在的事实后，所得出的一个"是什么""是如此"的理性认识的科学结论。正如毛泽东同志所指出："以上说的（指《论持久战》一文的第一个到第五十八个问

---

[1]《毛泽东选集》第2卷，人民出版社1991年版，第477页。

题——引者），都是说明为什么是持久战和为什么最后胜利是中国的，大体上都是说的'是什么'和'不是什么'。以下（指《论持久战》一文的第五十九个问题到全文结束——引者）将转到研究'怎样做'和'不怎样做'的问题上。怎样进行持久战和怎样争取最后胜利？这就是以下要答复的问题。"①

由此可见，毛泽东同志把对客观世界事实性认识所取得的观念性东西与直接指导实践活动的观念性东西，在有关论述中都作了明确的区分。但同时他也认为，前者与后者的关系，就如同一篇文章的上下两部分一样，是相互联系、相互统一的。

三、实践观念的哲学认识论地位

我们从实践观念的含义、主要内容和特点的分析中可以看出，实践观念既不属于理性认识范畴，也不属于客观现实的实践活动范畴。相对现实的实践活动来说，它还是一种观念，是主观范围内的东西；但相对理性认识来讲，它却不同于一般纯理论性、纯知识性、纯事实性的观念。实践观念既有理性认识的内容和因素，又有未来实践活动的内容和因素，它同理性认识和未来实践活动的关系，是一种亦此亦彼的中介关系。这就决定了它一方面总是与理性认识、与未来的实践活动处于相互统一的辩证关系之中，另一方面又有着一定的相对独立性，在"实践—认识—实践"的认识总过程中，占有必不可少的重要一席之地。

---

① 《毛泽东选集》第2卷，人民出版社1991年版，第477页。

如果说，客观的实践活动具有把意识、观念的东西与物质的东西融合于一身的双重相关性，使主观的要求与环境的改变相一致，那么，实践观念则具有把理性认识、科学理论与实践活动贯通、衔接起来的双重相关性，使理论认识与实践活动相统一。实践观念这种独特的功能，使得它直接与科学理论、理性认识相联系，与改造世界的实践活动相联结，并由此使实践活动成为有一定科学依据、有目的、有计划的自觉的客观活动。离开了科学理论、理性认识，实践观念就不是科学的、完整的；同样，离开了未来改造世界的实践活动，实践观念的产生和存在，也是不可想象和理解的。

实践观念是处于理性认识与未来实践活动两者之间的一个中介环节。它在"实践—认识—实践"的认识总过程中处于中间环节的地位。实践观念是科学理论、理性认识运用于改造世界、回到实践活动中去的"中转站"和"交接点"；它架起了一座由此达彼的"桥梁"，具有将理性认识引渡到实践活动中去的"纽带"作用；它如同一个介于理性认识和未来实践活动之间的"转换器"，沟通了理性认识过渡到实践活动的通道；它一方面是理性认识的继续，另一方面是改造世界的实践活动的起点。正如感性认识总是同客观世界和原先的实践活动浑然一体一样，实践观念也总是同要被改造的客观世界和未来的实践活动密切交错、相互融合的。

显然，实践观念比之理性认识更接近于实践活动。作为完整而科学的实践观念，是理性认识与未来实践活动的内容相结合，客体因素与主体因素相融合，真实性与价值性、合规律性与合目的性相统一的。实践观念的产生就意味着按实践主体的需要和意志去改变现存的事物、创造出合目的的新的"人造物"。因而可以说它比理性认识处于更为高级的形态,内容也更为丰富和复杂。从这种意义上来看,能不能说理性认识过渡到实践观念也是一次质的飞跃呢?我们认为,完全可以说也是一次质的飞跃。因为无论怎样,实践观念有着理性认识和现实的实践活动所无法替代和无法包含的独特的性质、内容、特点、功能和地位。为了使马克思主义哲学认识论关于认识过程等基本原理的具体化、精确化、人格化(不忘掉、不忽视人的因素),把实践观念作为一个相对独立的阶段和环节,是完全必要的,也是完全符合逻辑和事实的。

用马克思主义观点深化人的研究

人是需要研究,也是可以研究的。但对我们来说,重要的是用马克思主义的立场和观点去研究。

一、马克思主义本质上是关于人的解放学说

卢梭说过一句名言:"人类的各种知识中最有用而又最不完备的,就是关于'人'的知识。"法国现代作家维尔科尔在小说《人还是动物》中的题词是:"世界上一切不幸的产生,都是由于人们至今尚未弄清楚人是什么。"这些话多少告诉世人一个颠扑不破的道理:研究人是十分必要的。

人类认识世界和改造世界,说到底是为了自身更好地生存和发展。人类的生存和发展,离不开周围的自然界和由人与人相互联系交织而成的社会,以及人们的实践创造活动。因此,马克思恩格斯认为"真正的人",应该是:做自然、社会和自身主人的人。这样的人,既要按照自然界和人类社会的发展规律——

外在尺度，又要按照人自身的需要、本性、能力、方式——怎样更好、更合理地有利于人的才能的发挥和满足其生存、发展需要的内在尺度，去改变现实、改造世界、塑造世界。要掌握和运用外在尺度，就必须认识世界；而要掌握和运用内在尺度，就必须认识和了解人自身。正如恩格斯指出："人只须要了解自己本身，使自己成为衡量一切生活关系的尺度，按照自己的本质去估价这些关系，真正依照人的方式，根据自己本性的需要，来安排世界……，不应当到虚幻的彼岸（指宗教——引者）……而应当到近在咫尺的人的胸膛里去找真理。"①

然而，外在尺度和内在尺度不应是分离和对立的，而应该是相互结合和有机统一的。因此，"正象关于人的科学将包括自然科学一样，自然科学往后也将包括关于人的科学：这将是一门科学"②。人类要更好地生存和发展，就必须较深刻地认识自己和研究自己。

马克思主义是共产党人和无产阶级的科学的世界观和方法论。把它人本主义化、人道主义化，即简单地等同或归结为人本主义、人道主义，显然是片面的、错误的。但是，马克思主义理论体系同人的学说有着不可分割的内在联系，则也是不可否定的。西方许多反马克思主义的思潮和流派，攻击马克思主义没有"人的科学"，不重视人，不关心人，没有人的地位等，完全是别有用心的。对于马克思主义理论学说来讲，它首先有广义的

---

① 《马克思恩格斯全集》第1卷，人民出版社1956年版，第651页。
② 〔德〕马克思：《1844年经济学—哲学手稿》，刘丕坤译，人民出版社1979年版，第82页。

人的研究、人的学说，同时还有狭义的人的研究、人的学说。就广义而言，马克思主义就是关于无产阶级进而是全人类的解放的学说。马克思主义的哲学，是无产阶级和广大劳苦大众斗争的精神武器，是他们解放自身的"头脑"；马克思主义的政治经济学，是揭示资本主义从产生到必然死亡的内在规律、社会主义代替资本主义的必然规律、无产阶级在资本主义社会中的低下的地位以及作为资本主义"掘墓人"的历史使命的科学理论；马克思主义的科学社会主义，更是直接回答无产阶级作为人而解放的任务、目标、途径、策略，以及社会主义社会和未来共产主义社会基本原则的学说。

总之，马克思主义是为了无产阶级和全人类真正作为人而解放、而生存、而生活、而劳动、而创造——为此而揭示人类社会发展规律，进而批判旧世界、改造旧世界和发现新世界、建设新世界的伟大学说。那些认为马克思主义与人的问题无缘的"神话"，是完全不合逻辑、不合情理、不合事实的谎言。

在狭义上，马克思主义也有着十分丰富的"人的学说"。这个人的学说，就是恩格斯概括的"关于现实的人及其历史发展的科学"。只要我们一打开马克思、恩格斯的著作，就随处可见他们对人的关注、对人的思考。比如，在人的本质、人的本性、人的需要、人的能力、人的生存、人的命运、人的价值、人的自由、人的平等、人的幸福、人的活动、人的解放、人的教育、人的发展以及研究人的问题的方法论等等方面，都有过大量的论述和深入的研究。

当然，它们还需要我们去进行严肃认真的概括和提炼，去深入学习、领会并加以发掘和系统化,并结合现时代的新现实、新特点去加以完善和丰富。然而,这个极为重要和迫切的任务,却也往往被马克思主义后继者们所误解和遗忘,这就多少为马克思主义的反对者们提供了某种"口实"。

二、人的问题是哲学研究的一个根本性问题

哲学是需要研究人的,也是应该研究人的。

第一,从哲学的本义和实质来讲,人的问题是哲学研究的一个根本性问题。哲学历来是一种智慧之学。但智慧不是一种单纯的知识,也不同于实用的技艺,而是应用知识和技艺去明智地指导人的活动,以及理智地驾驭人和外部世界关系的一种能力;是对世界、对生命、对人生的一种理智态度;是透过人自身在世界上的地位去看待世界、把握世界,并导引人们按照自己的理想去塑造世界的一种理性航标。

作为智慧之学的哲学,归根结底可以说是对人的一种"终极关怀":用理性的智慧从根本上寻找和理解人在世界上存在的地位、价值、使命,由此人该如何富有良知地对待世界和自我,怎样更好、更合理地生存和行动。哲学的真正功能,不在于告诉人们世界是什么,而在于告诉人们世界应该是什么样的,人自己应该是什么样的,人应该怎样用理想反观现实、用理智超越现实;从哲学的本义上讲,哲学的问题说到底也是一个人的问题,哲学的世界不只是物的世界,更根本的是一个人的世界。

第二,哲学史说到底也是人的自我认识、自我解释的历史。

古代哲学是一种用自然的本质来说明世间万事万物产生之因的"本体论"哲学。这种哲学是把人归结为某种自然现象的学说。近代哲学是一种认识论哲学。在这种哲学中,人不再是自然的一部分,而是有理性的、能动的认识主体。马克思主义的哲学,是一种不满足于解释世界,而更倡导改造世界的新的唯物主义哲学。在这种哲学中,人不仅是认识主体,同时更是实践主体;人不仅有理性的能动性,而且更有实践的能动性。顺着马克思主义哲学所指引的轨迹和近几年哲学界所探讨的兴奋点,也许我们可以大胆地作出这样一个判断:当代哲学或未来的哲学,应当是更加关怀人类命运的意义论哲学和价值论哲学。

如果说近代哲学主要解决认识何以可能的问题,马克思主义哲学主要解决认识目的是什么即实践问题的话,那么,当代哲学则应进一步解决实践的目的即价值问题,价值问题也就是意义问题。在意义论或价值论哲学中,人是认识主体,是实践主体,也是价值主体,即是自由的主体。

这样,我们是否可以提纲挈领地勾画出哲学作为人类自我认识历史的逻辑进程的大体轨迹:从"自然的人""理性的人"到"实践的人""自由的人"。

第三,马克思主义哲学更要研究人。这是因为,马克思当年明确地给自己的哲学规定了这样的任务:不仅要发现世界的客观规律,从而说明和解释世界,而且要运用规律去批判旧世界,去改造旧世界,去指导人们创造一个真善美的新世界,去促进人的自由和全面的发展。因此,按其实质来讲,马克思主义哲学才是真正最关注人、最关心人,也最应该研究人的。

马克思主义哲学研究人,首先是把人看作是自己周围世界的主体,而反对把人降为世界或其他什么东西的奴隶;其次,把人看作从事实际活动的、实践创造的主体,而反对看作空谈的、脱离实际活动的、抽象的、僵死的人;再次,把人看作在一定的社会关系、社会环境中的主体,人作为主体,始终是社会的主体,而反对或不认为有离群索居的人。按原有的哲学框架,"世界的主体"应该由唯物主义部分来说明;"活动的主体"由认识论部分(包括实践论)来研究;"社会的主体"则由社会历史观(唯物史观)部分来探讨。

关于唯物主义与人的问题的关系,马克思有一段话说得一清二楚:"并不需要多大的聪明就可以看出,关于人性本善和人们智力平等……关于外部环境对人的影响……等等的唯物主义学说,同共产主义和社会主义之间有着必然的联系。既然人是从感性世界和感性世界中的经验中吸取自己的一切知识、感觉等等,那就必然这样安排周围的世界,使人在其中能认识和领会真正合乎人性的东西,使他能认识到自己是人。"①我们也许还可以再加上一句:"使他能真正认识到自己是周围世界的主体。"关于马克思主义哲学认识论、实践论与人、与"活动的主体"的必然联系,马克思主义哲学社会观、历史观与人、与"社会的主体"的必然联系,那就更是顺理成章的事。

马克思主义哲学不但要研究人,不但与人的研究有着内在的必然关联,而且必须有自己的关于"人的哲学",并使之成为整

---

① 《马克思恩格斯全集》第2卷,人民出版社1957年版,第166—167页。

个马克思主义哲学中的一个极为重要的组成部分。所谓马克思主义的人的哲学，应该是一种运用马克思主义哲学的立场、观点和方法，去揭示人的存在及其发展的一般规律的学说。这种学说要为人类在实践活动过程中自由而全面发展提供科学的世界观和方法论。

三、用马克思主义观点研究人是时代的一个重大课题

时代现实需要我们研究人，也必须研究人。用马克思主义基本观点和方法研究人，确立和完善马克思主义的人的哲学，既是我们哲学发展的内在需要，更是我们时代的重大课题。

首先，推进经济社会和人的全面现代化建设，是当代世界发展的主旋律。社会主义现代化建设应该是一个有机的整体，不但有物的、体制的现代化建设，而且有人的、思想观念的、精神文化的现代化建设。无疑，从深层意义上来分析，在整个现代化建设的过程中，人的现代化建设是最为根本、最为主导的。在马克思主义哲学看来，人类的文明发展史、人类创造的一切财富，都是人类自己实践创造的结晶；美好的未来，也要靠人们自己去创造。社会的真正贫困在于人的素质的贫困，社会的真正落后在于人的素质的落后。因此，现代化建设应该关注人的教育、人的培养和人的建设，社会现代化是取决于人、依靠于人和最终为了人的。当代中国正在进行的社会主义现代化建设，重视人的培养、教育和建设，用马克思主义理论武装人，积极推进社会主义精神

文明建设，倡导艰苦奋斗、爱国主义精神，努力造就有理想、有道德、有文化、有纪律的"四有"新人，更是我们的优势所在，也是中国式现代化建设的基本特色之一。

其次，人的问题是当代马克思主义与非马克思主义激烈斗争的焦点之一。在理论形态方面，西方的各种反马克思主义或非马克思主义的种种流派，总是这样那样地攻击马克思主义，胡说马克思主义是忽视人、反对人的，制造种种马克思主义敌视人、马克思主义理论中人是"空白点"的神话。在实践形态方面，西方资本主义社会及其统治者，往往把人的自由、平等、民主和人权视为他们的专利品，攻击共产党人领导的社会主义国家无自由、无平等、无民主、无人权可言，并以此作为敌视、反对共产党领导的社会主义国家的"有力武器"。在我们国内，也有人不时在"人"的问题上做文章。有的把马克思主义人道主义化；有的引进西方的各种人本主义、人道主义思潮和流派，来填补所谓的马克思主义学说中人的理论的"空白点"；有的把马克思主义庸俗化和简单化，忽视甚至拒绝对人进行科学而严肃的研究。如此等等，充分说明坚持用马克思主义的基本观点去研究人，完善马克思主义的人的理论，该是多么重要、多么迫切啊。

再次，在当代，随着科学技术和物质文明的迅猛发展，它给人类带来了前所未有的创造力，但也形成了前所未有的破坏力；它有力地促进了人类的生存和发展，带来了巨大的物质财富，但也酿成了人类环境、生态等的巨大破坏；虽然人的物质生活日趋富足，但人们的内心世界却颇多空虚失落……诸如此类的现代文明发展中的困境现象,被称为全球性的"人类问题"。用马克思主义观点来分析,这类困境和问题正是人类改造世界活动的负效应、副作用。它们是以"天灾"形式表现出来的"人灾";产生及克服(减轻)这些"灾祸"并摆脱"困境",最终都取决于人类自身。面对愈演愈烈的全球性"困境",全世界思想界、学术界也出现了一股重新反省人、研究人的新思潮,对传统的人的学说提出了新挑战。例如,重新认识人在世界中的地位、人与自然的关系;重新反省人的能力和命运;重新怀疑人类传统的价值观念和行为方式;重新评价科学技术的进步作用和社会意义。在此基础上,不少学者还重新喊出了"人的革命"的口号,主张将开发和提高人的素质、充实人的内心世界、增强人类的责任感和使命感的"新人道主义",作为摆脱人类困境和解救人类的新的救世良方;认为这种"人的革命""新人道主义","将会为通向人类史上最好的时代打开一扇新的门"。尽管"人的革命"和"新人道主义"带有新的"神话"色彩,但他们提出的问题、思路是值得我们重视和借鉴的。对现代文明发展中的"人类困境"以及西方学者的研究成果,马克思主义者理应有自己的看法和评论,更应该有自己的科学回答。这就需要当代的马克思主义者具有理论勇气和科学精神,结合现时代的特点,去创造性地研究人的问题。但是在这些方面,我们的思想学术界过去做得还是很不够的。

不管从哪个方面来讲,我们的时代迫切需要马克思主义者去研究、去回答人的问题。现时代需要有现时代的马克思主义的人的理论和人的哲学。

人是世界上唯一没有达到完成状态的存在物，人在无休止地更新着人的一切——正如人自己是自己所是的理由一样，人对他自己的认识和反思也永远不会有句号。我们期待着学术界有更多更好的有关人的研究成果的问世。

论价值的含义、要素和生成的根据

改革开放以来，有关价值的哲学问题，引起了我国哲学工作者们的极大关注和兴趣。然而，人们对诸如"价值""价值认识""价值真理"等基本概念的理解，还多有分歧。目前，学术界普遍流行"价值"是由"主体与客体"构成的"二要素"说。笔者认为，仅仅从静态的、实体的方面去考察是远远不够的，比较科学的方法，应该从静态与动态相结合、实体与特性相结合的方面，去揭示价值所蕴含的要素、特点及其生成的根据。

一、价值是客体对主体生存与发展的意义

价值是什么？迄今为止，哲学界尚未有一个统一的表述。

笔者认为，作为哲学范畴的价值，它的最基本、最一般的含义，是指客体对主体的生存与发展所具有的作用和意义。这里的作用和意义，自然有积极与消极、肯定与否定、正向与负向的两种态势之分。我们用"对主体的生存与发展"来限定价值的性质

和范围，以取代目前普遍流行的"主体的需要"，这是对"主体的需要"的具体化和精确化。因为，"需要"是一个歧义性很大，内容十分复杂，性质差异悬殊，范围极为宽泛的范畴。不是主体的任何一种"需要"都能构成主体与客体之间现实的价值关系的，也不是任何一种什么"需要"都能成为衡量客体有没有"价值"的基准的。只有对主体人的生存和发展的需要有意义的客体，才能成为有价值的客体；只有对主体人的生存和发展有意义的需要，才是客观的、有根据的、符合必然性的、合理的、真实的需要。

价值是客体对主体的生存和发展所具有的一种作用、意义，这表明价值不是由主体的生存和发展的需要单方面所产生的，也不是由客体单方面所决定的，它是主体与客体相互联系、相互作用、相互规定的产物。客体的自身属性虽然是价值的承担者，但若不同主体的生存和发展的需求（为叙述方便，本文以下一般简称为"主体的特定需求"，并以此与"主体的需要"相区别）相联系、相融合，就无所谓"价值"。价值是主体客体间的一种满足、需求的关系。

因此，价值范畴是一个关系性范畴，而不是一个实体性概念。对"价值"来说，其主体性和客体性（价值的要素、内容不仅仅局限于这两个方面，但最主要、最基本的是这两个方面）都是不可或缺的。价值既是客体属性的人化、需求化和主体化，同时又是主体需求的对象化、客体化和现实化，是客体性和主体性的辩证统一。这就是价值的哲学本性和实质。正如马克思所指出："'价值'这个普遍的概念是从人们对待满足他们的需要的外界物的关系中产生的。"①

二、构成价值关系的基本要素

价值并非只由主体性和客体性两个要素所组成，而是由多种要素、多方面内容所组成的一个集合对象（集合概念）。概括起来，构成价值关系的基本要素至少有以下六个方面。

1. 价值的客体要素

价值是主体和客体之间需求与满足需求的关系和意义。在这种关系、作用和意义里，客体和客体的属性、功能是价值的承担者，是主体与客体之间产生价值关系的客观前提。

但是，客体及其属性和功能本身并不直接就是价值。因为，离开主体和主体特定需求及其他因素，自在自为而独立存在的事物和属性，只能是"自在之物"和"自在属性"，而不是现实价值的承担者。在人类认识能力和实践能力触角之外的客观事物和属性，对人类的生存和发展来说，是一种非价值形态的存在物和属性。当然这并不是说它们是没有价值的。不过，这种价值是自在的价值，是有待认识和利用的价值，或者说是"潜在的价值"。

价值的客体性内容，在价值化的过程中占有重要的地位和作用。客体和客体的属性、功能是价值得以产生的客观根据和物质基础。当然，满足主体特定需求的客体，即价值客体，既包括自然的客体，又包括社会的客体，同时还包括"原始物"（不经改

---

① 《马克思恩格斯全集》第19卷，人民出版社1971年版，第406页。

造就具有价值的客体，如阳光、空气、雨水等）的客体、"人造物"的客体和作为客观精神（主体人之外已存在的精神现象）的客体。客体的多样性，客体属性和功能的丰富性，以及它们发展的无限性，从主导方面规定了主体各种需求的多样性和需求发展的无限性。因而主体与客体之间价值关系也具有多样性、复杂性和历史变迁性。

总之，客体性是价值的一个基本要素和特性，它是一切价值都必须具备的载体和承担者，价值的质的种类和量的程度，在很大程度上都直接取决于价值的客体性内容。

2.价值的主体要素

价值不但取决于客体，同时还取决于主体及主体的生存和发展的需求性，离开了主体和主体的特定需求，客体就只能是尚未价值化的客体。因此，价值关系是由主体和客体两个方面共同规定的，而不可能只取决于主体抑或客体的任何一方。因为，一物与另一物的关系，是二物之间的关系，不能说它是属于哪一物的。

既然如此，同客体和客体属性本身还不是价值客体、价值属性一样，主体和主体的需求本身也不是价值主体、价值需求。只有主体被价值化、主体需求被价值化，即主体同客体发生价值关系的时候，才能形成价值主体和价值需求。在其现实性上，主体的不少需要并不能实现，或者在一定时期内难以价值化。比如，远古的人们也有"上天揽月"的需求，这在当时仅仅是一种美好的理想而已。再如，我们今天也有"呼风唤雨"、使自然现象"听从"人们安排的需要，但这种需要在相当历史时期内还不可能进入大面积的现实价值化过程。这就是说，主体的需求是价值关系产生的基本要素和根据之一，主体需求的价值化，还必须取决于客体等其他因素。

主体的需求一旦转化为价值的需求，它就作为一个基本要素进入价值形态之中并发挥其独有的作用。如果说客体和客体的属性是价值的载体、承担者的话，那么，主体和主体的特定需求则是价值产生的依据。在价值形态中，主体要素是价值的"灵魂"和"生命"。因为，正是主体和主体的特定需求，直接规定着价值的性质和方向。一个客体有什么样的有用性，对主体有什么样的作用和意义，虽然不完全取决于主体和主体的特定需求，但总是相对于主体的某种需求而言的，是以主体的某种需求为基准的。

因此，当我们考察事物，特别是事物的具体价值属性时，不能脱离主体的一定需求。人们的一切活动都是为了满足某种需求，因而人们的活动也就侧重于它所需求的那一点。如果离开主体的特定需求，就无法断定客体的具体的有用属性、价值属性，也无法确定主体和客体之间具体的价值关系及其基本性质，同时也无从理解价值生成的根据和意义。

3.价值的社会要素

考察价值的实质，尤其需要分析价值的社会性质。所谓价值的社会性，是指在客体属性价值化和主体需求价值化的同时，还有一个"社会需求"参与其中并得到价值化的环节和机制。真正的价值既是主体需求与客体属性的统一，又是社会需求与客体属性的统一，真正的价值既对主体（个体）的生存和发展有意义的，也对社会的生存和发展有意义。

然而，个别主体的需求与社会主体的需求并不总是相互吻合、始终一致的。但是，无论是一致还是不一致，当主体的需求与客体的属性发生价值关系时，作为具有社会性和能动性的主体，不但要站在自身需求的立场上对这种价值关系作出判断和选择，而且同时还要站在"社会主体""社会需求"的立场上对这种价值关系作出判断和选择，进而还要对主体自身的需求与社会需求之间的"价值关系"作出评价和选择。在此情景中，主体人具有个人与社会、个人需求与社会需求的双重属性和建构，或者说是这种双重属性被集中地显现出来。这样，在主体与客体的价值关系中，就必然有第二个主体——"社会主体"参与其中，就有第二个价值坐标——"社会需求"的渗入。因此，任何一种价值和价值关系的生成，都包含着社会性的要素和存在着社会性的根据。

4.价值的实践要素

实践因素作为构成价值的内在成分和价值关系产生的基本依据之一，并不是很难理解的。因为，实践活动是价值和价值关系形成的基本途径；价值目标的形成就是实践目的的确立，在价值和价值关系中逻辑地蕴含着实践关系，而且，实践又是价值现实化、对象化的根本手段。

什么样的客体和客体的哪些属性能进入价值关系而成为价值物？主体的哪些需求能进入价值关系而成为价值需求？这在很大程度上取决于主体的实践能力和实践活动。只有在实践活动中，主体与客体才能发生直接的、现实的相互联系和相互作用，才能实现客体的主体化和主体的客体化。恩格斯指出,"劳动和自然界在一起才是一切财富的源泉,自然界为劳动提供材料,劳动把材料变为财富"①。离开了实践活动、生产劳动,客体、"材料"就不可能自动地转化为"价值""财富"。正如列宁所说的,世界不会满足人,而人决心改变世界,获取价值物。

正是通过实践活动的内导作用,一方面是主体需求的对象化,另一方面是客体及其属性的价值化。主体既为自身创造出对象,又为对象创造出新的"自身",使主体与客体在价值关系中相互规定、相互渗透和相互转化。这就是说,"不仅客体方面,而且主体方面,都是生产所生产的"。正因为构成价值要素的基本前提——主体和客体等方面都是社会实践活动的结果,所以价值和价值关系必然要受到实践活动的限制,它们之间具有内在的相关性。

人们的实践活动过程也就是追求价值的过程,实践的目的也就是价值的目标。价值目标的形成和价值关系的确立,也同时意味着主体对现实客体的不满足,要求按照自身的需求和意志去改变现实,创造新的价值客体。因此,主体对世界、对客体的价值掌握,既要面对事物的现状,又要预见未来;既要反映客体及其属性,又要反映主体自身的特定需求;既要去认识、说明客体,又要去行动实践、改变世界、占有价值客体。这样,在价值意识、价值关系中,必然以内在的意向表现着对客观世界施加改造的反作用,体现着主体为了达到自己的特定需求而力图改造世界

---

① 《马克思恩格斯文集》第9卷,人民出版社2009年版,第550页。

的意志和要求，包含着要改造世界的实践性因素。

实践因素使价值得以现实地确立，并使价值具有可行性、意向性和外向性；一旦其他条件具备，价值关系中的实践性因素就外化为客观的实践活动。

5.价值的认知要素

人们对外界客观事物本身的认知（即通常讲的"事实认识"）和对主体与客体之间价值关系的判断，在现实的认识活动过程中总是相互依赖、相互影响、相互渗透的。一方面，人们在认识外界事物的过程中，总是渗透着价值观念，使人们的认识具有明确的目的性、指向性和选择性。另一方面，科学的、正确的和具体的价值观念，必须以事实性的认知为前提和基础，并且总包含着对外界事物的认知要素。列宁曾经指出："认识只有在它反映不以人为转移的客观真理时，才能成为生物学上有用的认识，成为对人的实践、生命的保存、种的保存有用的认识。"[①]真理性的认知，就是人们对客观事物的本质、属性、规律和未来发展趋势的真实性把握。这对形成科学的价值观念是必需的。因为，只有掌握外界事物的发展规律和属性、功能的真实知识，才能使主体准确地判断事物满足自身需求和社会需求的可能性，使价值判断具有切实的真理性和可靠性。

因此，科学的、可行的价值和价值关系，必须依据于对外界事物的事实性认知，以事实性认知为前提和基础，并且进而将这种事实性认知作为一个主要内容包含于价值（价值观念、价值关

---

① 《列宁全集》第18卷，人民出版社1990年版，第141页。

系）之中，成为一个内在的基本要素。

6.价值的情感要素

情感是人们对世界的一种特殊反应形式和掌握方式，它是伴随着主体对客体的认识活动、价值活动和实践活动而产生的对客体是否符合、是否满足自身特定需求的一种态度、一种体验，如热爱、意愿、理想、意志、信念、好恶、决心，以及道德感、美感、社会感等，都是情感的具体内容。情感通常以主体满意或不满意、肯定或否定、赞赏或厌恶、愉快或愤恨、喜欢或悲伤、热忱或冷淡等心理机制表现出来，并对主体的活动（包括价值活动）起着积极的、能动的或消极的、被动的作用。

情感所以成为价值的一个内在要素和价值关系生成的一个内在根据，这是因为：作为主体的人，并非无情无意的"草木"，而是"具有意识的、经过思虑或凭激情行动的、追求某种目的的人"。在人们的认识活动、价值活动和实践活动中，没有人的情感活动、意志活动是不可想象的。列宁说："……没有'人的感情'，就从来没有也不可能有人对于真理的追求。"[1]主体在认识和改造客体的活动中，不仅获得对客体的事实性认知，同时还根据主体的特定需求对客体形成一定的情感体验，进而产生对客体有目的、有意识地掌握（包括认识和改造）的意志、意念和志向，形成一种强大的情感力量。价值目标和价值关系一旦产生，同时也就确立了主体对客体的一定的情感态度和情感体验。正态价值关系是客体能够满足主体一定需求的肯定关系，因而在价值观念

---

[1] 《列宁全集》第25卷，人民出版社1988年版，第117页。

和价值活动中，必然渗透着主体的强烈的情感因素。

在主体的价值活动中，情感是在一定理性支配下，自觉地确定价值目标，并为实现价值目标而有意识地、能动地支配、调节其行为的心理现象。人们在各种活动中所表现出来的主动性、积极性、创造性和顽强性，是人情感作用最明显、最集中的表现。

以上分析的价值要素既是价值和价值关系产生的基本条件，是构成价值和价值关系的基本内容，同时又是价值和价值关系的基本特性。科学而完整的价值系统，应该是上述诸多要素、诸多内容的有机综合，是合客体性、主体性、社会性、实践性、认知性、情感性的辩证统一。

三、人的活动过程是追求和实现价值的过程

人的一切活动总是直接或间接、或多或少地渗透着价值的因素。对价值的追求是认识的最终目的、推动认识向前发展的最后动力；也是改造世界的实践活动的最后目的、推动实践向前发展的最后动力。

人们不是纯粹为了认识而认识，也不是为了实践而实践的。人们的一切活动同人们的一定需求和利益总具有直接的相关性。马克思主义在创立唯物史观的过程中，由于发现和揭示了人们活动与一定需求之间的内在相关性，就同那些仅仅以思想而不是以人类生存和发展的需要来解释人们行为的唯心史观划清了界限。人类认识和实践的过程，就是追求价值、实现价值的过程。正是由于人们的一切活动归根到底是为了满足自己生存和发展的需

求,即人类活动的目的性原则,才构成了价值和价值关系的最一般、最后的根据。

人对价值目标的设定和追求,是主体人的能动性的一个本质特征和表现,也是人的活动区别于动物行为的一个根本标志。如果说人的活动的目的性原则是价值和价值关系生成的必然性根据的话,那么,人的活动的能动性原则则是价值和价值关系得以确立和实现的可能性原因之所在。人的能动性最突出的表现是:人不但是主体,同时也是客体,具有主体—客体的双重建构性;人不但能够认识和把握外界客体的属性和发展规律,而且同时还具有自我意识,能够把自身的需求、自身的本质和自身的活动作为自我掌握的客体。人的活动是自觉的、能动的,他"懂得按照任何一个种的尺度来进行生产,并且懂得怎样处处都把内在的尺度运用到对象上去;因此,人也按照美的规律来建造"[①]。这种内在尺度不是客体自身的尺度,而是主体人的需求、价值、本质和美感的尺度。主体要能够自觉地意识到这种内在尺度并且贯穿在自己的活动之中,运用到对象上去。

主体人的意识性和能动性功能,一方面能够把外界客体纳入人的特定需求的视野里,受到价值的衡量、评判和选择,使客体进入价值化、主体化的过程;另一方面能够处处把主体自身的需求等内在的价值尺度赋予外界客体,使主体自身进入对象化、客体化的过程,从而使价值和价值关系得到现实的生成。

---

① 《马克思恩格斯全集》第42卷,人民出版社1979年版,第97页。

"事实检验"与"价值检验"

真理检验的复杂性问题是真理标准讨论中所遇到的一个重要理论问题，哲学界存在着许多分歧意见。我也想就这个问题谈一点看法。

对直接指导人们实践活动的认识、思想、设想等观念的检验，为什么是很复杂的呢？其中原因是多方面的，但我认为关键是对这些认识、思想、目的、设想等观念性东西的检验，不只单纯地存在着一维性的检验，而是存在着双重性、多重性的检验，起码存在着事实检验和价值检验。

所谓"事实检验"，是看人们的认识、观念是否符合外界的客观事实；所谓"价值检验"，是看被改造的客体的变化即实践结果，是否符合人的实际需求和利益。价值检验又可分为实践者本人的价值判断和社会、他人的价值判断两个方面。我们所说的价值检验是指这两个方面有机的统一体。

事实检验着重解决的是人们的认识、观念是否合规律性、合真实性的问题；价值检验则着重说明人们的实践行为及其结果合理与否亦即是否合需要性、合目的性、合社会正当性等问题。比如，实践结果如果符合实践者原定的设想、观念，就意味着"成功"，反之叫"失败"。成功说明了直接指导实践行为的认识、观念一方面正确地、如实地反映了客观存在的事实或事物发展的规律性，另一方面也说明了被改造的客体的变化是符合实践者的需求、利益的。所以，事实检验和价值检验往往具有同时的相关性。至于失败的实践活动，撇开其他因素，事实检验和价值检验的同时相关性通常是以否定性的形式出现的。

正是由于事实检验和价值检验存在着这种同时相关性，人们也就容易忽视客观上存在着检验的"双重性"。然而，只要人们稍微深入一步，透过它们的同时相关性，就可以发现"双重检验"又有分离性。作为事实和不以人的意志为转移而存在着的实践结果，人们一看就明了，不同的阶级、不同的人大都不会有多少异议，因而只涉及实践结果与原先认识、观念相一致与否的事实性问题的"事实检验"，是比较容易解决的。但在对同一实践行为及其结果的评价上（不是事实的存在），却往往会产生各种不同的看法，甚至完全相反的看法。例如，某国的军事战争、原子武器试验等，作为事实，作为他们的行为结果与他们原定设想目标的一致或基本上相一致的事实检验来说，是比较清楚的。但不同的国家、不同的政党、不同的主体却决不会给直接指导和支配他们实践行为的认识、观念简单以"正确""合理""真理"等美名去肯定。原因就在于，这时候人们是从不同国家主体、不同社会利害关系等价值观念角度，去评价他们的实践行为及其结果的，亦即是用"价值标准"去检验的。

由此可见，事实检验和价值检验虽然有同时的相关性，但它们又有着相对独立的分离性。那么，存在着事实检验和价值检验的内在根据在哪里呢？简单地说，是由于直接指导当事人实践行为的认识、观念的内容本身就内在地存在着事实性和价值性两重属性。换言之，人们要想有效地进行实践活动，一方面必须对外界客观事物有一个规律性、真实性的认识，另一方面又必然地按照自己特定的需求、利益等价值观念去规定自己的实践行为。唯有这两个方面的有机统一，才会有现实的实践活动的产生。

但实践者的需求、利益即价值观念总是与他人、与社会的需求、利益即社会的价值观念相联系的，因而他人、社会也就有权利对实践者的价值观念及价值观念的外在化、现实化——实践行为、实践结果进行评判、"检验"。所以，对直接指导实践活动的认识、观念的检验，客观上也就必然地存在着事实检验和价值检验两个方面。

当然，无论是事实检验还是价值检验，两者最终都必须通过实践活动。但一般说来，事实检验在眼前、现实、局部、实践者本人的实践活动范围内就能得到解决，而价值检验则主要诉诸社会的、历史的实践活动，通过长远的、广泛的亿万人民的实践活动才能解决。因此，只有人民的社会实践或历史实践活动，才是检验真理、认识、观念和一切主体活动及其结果的真正的最高标准。这种检验活动实际上是一种连续不断的历史实践活动。

由于对直接指导实践活动的认识、观念的检验同时客观上存在着事实检验和价值检验，所以，我们一方面不能单纯地以当事人、实践者的认识、动机、观念是否获得实现、是否达到预期结果去断定其认识、观念是否正确,其实践行为及结果是否正当、合理,而不去考虑或忽视价值判断、价值检验。不然,诸如指导某些人盗窃等破坏性活动的认识、观念,也就会被美其名为符合实际情况而获得成功的"真理"了。另一方面,我们也不能单纯地以是否满足需要、利益去断定其认识、观念是否真理,而不问其需要、利益是否合规律性、合真实性,否则,就难以与有用、有利就是真理的实用主义划清界限。

事实检验与价值检验是相互区别又相互联系、相互制约的,我们不能以事实检验去取代价值检验,也不能用价值检验去排斥事实检验,把两者绝对地割裂开来或者把它们混为一谈都是行不通的。

在关于真理检验、真理标准问题的讨论中,我觉得应该严格地确定范围,即必须区分是在事实检验的意义上,还是在价值检验的意义上,或者在两者的同时性意义上来谈论"标准""检验"等问题。

在争论的各方中,一般都不明确区分两种不同性质的检验:事实检验与价值检验。但同时却又在"两重检验"的意义上来讨论"真理的标准""真理的检验",因而引起了不少的理论混乱。

我以为,把事实检验与价值检验明确地区分开来,并与实践活动和直接指导实践活动的认识、观念联结起来去探讨它们的区别和联系,是很有意义的。

略论主客体间意识关系的三个层次

主体和客体是哲学体系中最基本的一对范畴。探讨主体与客体间不同性质、不同层次的相互关系，是哲学研究中尚未完全引起重视和深入探讨的课题。本文试图简略地探讨一下主体和客体间意识关系的层次性问题。

一、主体对客体的意识关系不只有"认知性"关系

从主客观的极限性质来讲，主体对客体、人对外部世界存在着物质的和意识的二重联系。物质的联系在客观的实践活动中发生、显现和解决；意识的联系则在观念的认识活动、价值评价活动和观念改造活动中发生、显现和解决。这就是说，通过客观的实践活动的"杠杆"、内导作用，或者说在实践活动的基础上，主体对外界客体的观念把握、意识联系有着"认识的、评价的和观念改造的"三个不同的层次。

然而，人们过去总认为主体对外界客体的意识关系只有"认

识的""认知的"一个层次,因而在马克思主义哲学认识论中,除了讲人认识世界的一些原理之外,根本不谈主体对客体的价值关系和观念改造的关系。当然,随着对"主客体"问题的重视和深入研究,学术界已经有人提出,人对外部世界的观念把握可以区分出两个层次:认识的和评价的关系。但是,笔者认为,主体对客体、人对外部世界的意识关系虽然不只是"认识的"一个层次,但也不只是"认识的和评价的"两个层次,而应该是"认识的、评价的和观念改造的"三个层次。

二、主体对客体的意识关系存在着"三重"关系

认识的意识、评价的意识和观念改造的意识,虽然都是主体对客体、人对外部世界的观念反映、观念把握,但三者之间却体现着主体和客体间不同质的关系。

主体对外界客体的认识关系,就是指人对外部世界的客观事实、客观情况只进行如实的反映,只"按照事物的本来面目及其产生情况来理解事物",而"不附加以任何外来的成分",在认识过程中,主体力求排除自身的主观因素的干扰。因此,主体对客体的认识关系,其根本性质是属于一种事实性的关系,我们可以称它为事实认识。它的直接目的和任务,是解决客体、外部世界本身"是什么""是怎样"的客观事实;它的基本要求是主观符合客观、认识符合对象;它的结果是主体对外界客体的理解、陈述、解释。事实认识的检验是确定其真假、对错;事实认识的程序通常是从外界客体到主体、外部世界决定主体的认识过程。按

照唯物主义的基本原理，在主体与客体物质关系的基础上，主体对客体、人对外部世界的意识关系，首先应该也必然是主体如实地、客观地反映和把握客体本身"是什么""是怎样"的事实性、科学性的认识关系。因为，只有认识了客体、对象的属性和规律，才能谈得上对客体、对象的评价选择、利用和改造。也只有这样，才能从根本上坚持唯物主义的基本原理。

但是，认识世界的最终目的是改造世界，以适应主体的特定需求。而主体要按自身的需求、愿望去改造客体、对象，那么，在现实地改造客体的实践活动之前，在事实性、科学性认识的基础上，主体还必须形成相应的价值意识，即反映主体自身一定需求和利益以及由此与外界客体的一定属性、功能相比较权衡而产生的价值观念。因此，主体对外界客体的意识关系的第二阶段、第二个层次应是价值关系。

价值关系是外界客体一定属性、功能同主体自身一定需要、利益之间的一种肯定的或否定的利害关系。价值关系的活动表现形式是主体对外界客体的评价、选择。评价（选择）所要解决的目的和任务，是厘定外界客体"应是什么样子""应该是怎样"的价值、功用问题；评价所着重反映的主要不是外界客体自身的事实性客观内容，而是外界客体对社会、对主体利害、好坏的功利价值；评价活动不但不排除主体的主观因素，而且总是以主体自身的特定需要和利益作为评价的标准、权衡的尺度，力求将主体自身的因素和内容托付于、赋予外界客体，或者说力求从外界客体中挖掘出主体的因素，也就是主体把自身的内在价值尺度运用到外界对象上去；评价活动的思维活动顺序通常是从主体到客体、使外界客体适应主体。所以，主体对客体、人对外部世界的价值关系，其根本性质是一种功利性的关系。

主体对外界客体的价值关系，仅仅是主体对外界客体的一种观念性的评价活动，只在思维意识中解决了主体对外界客体要不要去追求、去改造的问题，而没有解决"要怎样"改造、"要怎样"进行未来实践活动的问题。不错，有了事实认识和价值意识，就有了按外界客体的"物种尺度"和按主体的"内在尺度"去改造客体的事实和价值根据。马克思认为，动物仅仅在直接肉体需要的支配下，按照它自身所属的那个（动物）种的、本能种的尺度去活动，而生活在社会中的人，却能按照任何物种的尺度去进行生产活动、实践活动，"并且懂得怎样处处都把内在的尺度运用到对象上去"[①]。主体既然能按照外界客体、对象本身的尺度和自身需求的内在尺度去改造外界客体，那么，人改造世界的实践活动必定具有高度的自觉性、能动性和计划性，而不是自发的、盲目的。在现实的改造世界的实践活动之前，主体也必然在头脑中事先就有了具体的实践目的、愿望、计划、方法、方案，诸如要把外界对象改造成什么样子，要创造出一个什么样的新的人造客体。为此应如何改造、怎样行动，采取什么办法、步骤、手段等问题，在实际活动之前都会有一个大致的轮廓规划。这种能动性、创造性，当然是人所特有的。马克思指出："蜜蜂建筑蜂房的本领使人间的许多建筑师感到惭愧。但是，最蹩脚的建筑师从一开始就比最灵巧的蜜蜂高明的地方，是他在用蜂蜡建筑蜂

---

① 《马克思恩格斯全集》第42卷，人民出版社1979年版，第97页。

房以前，已经在自己的头脑中把它建成了。劳动过程结束时得到的结果，在这个过程开始时就已经在劳动者的表象中存在着，即已经观念地存在着。他不仅使自然物发生形式变化，同时他还在自然物中实现自己的目的。"①恩格斯也说过："人离开动物越远，他们对自然界的作用就越带有经过事先思考的、有计划的、以事先知道的一定目标为取向的行为的特征。"②主体对客体的事实认识，解决了主体对客体的本质、规律是怎样的观念把握（理论掌握），从而使未来的实践活动有了客观的、科学的依据；主体对客体的价值评价，解决了主体对客体的属性和功能是否适应自身需求的意向把握（功利掌握），从而使主体产生了"要占有""要改造"客体的内在意向和未来实践活动的评价指标。然而，"当着某一件事情（任何事情都是一样）要做，但是还没有方针、方法、计划或政策的时候，确定方针、方法、计划或政策，也就是主要的决定的东西"③。因此，在事实认识和价值评价关系的基础上，主体对客体的意识关系，还必然合乎规律地要进展到观念改造性的第三个阶段和层次，即主体对客体的观念改造性意识层次。

所谓主体对客体的观念改造关系，是指在事实认识和价值评价之后、在未来实践活动之前，主体对外界客体和自己未来实践行为"要怎样""要怎么办"的一种观念上的实践性关系。它是对未来实践活动的对象、条件、方法、步骤、途径、过程和实践

---

① 《马克思恩格斯全集》第44卷，人民出版社2001年版，第208页。
② 《马克思恩格斯选集》第3卷，人民出版社2012年版，第996页。
③ 《毛泽东选集》第1卷，人民出版社1991年版，第326页。

结果的观念规划和"超前反映"。它主要不是解决认识、说明、解释和评价、选择外界客体,而是按主体自身的需求、利益、意志、愿望、目的去改造客体和创造性地勾画未来实践活动以及由实践活动所引起的人造客体。用列宁的话说,就是人的意识不仅反映客观世界,并且创造客观世界,人给自己构成世界的客观图画。或者如马克思所指出的,动物是和它的生命活动直接同一的,它不可能把它自己的活动作为意识的对象,而人却能够对自己的未来生命活动、生产活动、实践活动实现超前性的反映和把握,把自己的实践活动转化为自己的"意志和意识的对象",从而使人对自己的实践活动实现自觉的自我调节和自我控制。可见,主体对外界客体的观念改造的关系,其根本性质是一种观念中的实践模型、观念中的实践活动,是一种在观念范围内的主体对客体的实践性关系。所以我们把它称为"观念改造"的关系。"观念改造"虽然还是一种观念的、主观的东西,但它已不是一般的观念和意识。因为,它主要体现着主观见之于客观的过程;反映着由事实认识、价值评价向改造世界的实践活动的逻辑推移;表现着主体对外界客体的变革性关系;意味着主体对外界客体的认识和评价过渡到了有目的、有计划地影响和反作用于外界客体的逻辑起点。

由此可见,主体与外界客体的意识关系,从动态、发展和过程的角度讲,必然存在着事实认识、价值评价和观念改造三个阶段、三个层次。主体对外界客体的观念把握过程,是主体适应客体—客体适应主体—主体观念地改造客体的辩证发展过程。

三、由事实认识到价值评判再到观念改造

主体与客体意识关系的上述三个层次，各自在特性、目的、任务、功能等方面都是有明显区别的，有着各自不同质的规定性；分别说明主客体间不同性质的关系；分别体现主客体间在相互联系、相互制约发展过程中所依次递进的逻辑顺序。显然，三者之间是彼此有别、相对独立的，但在主体对外界客体整体统一的意识活动进程中，它们又是密切联系、相互渗透、彼此制约的。

在马克思主义哲学认识论中，特别是在由"自在之物"的外界客体转化为"为我之物"的认识总过程中，三者是不可缺一的。其中缺少了任何一个阶段、层次，都将无法构成"实践—认识—实践"的认识总过程；也将无法全面地、完整地说明和把握主体与客体的相互关系；同时也不可能论证清楚主体与客体的不同关系是如何相互区别、相互联系和相互过渡的。

三者的联系是显而易见的。事实认识是价值评价的基础，事实认识和价值评价又是观念改造的前提；而价值评价是对事实认识的运用和发展，观念改造则是事实认识和价值评价的进一步运用、贯彻和发展。主体对外界客体的价值评价和观念改造，必须依据对客体的本质和规律的科学认识，主体对客体的事实认识越正确、越科学，价值评价和观念改造也就越可靠、越合理、越可行；而由于事实认识可以合乎逻辑地发展、过渡到与主体联系更密切的价值评价和观念改造的更高层次、阶段上，使得主体对外界客体的认识具有强烈的目的性、积极性和能动性，因而价值评价和观念改造对事实认识有着积极的促进作用（有时也可能有

阻碍作用）。事实认识与价值意识的统一，就是合需要性、合目的性与合事实性、合规律性的统一，这种统一就体现在观念改造之中。观念改造的意识活动是在事实认识和价值评价的基础上发展、形成起来的，因而它不但显现着事实认识和价值评价的有机结合，而且更表现着事实认识、价值评价和主体要改造客体、反作用于客体的内在意向的三者统一。

由此看来，事实认识、价值评价和观念改造是一个意识活动过程中的三个不同层次和阶段，它们彼此独立、相互有别，又彼此有机联系而不可分割。随着主体对外界客体的事实认识的产生和完成，必然就发生了主体对外界客体的价值评价的关系。当主体从自身需求、利益出发对外界客体的特定属性和功能作出肯定的评价时，主体就有意识地、自觉地导致自身必须进行实践活动的目的模型和去追求、占有客体（的属性和功能）的对象模型。至此，主体人就不可避免地产生了对外界客体的观念改造的关系。由于在主体对客体的观念改造关系的意识中，既包含着进行未来实践活动的动力、根据和必要性，又解决了进行未来实践活动的可能性和现实性，因而在主体与客体的观念改造关系之后，随之而来的是主体对外界客体的现实的改造、客观的实践活动。这样，主体与客体又进入到了一个更自觉、更高级的物质性的联系之中。如此梯次循环发展，人类在漫长的历史实践中不断实现新的文明进步。

矛盾对立面是向"他者"转化

关于矛盾转化形态和结局,过去人们总认为只存在着矛盾对立双方互易其位的一种转化形态。近几年来,学术界陆续发表了一些文章,对矛盾的转化形态和结局作了一些探讨,指出了矛盾转化形态和结局的多样性。本文拟谈谈矛盾转化形态和结局的几种可能性。

唯物辩证法认为,任何一个矛盾,其内部都存在着两个已经展开了的、成熟了的对立面。这些矛盾对立面的转化可能形态和可能结局,有的会像毛泽东同志所指出的那样:"事物内部矛盾着的两方面,因为一定的条件而各向着和自己相反的方面转化了去,向着它的对立方面所处的地位转化了去。"[1]例如,统治与被统治,压迫与被压迫之间矛盾对立面互易其位的转化,资产阶级与无产阶级矛盾的两个对立方面,经过无产阶级革命后,无产阶级取得了统治权,就由原来矛盾的次要地位转化为矛盾的主导

---

[1] 《毛泽东选集》第1卷,人民出版社1991年版,第328页。

地位，使资产阶级与无产阶级的矛盾发生了互易其位的根本性质的改变；某人的优点和缺点在一定条件下的相互转化；电转化为磁，磁转化为电，生物的遗传与变异的相互转化等等，都属矛盾对立面互易其位，各向着自己相反的对立面转化。这种矛盾对立面所处地位和作用关系的互易其位、互相转化，无疑在客观世界中是大量存在的，但并非是矛盾转化形态和结局的唯一模式。

矛盾转化形态和结局的第二种可能性是同归于尽。比如，自然界阳电和阴电的矛盾"解决"，并不是阳电变为阴电，阴电转化为阳电，而是两者同时消失；生物界许多野生动物的"生存竞争"，也往往会两败俱伤、同归于尽；人类社会中奴隶和奴隶主之间的矛盾斗争，其转化结局是同归于尽，封建地主与农民之间的矛盾斗争，其转化结局也是同归于尽，因为在历史上并没有建立一个独立的奴隶阶级、农民阶级统治的社会形态。在战争中交战的敌对双方，有时往往同归于尽。

矛盾转化形态和结局的第三种可能是：矛盾对立面的一方"吃掉"另一方，也有人叫"吞灭性的转化"。这类矛盾其对立面总是"你死我活"，以"一方吃掉另一方"来完成矛盾转化。例如，在细胞的进化过程中，细胞与细胞之间有的是相互融合，而有的则由一种细胞吞噬另一种细胞，如厌氧的、异养的原核细胞，吞进一种好氧的原核细胞，"化为己有"；许多生物特别是动物的两个对立面，往往一方吃掉另一方。人类战争中的敌对双方，一方可能完全被另一方所消灭，一方被消灭了，而另一方仍可继续存在并能与其他对立面构成新的矛盾体。在社会领域中，这种"吞灭性"的转化有时是"暴力方式"，有时采取"和平方式",如不劳而获的剥削者与广大劳动者的矛盾,在社会主义条件下,剥削者经过改造,转化为自食其力的劳动者,原先的剥削者也就被"吃掉"、被"消灭"了。资本主义社会的生产力与生产关系的矛盾运动结果,导致无产阶级革命,资本主义生产关系被消灭了,但作为矛盾对立的另一面的生产力却继续存在下来,并在社会主义条件下与社会主义生产关系构成新的矛盾运动。如此等等。

矛盾转化形态和结局的第四种可能是:矛盾对立面相互共存、相互融合的转化形态。马克思说:"两个相互矛盾方面的共存、斗争以及融合成一个新范畴,就是辩证运动的实质。"[1]矛盾对立面融合、中和成一个新的矛盾,或者两个对立的矛盾融合成一个新的矛盾也是常有的事情。如驴和马的结合,就产生骡子;中医和西医的有机结合,形成新的中西医疗法。一个电子跟一个正电子相碰撞,融合成光子;两个等速的核子(质子和中子)相碰撞,就会产生一个π介子。化学中的化合就是由两种或两种以上的物质生成一种新的物质,一氧化碳和氧气化合,成为二氧化碳;氢气和氮气化合,成为氨气;一个碳原子和四个氢原子结合,生成甲烷分子。生物学中雄性生殖器官产生的性细胞精子(也叫雄配子)和雌性生殖器官产生的性细胞卵子(也叫雌配子)结合,就形成合子,产生了受精卵。历史上存在过的许多曾经一度对立的民族,往往会融合成一个新的统一民族,原来对立面的政党、集团、社会力量,在一定条件下会融合成统一的组织和社会力量。原来对

---

[1]《马克思恩格斯选集》第1卷,人民出版社1972年版,第111页。

立面的思想、学说、学派以及艺术流派等，也会融合成一体，等等。这种矛盾转化并非矛盾的两个对立面简单的相加和无条件的"融合"，而是经过相互排斥、斗争和扬弃的结合，而且有时两个对立面融合后也并非绝对的等同、一致，常有其他新的对立因素与由原来两个对立面融合成的一方构成新的矛盾体。

矛盾转化形态和结局的第五种可能是：矛盾对立面分裂性、分解性的转化。这种现象也是大量存在的。例如，能量足够高的光子在有其他粒子在场时，就会变成具有静质量的正电子与电子；对于π介子来说，每一个打碎了的"碎片"都自动地长成为同样的π介子，一个高能的π介子可以碎裂成几十个低能的π介子。化学中的分解，就是一种物质分成两种或两种以上的新物质，如水通电分解成氢气和氧气；碳酸钙煅烧分解成氧化钙和二氧化碳气。在生物学中，作为矛盾统一体的细胞有丝分裂，在一定发展的阶段上就是一种一为二、二为四……的分解性、分离性的转化形态。在社会中，一个原来统一的政党或集团、一个学派、一种思想等，在一定条件下都有可能一分为二、一分为三，相互分离出去。马克思说，劳动和资本这个矛盾运动的转化形态和结局也这样，开始二者是直接的或间接的统一，然后是二者相互间的对立、排斥，最后是分解为各自对自身的对立。资本分解为自己本身和自己的利息，自己的利息又分解为利息和赢利。而劳动则分解为自身和工资的对立。[①]这种矛盾对立面通过分裂、分解而转

[①] 〔德〕马克思：《1844年经济—哲学手稿》，刘丕坤译，人民出版社1979年版，第65页。

化为新的事物、新的矛盾统一体。当然，这种对立面的分解或者母矛盾派生出子矛盾，并不一定就是"一分为二"，也可能会产生两对以上的矛盾。

上述五种矛盾转化形态和结局，是按矛盾转化的可能性形态和结局来划分的。

总而言之，矛盾是千差万别、错综复杂的，矛盾转化形态和结局也是丰富多彩、多种多样的。对矛盾转化形态和结局的诸种类型作出科学的概括和表述是必要的。

我认为，可以这样来概括和表述：矛盾的对立面既相互依赖、相互联系，又相互排斥、相互斗争；既对立又统一；并且在一定条件下，矛盾的对立面向着他者转化。列宁曾指出，"不仅是对立面的统一，而且是每个规定、质、特征、方面、特性向每个他者［向自己的对立面？］的过渡"①。这里值得注意的是，列宁为什么在括号中的"向自己的对立面"后面打了个问号？列宁是否有这个意思："向他者的转化"更能贴切地概括和表述矛盾转化的种种情形？"他者"这一概念的内涵和外延显然与"自己的对立面"不一样，其外延要广一些，除自身以外，都可称他者。所以，矛盾对立面斗争的结果，是向他者转化，既可以包括矛盾对立双方相互转化的形态和结局，也可以概括矛盾对立面其他种种转化的形态和结局。因此，"矛盾对立面在一定条件下向他者转化"这一表述，可以概括所有矛盾转化的形态和结局。

---

① 《列宁全集》第55卷，人民出版社1990年版，第191页。

可能性空间：在生产力与生产关系之间

我们通常认为，生产力决定生产关系，有怎样的生产力便有怎样的生产关系，生产关系是依附和决定于生产力而产生的。"生产力决定论"从人类历史发展长河来讲是完全正确的。但是，在相当长的历史阶段内的生产力并非必然地、机械地形成相应单一的生产关系。简言之，一种生产力性质和水平完全可以有多种生产关系与它相适应，至于现实中"选择"何种形态的生产关系，那要取决于各国国情等多种国内外的复杂因素，生产力基础只是其中的重要条件之一。这就是生产力与生产关系问题上历史的辩证法。

一、实践逻辑与理论困惑

历尽艰难曲折而向前发展的我国社会主义建设事业，到了1978年，终于又有了一个新的历史性转机。这个历史性发展转机的启动点和推动力，就是在党的十一届三中全会路线指引下，全国人民参与其中的伟大的改革开放实践。

党的改革开放伟大抉择，给中国这块古老的土地注入了新的生机，给勤劳智慧的中国人民增添了奋飞的强劲动力。面对我国的改革实践，我们的哲学、理论工作者该如何作出诸多有说服力的解释？比较流行、普遍的理论解释是：因为我国的生产关系、上层建筑多方面地存在着同生产力发展不相适应的环节，所以要进行改革；农村变革的成功，是由于变革后的生产方式、经营方式适应了现阶段我国农村生产力发展水平等。这种解释，无疑是正确的。

然而，如果仅仅停留在这一步，那显然过于抽象和简单化。因为，人们不会忘记，"生产力决定生产关系，生产关系反作用于生产力""生产关系必须与生产力发展相适应"这一基本原理，在教条主义泛滥的年代里，曾经充当过"一大二公""穷过渡"的理论根据。长期以来，我们的理论思维和理论体系，都犯有一个共通的毛病，就是抽象多于具体，形式多于内容，原则多于方法。存在着这种缺陷的理论，一旦接触实际，面对复杂多变的现实，往往就显得苍白无力。由于人们一直自觉不自觉地满足于"生产力决定生产关系""生产关系适应生产力发展"之类极度抽象的陈述，使得这一原理丰富而又具体的内容难有新的突破。而当用这一原理指导和说明社会发展、现实生活时，就更显得缺乏"操作性"的实践的功能。

当年，马克思把一切社会关系归结为生产关系，把生产关系归结为生产力发展的高度，从而创立了唯物史观，揭示了人类社会历史发展的基本动因，说明了社会发展的客观规律。同时，也为共产党人进行社会主义社会革命和建设新的世界，确立了未来理想，提供了强大的理论武器。今天，我们仍然有足够的理由认为，马克思对这一原理的发现和揭示，标志着"经济哲学""社会哲学"和"历史哲学"的最高成就。但是，马克思的后继者们不应躺在这个"最高成就"上吃现成的饭，而要进一步去丰满它，使其发展到新的历史高度，更科学、具体、有力地说明和指导现实生活。

其实，历史实践已经多次为我们提供了丰富深化和发展马克思这一原理的良机。例如，社会主义制度为什么偏偏不在生产力高度发达的资本主义国家而在生产力不甚发达的落后国家中首先实现？这与生产关系适应生产力发展的规律是否矛盾？为什么资本主义的生产关系在性质上已经过时，但现代资本主义社会生产力却依然在发展？现代资本主义生产关系相应地进行了一些调整改进，这是否意味着资本主义生产关系可以容纳足够高度发展的生产力？为什么资本主义生产关系随着生产力的发展可以自我调节？再譬如说，为什么社会主义国家在生产关系与生产力的结合上，在现代化建设道路选择上，可以采取不同的形式甚至差别很大的不同体制，但在生产关系、根本制度的性质上却仍然是社会主义的？为什么先进的生产关系在实践上并不一定对生产力的发展起积极的推动作用？为什么在大致相同的生产力发展水平基础上可以建构不同类型、不同性质的生产关系？或者说为什么在差距很大的生产力发展水平的条件下，甚至在不同历史时代的生产力发展水平条件下，可以容纳同一性质的生产关系？为什么我们今天的经济体制改革，其中包括生产关系具体表现形态的多方面、多层次的变革，可以不改变生产关系的根本性质？等等。

对上述这些问题的深入研究和具体分析，必将极大地丰富马克思主义的生产关系适应生产力发展和生产力与生产关系是历史地、具体地统一的理论。

二、存在一个可能性空间

产生上述现象和问题的原因自然是多方面的，人们也可以多角度、多侧面地去研究和分析。但我认为，其中一个极为关键的原因是：在生产力与生产关系之间存在着一个十分广阔的、大有回旋余地的可能性空间。

所谓可能性空间，就是事物在运动变化过程中存在着的多种发展趋势和面临的多种发展可能。事物发展中的各种趋势和各种可能的集合，就构成了某个事物发展的可能性空间。我们设某一事物和系统的可能性空间为状态A与状态D之间，它的可能性状态就包括A、B、C、D共四种。如果设可能性空间为状态A与状态G之间，则存在着七种可能。至于一事物在发展中究竟有多少种可能性，则是由该事物的性质、要素以及所处时空等条件决定的，事先不可能确定一个绝对不变的值。

那么，什么是生产力与生产关系之间的可能性空间呢？简单地说，就是生产力与生产关系之间相互组合的各种可能状态的集合。事实上，生产力、生产关系自身的结构和发展状态，生产力决定生产关系，生产关系适应生产力发展，都不是直线、单一的，也并非只有一种可能性。相反，它们存在着广阔的可能性空间。它们之间的相互联结、相互规定、相互组合、相互作用，可以有各种各样的形式、途径、渠道和方法。由于社会的物质生产、经济结构和经济生活是一个十分复杂的巨大的系统工程，生产力和生产关系的结构状态、组合状态、发展状态是由整个历史、整个社会的全部要素和力量共同交融的结果，有着接近于无限的可变因素和可变量。因此，生产力与生产关系之间具体的可能性空间，到底有多少种，具体表现形式如何，在理论上实在是无法完全确定的。但是从方法论角度讲，我们可以从四个方面去把握生产力与生产关系之间的可能性空间。

第一，处于一定发展阶段的生产力可以与多种不同性质和方式的生产关系相融合；而一定性质和方式的生产关系也可以容纳不同发展阶段和不同发展水平的生产力。也就是说，在一定的历史和时代跨度的范围里，在一种生产力的基础上可以构筑起多种性质的生产关系；一种性质的生产关系则可以与多种性质的生产力相适应。这两种现象实际上是一个问题的两个侧面，表现形式不同，实质是一样的，都说明由生产力与生产关系组合而成的社会经济结构和发展的系统状态，具有一定的可能性空间，存在着多种发展的可能和趋势。社会历史发展的事实，以其铁一般的逻辑和力量，完全证明这种可能性空间的确是存在的。在资本主义生产关系的范围里，社会的生产力已经由手工工业经大机器工业发展到了高度自动化、智能化、社会化的现代生产力阶段。而在以大机器工业为主要标志的生产力基础（或者其他发展阶段的生产力）上，则可以容纳或封建社会的生产关系，或资本主义的生产关系，或社会主义的生产关系。

第二，在一定生产关系的条件下，生产力系统自身内部各种要素组合的可能性空间。一个社会的生产力是由劳动主体（人）、劳动资料、劳动对象、科学技术、组织管理等诸因素组成的；就生产力组合的宏观角度看，还有产业结构、技术结构、劳动力结构、产品结构（以上统称为"结构经济"）以及数量结构（规模经济）、空间结构（布局经济）和时间结构（时序经济）等。生产力自身这个巨大而又复杂的系统内部的各个因素，如何组合、搭配以及发展方向、发展速度和发展效能如何，都存在着一个十分广泛的可能性空间。正因为如此，人们不得不建立生产力经济学等专门学科去研究它。

第三，在一定生产力发展水平的前提下，生产关系自身内部各种因素组合的可能性空间。生产关系是在社会的生产、分配、交换、消费等物质生产活动、经济生活活动中所存在和表现出来的经济技术关系，以及人与人之间、各类经济组织之间社会利益关系的总和。由于任何一种生产劳动都是自然过程与社会过程、个别劳动与社会劳动的对立统一，因此，作为产生和存在于生产劳动活动整个过程的、维系和作用于生产劳动活动的社会生产关系，一方面必然要反映生产劳动中人与物、人与人之间合规律性地组合起来的种种技术性关系，如组织管理、领导指挥、分工协作的职能关系等；另一方面又必然要反映生产劳动中人与人之间合利益性地组合起来的种种利害关系，如生产条件的归属关系，劳动者与生产资料的结合关系，生产中的地位关系，产权归属、利益分配关系等。事实上，同社会生产力一样，社会生产关系内部也不是"铁板一块",而是由多内容、多因素组成的一个复杂系统。生产关系内部的各种因素、各种关系的组合,无疑也存在着范围不小的可能性空间。

第四,在假设生产力与生产关系(的可能性空间)都已确定的条件下,生产力与生产关系两者之间的结合,仍然存在着广阔的可能性空间。事实上,现实的、流动的、活的生产力、生产关系、生产方式等,都是相互之间在生产实践活动中共生共融、有机组合的产物和表现。生产力和生产关系虽然各自有一定的相对独立性和发展规律,但它们任何时候都不可能是彼此割裂、独自存在的。因此,对我们来说,更主要也更困难的是要研究生产力与生产关系之间合理组合的问题。然而,以往我们要么只注重研究生产关系(如政治经济学),要么只注重研究生产力(如生产力经济学),而很少注重研究生产力与生产关系之间如何组合、社会经济如何运行等问题。因而对它们之间的具体的结合形状、丰富的内容和内在的关系,缺乏深入具体的了解。改革的实践迫切要求我们加强这方面的研究。我国的农村经济体制改革和城市经济体制改革,从基本思路上讲,不是要改变生产关系的社会主义性质,而是要改变生产力与生产关系之间原来的组合方式,寻找和培育更合理的新的组合方式。

毫无疑问,在生产力与生产关系之间,多层次、多环节地存在着种种组合的可能性空间。如在动力机制、市场机制、竞争机制、需求机制、经营机制、制约机制、管理机制、分配机制、消费机制等方面,都存在不同组合的可能性空间,而且每一种机制本身又有各种各样的具体的、可变的组合方式。比如,分配机制怎样实现按劳分配这一社会主义生产关系原则与劳动者劳动质量、成果（生产力）的合理组合？具体的结合过程、实现过程，都有各种各样的环节、途径、方式、方法和形式，这里同样存在多种可供选择和组合的可能性空间。

三、在可能性空间面前

面对事物发展存在着可能性空间的事实，我们由此应该得出什么样的实践性结论呢？

第一，要在承认事物发展具有客观性、规律性、必然性的同时，明确树立起可能性空间观念。试想，如果没有可能性空间观念，那么，事物的变化只有唯一、僵死的一个状态；历史的进程是直线的；凡是现存的一切都是合理的；"太阳底下没有新东西"（世界上的事物既不增加，也不减少）；事物的变化是封闭式的；人世间只有"必然王国"而无"自由王国"；人们在事物面前只能听天由命，凭其摆布，无所作为（宿命论）。反之，如果确立了可能性空间观念，我们就能看到事物发展的复杂性、曲折性；就能用辩证的、发展的、开放的观点分析事物；就能从统一的世界中看到五彩缤纷的多样化事物；就能看到一个建立在认识世界和改造世界基础上的富有魅力的"自由王国"；就能积极、主动地变革事物，为实现自己美好的可能的理想世界而辛勤耕耘、劳作……因此，不建立起一个丰富的可能性空间世界，人们就没有认识世界、改造世界、变革事物的根据和理由；也不会有自由选择的权利和余地；我们的行动、我们的决策，就会不自觉地建立在广阔的可能性空间的基地上,就难以保证其必然性、合理性和有效性。

第二,在多种可能性空间中选择某一个或某些状态为实践目标。事物发展的多种可能性,并不是每一个状态都是合理的、都是符合人们的需要和目的的。相对一定的条件和人们的一定目的,其中必定只有某一个或某些可能性状态是最优和最佳的。显然,人类的选择观念、优化观念、比较观念、决策观念等,实质上是从可能性空间观念中派生出来的。

第三,缩小可能性空间,控制和创造条件,使事物向优化的既定目标转化。确立或设计优化的可能状态,实际上也就是规定了控制目标,因而也等于减少了可能性空间。对于一个复杂的事物和过程来说,它受制于各种各样的条件、因素和可变量,因而事物的可能性空间不仅有许多个状态,而且这些状态又有繁多的发展方式和表现。所有这些因素、变量、条件,人们不可能毫无遗漏地加以把握,它们的可能组合状态也无法统统罗列出来。因此,对这些事物和过程,人们不可能绝对精确地控制到某一点的状态上。这对绝大多数的事物和控制过程来讲,不但实际上办不到,而且也没有这个必要。事实上,人们只要把事物的可能性空间缩小到一定范围,就算达到了控制的目的。我们只能在一定历史条件下具体地认识事物和改造世界。虽然我们不可能在繁杂多变、广阔无限的可能性空间里绝对自由地随意翱翔,但可以也应该在有限的可能性空间中筑起自己的理想世界,并相对自由地选择和决策。选择、决策、控制的过程,本质上就是缩小可能性空间,逼近理想的、优化的目标的过程。在这个过程中,关键的是要创造条件、控制条件，通过一定的手段和有效的组合方式，不断修正那些远离优化目标的偏差，促使事物和各种组合状态逐渐接近事先确定的优化目标。这就是人类能动改造世界的过程。

世界大变局视野下的确定性与不确定性

当今世界正经历百年未有之大变局。和平与发展仍是时代主题,但全球深层次矛盾迭出,世界发展格局的不稳定性、不确定性明显增多。进入新时代,中国对世界的影响,从未像今天这样广泛而深刻;世界对中国的关切,也从未像今天这样敏感和注目。正确看待世界变局中的变与不变、确定性与不确定性问题,对于我们积极主动顺应世界变局潮流,在变局中开新局,具有重要的战略意义。中国有足够的自信、智慧和能力顺应时代变局,并将在变局中开辟具有更多发展机遇的新局。

一、确定性与不确定性的普遍性

确定性与不确定性作为事物存在和发展的一种基本特征,具有广泛的普遍性。

1927年,德国物理学家海森堡根据实验提出了不确定性原理,表明概率性、几率性、随机性、偶然性是自然界客观事物运动的普遍特性。系统自然观或者自然哲学观认为，自然界是确定性与不确定性（随机性）的辩证统一，而自然科学也是确定性与不确定性的矛盾统一体。

自然科学的确定性可以理解为普遍的必然性；而自然科学的不确定性，是指随着科学研究的深入，自然科学的认识对象会更广泛更复杂，已有科学知识的局限性也会日益凸显，科学知识会不断地得到更新和增加，把原来未知的、不确定性的因素转化为已知的、确定性的知识，以此不断推动科学知识的丰富和发展。这就是自然科学知识进步、发展的一般规律。

在一定的时空情景下，自然界事物的不确定性现象，既是超出必然的确定性现象之外的状况，也是超出不确定性概率之外情况下出现的状况，从而使人们无法可靠地量化事物运行的某种后果可能出现的概率，因而具有一定的不可预测性。

事实上，任何科学都是建立在已有科学知识的基础上，并合乎已知事实和逻辑推论的一种确定性认知，而任何科学知识和科学推论都有它既定的条件和适用的范围，因此，范围、条件变化了，科学认知也会不断修正和更新。这就是科学知识中的不确定性。这种不确定性也是人的主体性与事物的客体性相互作用的结果。

虽然自然界的客观事物是可以被人们认知的，但由于其具有无限性、变化性、复杂性，其中又包含着各种偶然性和随机因素，加之人们对客观事物的认识总是受科技、社会等条件的限制，因而不可避免地导致了科学知识的局限性，使一切自然知识都有了历史阶段性与不确定性。反过来，这种不确定性又恰恰是科学发展和进步的根本原因。

相对于自然界而言，人类社会事物的变动性、不确定性和不可预测性更为明显。虽然人类社会发展也具有客观必然性和确定性，社会领域事物的存在和运行有一定的趋向性，人类世界也有其共同利益的一致性，但因为人们处于不同国家、不同阶层群体、不同利益关系之中，加之世界观、人生观和价值观不同，因而常常导致人们受到不同主体主观愿望和自由意志的影响，对社会事物会产生不同的判断和行动，这使得社会领域事物变化的不确定性概率要远远大于自然界的事物。

各门社会科学也能揭示和描述社会发展的一些规律性和大致的概率性现象，但这些"规律"现象也只能更多以抽象性、原则性、模糊性（概率性）来表现。人类社会发展从来都不是线性的单一和必然的唯一，总是充满着多样性、可变性和不确定性。

随着人类社会的不断发展，其所涉领域和事务愈加广泛和繁多，不可控因素也会相应地增加。如果说，自然灾害是正常自然进程的中断或突如其来的外部干扰变化所致，那么，随着现代社会人类活动能力的增强，社会发展的不确定性会进一步加剧，将使人类社会进入不确定性增多或者变动更快的阶段。可以说，现代社会事物的多样性、变化概率及其不确定因素，呈现出几何式增长的趋势。

总的来看，小到微观层面的量子，大到宏观层面的宇宙，从自然界到人类社会，一切事物都处在确定性和不确定性的张力之中，这是事物存在发展的一个基本特征。世界上各种各样的事物都是以确定性和不确定性的方式存在和运动的。不只是客观事物，人类的所有行为也都是以确定性和不确定性方式存在的：按已知的确定性认知去判断和锁定行为，按不确定性原则探索未来的可能性，并将其转化为确定性的行动结果。

因此，确定性与不确定性是一对同有与无、存在与虚无、此在与彼在、恒常与无常、变与不变、静与动、可能性与现实性、必然性与偶然性等相近的哲学范畴，有着普遍的哲学方法论意义。

二、确定性和不确定性范畴的基本含义

既然确定性与不确定性是自然界和社会事物运动的普遍特性，那么，我们就有理由将其上升为具有世界观和方法论意义的哲学范畴，从哲学层次探讨它们的本体论及认识论内涵。

我们先来讨论确定性与不确定性范畴的基本含义。从哲学层面上讲，确定性就是事物存在和发展中所表现出来的基本稳定不变的性质和形态，并能在一定时空范围内保持或延续存在一个阶段的现象。无论是自然界还是社会领域，一个事物之所以成为这个事物的质的规定性是基本稳定的，因而才具有事物确定性的特点，除非受外界因素强烈干扰而突然中断。但是，事物存在和运动的形态、功能、作用以及时续长短等，都具有确定性和不确定性。确定性是事物存在和运动的基本前提，不确定性则是事物存在和运动的基本形态。

所谓不确定性，是指事物存在和发展中表现出来的漂移不定或突然产生的状态，而这种状况的产生、存在通常有随机性、偶

然性，即不确定性或难以预测性。显然，任何事物都有区别于他物的独特性，即单一性和统一性，同时又有具体形态和展开过程的多样性及一定范围内量的可变性。事物的特质通常是统一、唯一、单一（共同性）的。每个事物自身都是一个整体，这个整体有统一性，但当它充分弥散出去、逐渐展开后，就具有了多样性，从而显示出它的丰富性和不确定性。

事物的确定性通常是在事物不确定性的随机变化中呈现出来的稳定性和规律性，而事物的不确定性是事物在确定性运行中出现的随机性、偶发性。一切事物在其存在和运动中总具有确定性与不确定性的矛盾特性。客观事物变化本身的不确定性，加上人们认识和活动上的不确定性，导致社会领域事物具有更多的不确定性。社会领域事物的不确定性实际上是客观事物的不确定性和主体人行为不确定性的辩证统一。

一般来说，运用概率性的数学方法可以认识事物在量的变化上不确定性的统计本质与统计规律，而运用辩证性的哲学方法则可以认识事物在质的变化上不确定性的抽象本质与抽象规律。

从上述分析可知，确定性与不确定性范畴和哲学中的必然性与偶然性范畴，其含义是十分相近的，但也不是完全相同的，它们有相同之处也有差异点。

通常，必然要出现的事物及状况具有确定性，而偶发性现象则具有不确定性。这是事物的确定性与不确定性和事物的必然性与偶然性范畴相同或相近的含义。

但是，必然性与偶然性范畴侧重揭示事物发展中各种状况产生的原因。这对范畴告诉我们，一切事物的产生都是按照该事物特性的必然性及其与周围环境偶发的互动因素共同作用的结果，它描述了事物发展变化的本体论特点。

如果说必然性与偶然性主要描述事物产生的两种特性状态的话，那么，确定性与不确定性这对范畴则进一步描述了事物存在和运动的两种形态，即不只描述了"产生"的存在状况，而且还揭示了"产生"之后的运动状况。

确定性与不确定性这对范畴既反映了事物发展变化有必然性与偶然性的一面，又揭示了这种必然性与偶然性现象对人的主体性意义——事物生成及运行对人的主体具有确定性与不确定性的意义。当人们说某个事物未来具有可变性、不确定性时，就已经远远超出了"偶然性"产生的原因，而涉及了主体对事物的认知、态度和选择，其中还包括对不确定的多种可能性的预判。

因此，确定性与不确定性既有事物存在和发展本身具有的本体含义，又有与事物客体相对的人的主体性和认识论意义，而必然性与偶然性更多反映的是客观事物的本体意义。

由此可见，从偶然性与必然性意义上理解确定性与不确定性这对范畴，其具有事物自身客观变化的本体论意义；而从人类认识事物的可能性与现实性意义上去理解，确定性与不确定性范畴就有了人的主体性和认识论意义。这就是确定性与不确定性这对范畴独立存在的哲学价值。

三、确定性、不确定性原理与人类行为特点

自然界事物的确定性表现为自然界系统及生物世界的连续性

和稳定性,而自然界事物的不确定性决定了自然界系统的开放性和可变性,使得生物世界具有多样性和可塑性。

社会领域事物的确定性,表现为社会历史发展的规律性和趋向性,但更多地表现为不确定性和多样性,这是由人类主体的多元性和自由意志决定的。可以说,确定性与不确定性更适合于揭示人类社会事物的发展特点。

从社会学角度讲,社会主体具有多元化特征,且充满博弈性。社会中每一个个体的行为变化都可能引起众多个体行为的变化,一个社会组织和一个国家的行为则会引起更大范围、更多主体的变化。

一切事物发展都有连续的时序性和过程性,这保证了事物的确定性和可认识性。尽管人类社会具有更多的随机性和可变性,但社会主体也有一定的共同利益,进而有一定的共识和行动。

事物发展的确定性保证了事物发展的连续性和可认识性,使人们的行为可以有预见性和安全性;而事物发展的不确定性保证了事物发展的开放性和可变性,使人们的行为有选择性和变革的主动性。

从一定意义上讲,面对不确定性的事物、环境和未来,人类从本质上看就是追求、创设自己所需要的确定性世界的群体。人的聪明才智及本质力量,就在于能认知、选择不确定的可能并通过自己的实践实现将不确定性的世界转化为确定性的世界。

人类行为机制最深层的依据就是事物的确定性原则:从已有的确定性认识,推导和选择未来不确定性状况的最大可能性,然后将这种不确定的可能性作为自己要达到的确定性结果并积极创造条件去实现它。

也就是说，从确定性出发，认知和选择不确定中的可能性作为实践目标，最后达到新的确定性成果。人类的认知和实践活动，本质上就是一个如此不断将不确定性的东西转化为确定性文明成果，又以确定性文明成果去驾驭不确定事物的历史过程。人类建构起来的各类学科、各门知识，包括人文社会科学，以及社会伦理道德、社会准则制度、社会组织秩序和社会精神文化等，都是几千年来逐步积累起来的已知的确定性认知成果（原则原理、文明成果等）。

人类社会事物的确定性与不确定性的矛盾运动，既表现为时序上的无穷发展过程，也表现在空间上的无穷拓展过程。换句话说，人类社会不会因为积累更多已知的确定性成果而减少未来发展的不确定性和风险性，相反，掌握知识越多、活动范围越广，造成新的不确定性风险也可能更大。当然，在已知的范围来讲，人类掌握的知识越多，对已知事物和自己行动判断的确定性则是正向增强的。

事实上，人类的多数知识、学科和理论，差不多都是对不同对象、不同层面的事物确定性与不确定性的解读，以帮助人类揭示、锁定、解释、建构起思考和行动的确定性依据。但与此同时，它们敲开了新的未知领域、创造了新的不确定性，使人类面临更多新的困惑和风险。有一些现代学者认为，人类就生活在自己创造的风险社会里，人创风险要比自然风险更多更大，气候变暖等全球性问题便是证明。

不过，我们对历史和现实都不应采取虚无主义和悲观主义态度，人类社会发展客观上就是如此：人类文明进步越多，面临的可能性风险也越大；反之，克服了这些不确定性的可能性风险，人类又会获得更多的文明成果和新的发展机会。

虽然人类将永远面对不确定性甚至是越来越多的不确定性，但是，无论人类的认识和活动水平怎样提高，都无法也没必要彻底消除这种不确定性。正是未来的不确定性给人类提供了探索的可能性，提供了新的选择和希望。这种不确定性，使风险与机会共存。这就是人类文明发展的客观辩证法。

不确定性原理告诉人们要向内而生

2023年12月11日至12日召开的中央经济工作会议，对做好2024年经济工作提出了要求，其中一条，就是要抓住一切有利时机，利用一切有利条件，看准了就抓紧干，能多干就多干一些，要"努力以自身工作的确定性应对形势变化的不确定性"。"确定性与不确定"是一个哲学命题，带有世界观和方法论意义，中央提出的要求具有很强的现实指导性。我国经济总体上呈回升向好趋势，但国内外形势变化的不确定性因素很多。我国经济发展的这种困难局面是一个客观过程，我们要承认它、适应它，要有历史定力。同时，要积极有为，做好自己的事，做好分内的工作，企业和宏观经济都需要做好适应性、战略性调整。这样才有可能穿越困局，谋好新局。

一、当今世界进入激荡的"痛苦时期"

现在讲困局，就要考虑国际环境的困局。当今世界，人类面临的各类困局层出不穷,各种摩擦此起彼伏,世界的确处在大变局之中。自发生俄乌冲突后,世界大变局更是进入到了一个风云激荡的新阶段。世界经济发展(远不只是经济)环境的不确定性大为增多。过去觉得世界变了,但也许没有体会到这种变局的广泛性、深刻性,以及与企业发展、与我们每个人生活有那么多、那么紧的直接关联性。

今天世界大变局,早已不是原来意义上的"两极化"的冷战格局,而是世界力量进入了重大分化重组的"激荡冲突"时期。过去,"两极化"达到力量相对均衡后,就长期处于"冷战"状态,虽有局部冲突,但并没有发生更多更大的"热战",而是以均衡相持为主。现在呢,纯粹的两极已不太可能出现了,三极或多极世界的可能性更大。问题是,眼下世界原有的两极化"冷战"力量格局被打破而退出历史舞台后,能左右世界新格局的新的国际化力量还在形成的路上,世界不可避免地步入了加速分化重组之中,在相当长的时期里,那种持久均衡的世界力量尚未成型,旧格局打破了,新格局尚未形成。这种"失衡失序"的转型时期,就是世界的"瘙痒时期""痛苦时期"。现在的"困局",是一个世界性、时代性概念了。大家的确需要有历史的耐心。这个大变局时期,世界是很难避免陷入冲突性战略博弈和激荡摩擦状态的,而且这种战略性摩擦将持续一个相当长的历史过程。无论是乐观还是悲观,都必须接受这种历史事实,而不取决于人们的主观愿望。世界的这种变局和困局,必将带来整个国际力量、国际格局以及各国发展战略的重大变化。这种变化不只体现在军事、政治、外交领域,还体现在经济、科技、文化、生活、观念等方面。变局之中和变局之后的世界结局，具有极大的不确定性。

历史本就是在确定性与不确定性的"互动"中走过来的。人类历史总体上是不断进步的，但这种进步充满着痛苦的代价。人类只能在代价中生存和进步。我们是历史的乐观主义者，从历史大跨度和长期趋势讲，"前途是光明的"；我们又是历史的现实主义者，就历史发展状态而言，"道路是曲折的"。"前途是光明的，道路是曲折的"这个经典式概括，深刻揭示了人类进步"确定性与不确定"的历史辩证法。

二、世界困局与企业发展有很大的关联性

世界这种变局、困局与企业发展有着非常密切的关系。国际上一些地区和国家发生冲突，对企业业务影响很大，企业的国际贸易受阻，产业链、物流链、资本链、人才链都会遇到很大障碍。

从国际环境上看，美国对中国的关贸审查从严，对高科技企业和产品还会持续限制和打压。美国不但自己这样做，还鼓动西方世界与中国"脱钩断链"。中美两国企业尤其是高科技企业各自都在设法加快发展、相互竞争。但你越先进，美国越打压你。从国际关系变化来看，未来各个大国间的关系会更加复杂和敏感，国际上各种力量之间运筹处置也会更加艰难棘手。美国仍奉行实力主义，而且动辄以意识形态价值观划界，试图重塑并编织扩大自己的世界联盟，以打压其他国家，达到其独霸世界和维护其特殊利益的目的。

今天世界的变局、摩擦、冲突是综合性、复合性的，而且是

高科技化的。俄乌冲突发生后，以美国为首的西方阵营国家，对俄罗斯进行了政治、经济、科技、外交、金融、舆论等全方位制裁，不但集中体现了这种复合性，而且使世界局势更加错综复杂，引发更多持久而深刻的不确定性变数。一个极不确定的世界困局把人类前途命运带到了新的十字路口。

困局还在延续，甚至还会出现一些更大的困局。说"困局"即开局、新局，自然是有其道理的，但这是有基础和条件的。我们的企业家也需要防止在困局中被"出局"。在经济发展不确定性增多的困难时期，积极争取"活下去是大道理"。因为，"活下去"才有走出困局的希望。不错，在困局时期看透困局本质很难，要穿越困局就更难了。现在，大家普遍感到"困局"很大很杂，世界变数太多太快，未来前景太不确定了，有些迷茫困惑，觉得不知如何去应对。这是正常的。世界困局、时代变局不是我们个人所能完全看透的，更是难以左右的。

其实，无论企业发展还是我们每个人，都是在"困局"中成长的，国内外发展形势也一直是在"变局"和"困局"中变化的，确定不变或一帆风顺的状态，从来都是不存在的，只是困局的内容、形态、特点、说法不同而已。企业不就是在国内外市场的"困局"中生存和发展的吗？我们人生也同样是在无数"变局"和"困局"中走过来的。说到底，我们就生活在确定性和不确定性犬牙交错的世界（境遇）之中。

这样说，并不是无奈的悲观主义，而是要勇敢地承认这个铁一般的现实，然后谋定而动，迎接挑战，积极有为，改变不利的现存确定性，去创造更加理想、更加美好的新的确定性世界。

三、世界一切事物都是确定性与不确定性的统一

从哲学角度讲，一切事物和人类社会的一切现象，都处在确定性与不确定性的矛盾运动过程之中。

从微观的量子到宏观的宇宙、从自然界到人类社会，一切事物都处在确定性和不确定性的张力之中，这是事物存在和发展的一个基本特征和规律。世界上各种各样的事物都是以确定性和不确定性的方式存在和运动的，人类的行为也是以确定性和不确定性方式存在的。事物的确定性通常是在事物不确定性的随机变化中呈现出来的稳定性和规律性，而事物的不确定性是事物在确定性运行中出现的随机性、偶发性。一切事物在其存在和运动中总具有确定性与不确定性的矛盾特性。社会领域事物的不确定性实际上是客观事物的不确定性和主体人的行为不确定性的辩证统一。

确定性与不确定性范畴同哲学中的必然性与偶然性范畴含义十分相近，但也有所不同。必然性与偶然性范畴侧重揭示事物发展中各种状况产生的原因，确定性与不确定性这对范畴则进一步描述事物存在和运动的形态，即揭示事物"产生"后的运动状况。确定性与不确定性范畴既反映了事物发展变化有必然性与偶然性的一面，又揭示这种必然性与偶然性现象对人的主体性意义：事物生成及运行对人的主体具有确定性与不确定性意义。当人们说某个事物未来具有可变性、不确定性时，就已经远远超出了"偶然性"蕴含的事物产生的原因，而涉及了主体对事物的认知、态度和选择，其中还包括对不确定的多种可能性的预判。因此，

确定性与不确定性既有事物存在和发展本身具有的本体含义,又有与事物客体相对的人的主体性、认识性、价值性和实践性意义,而必然性与偶然性更多反映的则是客观事物的本体性意义。

我们期望去追求未来的某种确定性:经济发展状态的确定性或经济增长的确定性。这就是我们通常讲的"发展预期"。人的行为都是有预期性的。人的行为"预期",就是对未来的确定性和不确定性进行取舍选择。这样做,是符合人的本性和事物发展规律的。因为,世界上事物如果只有不确定性,就意味着我们无所适从,意味着无法预期,意味着风险和不稳定,意味着我们干不成什么事,人类也就等于没有合目的性的行为了。确定性的事和确定性的未来,就是事物发展的稳定性、连续性,我们可以预测它、适应它和把握它,能够按照我们先前预测和确定的方向去实现它。

不确定性的事,就是事物发展的不稳定性、不连续性或者说突变性,从人的主体角度讲,就是我们目前还无法认知它、控制它,或者我们对它认识不透,或虽有所认识却没有能力去控制它。这样一来,这个事物的未来对我们来说就具有不确定性、不可控制性。但是,事物发展都有两面性,确定性也可能不确定,不确定的事也有可能转化为确定性。我们人类就是按照自己的认知、利益、能力和条件,把合主体性(目的)的确定性事物确定起来,也就是顺势而为;把那些合主体性(目的)的不确定事物转化为确定性的事物,也就是创新而为。前者更多的是去适应和推动,后者更多的是变革和创造。

这些就是哲学意义上的确定性和不确定性及其辩证关系,它们具有广泛的普遍性。其间，世界的一切事物发展和人类一切行为都具有这样的两重特性。我们就生活在确定性与不确定之中。大家想一想，世界上所有事物的发展，不都是按照既确定又不确定的运动规律发展的吗？我们所面对的世界，也始终处于确定性与不确定的矛盾之中。比如，我们说明天地球上的某个区域不会发生地震，这的确有相当的确定性。可是，如果从更长时间和更大空间来讲，这种确定的现象就有可能不确定，也就是地球上其他地方有可能发生地震。又比如，我们说某个国家与另一个国家是友好国家，不会发生军事冲突或战争，但在一定条件下并不能排除会发生战争，确定性与不确定性会发生转化。再比如，这棵树生长在现在这个地方，有确定性，但也具有被搬、被砍或死亡的可能性。

世界上哪怕比较确定性的事，也会随着时间空间的变化而变得不确定，未来的事很难说一定是确定不变的。经商办企业、投资项目，更是这样的。投资就是投资未来、投资风险。被投资项目现在的不确定性而未来的可能的确定性，就是你认为现在这个项目有可改变性，未来有变为某种可能值得投资的确定性。所以，投资本质上就是在确定性与不确定性两者之间进行博弈、选择的结果。

总之，一切事物都有确定性和不确定性的两重性，但在一定条件下，两者的概率权重则是不一样的。人的一切行为，通常都是按照"两害相权取其轻，两利相权取其重"逻辑进行的。这就是权衡利弊得舍的选择和决策。

四、努力提升自己的确定性是应对外部世界不确定性的"不二法门"

事物有确定性我们才能去预测和把控它,事物有不确定性才使我们有选择性和创造性。在一定条件下,事物的确定性和不确定性是可以改变转换的。事物的这个确定性可以变为另一种新的确定性,把原本可能的不确定性变为现实的确定性。这种改变通常是外力干预、外力作用的结果。人之所以有目的性、有创造性,就是基于对事物确定性和不确定性的认知,并根据自己的目的性,然后运用自己所能掌控的手段去改变它。这当然也要取决于多种因素和条件。

那么,人们该如何去应对外部世界的不确定性呢?

办法很多,最根本的办法,就是靠我们自己,路在自己脚下。因为,对具体的人来说,我们通常难以改变世界,只能先去适应世界。是世界更多地改变我们,而不是我们能多大程度地去改变世界。每个人首先能改变、真正能改变的是自己,我们的最佳选择就是用自己的确定性去应对外部世界变化的不确定性。所以,我们要不断提高自己的素质、能力,也就是提高自己的确定性。这是我们每个人首先可以做到的确定性。

当年王阳明先生在贵州龙场"悟道",他从自己曲折的人生中感悟到,人的良知在自己内心,"心即理","内求"才能"得道","致良知""知行合一"才是根本。我们人类用自己的这种确定性去提高应对外部世界不确定性的能力,才是最根本的"不二法门"。大道至简,就是求外不如求内,求人不如求己,提升自我。我们最能确定的事，就是自己掌控自己。尽管有时掌握自己也很难，但总比掌控人家容易些，人家的脑袋毕竟长在人家的脖子上。我们要通过学习，用知识武装自己，用经验提升自己，用能力升华自己，也就是用提高自己的确定性去应对外面世界和未来可能的风险，也就是变好的不确定性为确定性，变不利的确定性为不确定性（减少发生的可能性）。如果说办企业投资项目是投资外部世界未来的确定性，那么投资自己，就是投资自己的确定性去应对未来可能负向的不确定性。

提高自己的确定性，最关键的是我们自己要强大起来。如何把自我的主体能力做大？如何把自己的企业竞争力做强？如何让自己能够掌握、调动的资源更多？我们要用自己能调动的资源的确定性，去对付外部世界的不确定性。做大做强自己的主体能力和企业实力，就是最大的确定性资本。因此，我们要不断提高自己素养的确定性和竞争力，包括提升自我强大的"心力"。这是防范、减少可能风险的根本之法。

总之，大家对外部世界不应消极迷茫，关键是要把自己做好，提高自身素养，把自己的主体能力做强做优，把我们的"四肢"搞健康，把我们的脑袋搞发达，再把我们的朋友和合作伙伴搞得多一点、朋友圈大一点，大家共创共享，合作共赢，这样就能行稳致远，就能抵挡更大的风雨，穿越更多的困境，从而拥抱更加灿烂的阳光和美好的未来！

改革开放实践与常识性问题

改革开放是党领导人民大踏步赶上时代的重要法宝，是坚持和发展中国特色社会主义的必由之路，是决定当代中国命运的关键一招。当前，我们从哲学视角考量改革开放40多年实践，总结其经验教训，是很有必要的，尤其从世界观、中国观、历史观、时代观去考虑改革开放的历史进程及未来发展走向，仍是一个重大的新课题。

思想解放是社会变革的先导。众所周知，揭开中国改革开放历史序幕的，就是当年以"实践是检验真理的唯一标准"为号角的思想解放运动。

早年思想解放的主要指征，就是"拨乱反正"。拨乱反正实际上首先就是恢复常识、唤醒常理，也就是确立基本常理、基本理智的权威。比如，要从客观实际出发，实事求是，实践是非对错的标准，这本是基本常识；反对教条主义、本本主义也是常识；中国共产党取得政权、执政了，就应该以发展经济和富民强国为基本的"大道理"，而不能以阶级斗争为纲，阶级斗争年年讲、月月讲、天天讲，无休止地去搞什么无产阶级专政下的"继续革命"。不然，也是违背常理的。再如，"贫穷不是社会主义"，只有发展得比人家更好更快，社会主义才能有更多的优越性和存在的依据，这也应该是些常识性问题。

还有，得民心者得天下，人民追求吃饱穿暖、生活富裕、安居乐业，是任何时代、任何国家的最大民心、最大常识。尽管有时候会被战争等内外重大冲突打乱社会正常发展，但在常态情况下，执政者无疑要以维护社会稳定和为百姓创造安居乐业的环境为天职。正如习近平总书记反复强调的，让人民生活得更美好，是我们党的宗旨和奋斗目标，我们党的一切工作都要以人民为中心。

当年解放思想、拨乱反正，首先就是恢复或重新唤醒"常识""常理"，却引发一场惊天动地的历史风暴，掀开了如火如荼的社会嬗变，实现了新中国成立以来党的历史上具有深远意义的伟大转折，开启了改革开放和社会主义现代化的伟大征程。

诸如此类常识、常理，为什么会被忘却、会被无视呢？原因自然是很复杂的，但其中之一，就是脱离实践、脱离人民，也脱离了常人常态。

常识、常理看似小道理，其实常常是大道理。所谓常识、常理，就是做人做事的基本知识，社会生存发展的基本道理。它通常是不言而喻的，是人所共知的"道理"，是无须多加证明的"真理"。在如何对待常识、常理问题上，我们是有许多教训的。我们通常说哲学是一种智慧之学，而做人做事、社会生存和发展的"常理"，就是一种基本的智慧之理。这种智慧也许无须多加论辩、反思，但却是常常需要警觉、追问的。

"常识""常理"作为日常的"大道理"，自然也是哲学需要反观、审视的。"生活处处皆学问""细微之处见真章""于无声处听惊雷"，以小见大正是哲学理念和哲学思维的重要特性，也是哲学之"学"的优长所在。从这种意义上讲，哲学是一种"日常之学"，人民也是需要"日常哲学""常识哲学"的。

当然，"常识哲学"就是一种基本常理之学，是一种公众的"共同体意识""共同体意志"，是一种"公共产品""公共哲学"。如此说来，"常识哲学"便不只是日常生活烦事之"技"的"生活哲学"，而实际上是普遍的日常和日常的普遍，是常规常态知识里的那种"形而上"，也就是我们讲的"大道至简"，是简单之中的那个"大道"。哲学是"道之道""理之理"，也是日常之理、生活之道。哲学不只是抽象的"绝对观念"，也是现实的常人之理。因此，"常识哲学"或"常理哲学"，实在是值得研究的。

历史证明，"常识"往往是个大问题。一旦"常理""无理"了、出错了，就会酿成颠覆性的历史悲剧。这是需要深思的。

改革开放实践与世界现代化过程

中国式现代化作为世界现代化的重要组成部分，必然有着人类现代化的一般特性，必须遵循世界现代化的一般规律。特别是中国现代化起步是被动而非自生自长的，是在面对西方现代文明挑战下作出的被迫回应。因此，中国由传统社会向现代社会转型，一开始就有个世界性问题。近代以来，中西交流碰撞甚至多有冲突，一直伴随着中国现代化的整个进程。

中国现代化的世界性问题，就是中国现代化与世界现代化、人类现代化的关系问题，确切地说，是中国现代化与西方发达国家现代化的互动问题。毫无疑问，我们的确需要从世界观、人类观视角看待和处理好中国与世界的现代化建设问题。尽管任何国家的现代化都有一个世界性问题，因为只有在世界的开放中才能建设现代化、实现现代化，但中国现代化的世界性问题尤为突出复杂，因为中国历史悠久、文化积淀深厚，自成独立系统、几度繁盛于世界，体量庞大、国情复杂等，都使其与世界现代化之间存在着复杂敏感的难题。历史事实一再证明，如何看待和处理好现代化进程中的民族性与世界性关系,直接事关中国现代化进展的顺利与否或成败,也是现代化建设领导者和国民大众文化心理是否成熟的重要标志。

中国现代化的世界性问题,其前提是要有承认落后的勇气。如果从英国18世纪60年代(1760年)以发明纺织机和蒸汽机作为第一次工业革命正式开始的标志算起,人类便进入了由传统社会向现代社会转型的新时代,迄今有258年的时间。如果从思想启蒙运动、资本主义生产方式、资产阶级形成、大航海等角度讲,人类现代化便经历了500年左右的历史,而中国的现代化历史也才不到200年。

中国现代化的世界性问题,还要承认是西方人开启了人类现代化进程。就普遍共识而言,人类现代化起步于西方诸国。人类近代300多年以来建立在工业化基础上的现代文明,西方几个发达国家一路领先,所向披靡,并逐渐形成一种西方式的世界体系向全球推广,使得西方现代化道路烙上了某种"世界性""普适性"范式。这有历史的合理性,但也让后起的现代化国家的民族性矛盾更为凸显。

无论从时序还是空间上,作为东方古老大国的中国,其现代化是后起的,是学习型、追赶型的,是一个由被动到主动、由自发到自觉、由借鉴到创新的过程。中国现代化始终有这样一个世界性问题,是不能回避而必须客观面对的。不但如此,首先还应该虚心学习借鉴,自觉融入世界现代化文明潮流,站在人类先进文明成果的基础上去建设自己的文明大厦。当然,我们时刻都要防止狭隘民族主义和历史虚无主义。

最近,有一篇描述以习近平同志为核心的党中央引领中国深层次全方位开放的文章,标题是《挥写中国与世界交融发展新画卷》。我认为,"交融发展"这个提法很得体,也很理性。

改革开放以来,是中国的发展融入了世界现代化、人类全球化的过程。在这个过程中,有被现代化、被全球化问题,也有主动现代化、全球化的问题。总的来说,是我们学习、借鉴发达国家的现代化经验更多一些;但随着中国成为世界第二大经济体和呈现出良好的发展态势,中国道路、中国模式、中国智慧正产生越来越大的全球影响。

那么,中国现代化进程中的人类元素、世界经验、普遍规律主要有哪些呢?显然,在工业化、城市化、市场化、金融化,企业管理、教育人才、科技创新、内外开放,社会治理、现代法制、社会保障等方面,我们已经学习借鉴了很多世界经验教训。这其中,大多是人类现代化的共同文明成果。离开人类文明大道的现代化,当然是不可能实现的。

人类因交流而进步,文明因交融而多彩。相互学习交流,才能更快地成长进步。在中国共产党坚强领导下,我们是完全可以处理好中国复兴与世界现代化关系的。中国近现代史是一部打破封闭、不断开放的历史,从根本上说也是中华民族苦难中奋进、实现民族新的复兴的历史。

我们要站在整个世界看中国,要树立正确的"世界观"。既要从中国看世界,也要从世界看中国。我们把握当代中国的时代主题,研究中国式现代化课题,就要有世界现代化的意识。我们要承认,中国的现代化历史进程在很大程度上是被动型、学习型、追赶型的,但我们也要有足够的信心,随着中国改革开放和经济社会发展进入新的时代,中国式现代化必将更多地向主动型转变,并越来越富有自己的特色和创造性。

改革开放实践与中国现代化的民族性

中国的现代化不但有世界性问题，更有一个民族性问题。中国式现代化，是中国共产党领导的社会主义现代化，既有各国现代化的共同特征，更有基于自己国情的中国特色。中国式现代化是人口规模巨大的现代化，是全体人民共同富裕的现代化，是物质文明和精神文明相协调的现代化，是人与自然和谐共生的现代化，是走和平发展道路的现代化。中国是一个有着丰富内涵的大国，其现代化必定是要符合自己国情、有自己特色、走自己道路的。

所谓现代化，首先或者说主要是过去的、已有的事物的现代化，也就是传统社会、传统国家的现代化，然后在现代化进程中创造新生的事物。从这种意义上讲，任何一个国家的现代化都有个民族性问题，或多或少要受到已有历史传统的影响，都会有自己的特点。但这种影响有多大，又要取决于各国的历史和国情等复杂因素。

对中国来说，在现代化进程中，其世界性与民族性都同等重要、同样敏感。这是现代化进程中必然要迎抱的"双生子"：真正中国的就是世界的，真正世界的也是中国的。

中国式现代化的民族性，主要有：

中国历史久远，文化独具厚重。一国现代化中的民族性，最核心的是历史长河中积淀起来的传统文化的传承弘扬，也就是现代性转化。中华文明源远流长、丰富多彩，是民族生存和发展的根脉。抛弃优秀的民族文化，便抛弃了自己的根基，就会失去内在的民族灵魂和血脉。优秀的传统文化始终是现代之树的肥沃土壤和不竭的营养。习近平总书记2014年2月24日在中共中央政治局第十三次集体学习时，曾将中华优秀文化的时代价值提炼概括为六条，即讲仁爱、重民本、守诚信、崇正义、尚和合与求大同的思想文化。这些都是现代化进程中应该继承弘扬的中华优秀的传统文化。

中国幅员辽阔，区域发展差异大，民族众多，人口有14亿之多，在这样一个体量巨大的国家里推行现代化建设，既是艰难复杂的长期过程，又是需要高度统筹整合的过程，而且必须允许各地的差异性和各个民族的自身特点，完全无差别的现代化建设也是不切实际的。此外，在党中央的集中统一领导下，还必须高度重视地方的积极性创造性，从而确保现代化建设有足够的动员能力和持久的动力。

中国历史地选择了中国特色社会主义制度和中国共产党的执政，这是当代中国推进现代化建设的基本制度安排和领导力量。实践证明，在改革开放进程中形成的中国特色社会主义，具有独特的发展优势和强大的生命力，中国共产党具有驾驭中国现代化民族性和世界性并使其融合发展的高超领导能力。这是当代中国现代化建设的最大特点和优势。

追求文明富强国家和人类命运共同体美好世界，始终是中华民族不懈追求的目标理想。即便晚清落败，被人欺凌，中华民族也没有放弃过追求和奋斗。中国近现代以来，从清王朝到民国，到中华人民共和国成立，到改革开放，再到新时代，现代化进程虽时被打断，几经磨难曲折，但追求民族伟大复兴，追求现代化富强国家的理想之火，从未熄灭过，中华儿女们总是苦苦求索，在磨难中崛起，在拼搏中奋进。实现中华复兴，是中国式现代化建设的持久动力。中国的现代化历程虽艰难漫长，但气吞山河的韧性，铸造出中国式现代化的特有性格和风骨。

如此等等，都是中国现代化民族性的重要内容和特点。

哲学有世界意识，同时也要有民族情怀。狭隘的民族主义、民粹主义要不得，历史虚无主义、民族虚无主义同样要反对。中国现代化不但有世界性问题，更有一个民族性问题。中国的现代化建设有自己的历史轨迹和民族逻辑，是不可能采用全盘西化模式的。哲学要扎根民族，立足当代，从世界性看民族，从民族性看世界，这才是应有的选择。

改革开放实践与人类文明新形态

中国的现代化不但有一个世界性和民族性问题，更有一个时代性和创造性问题，是一个创造人类现代化新道路和人类文明新形态的历史过程。

毫无疑问，中国不可能离开本民族和世界主流现代文明价值去凭空另搞一套不着边际的现代化。这样的"虚幻"现代化当然不可能存在。民族虚无主义和拒绝开放的封闭主义都不可能真正建成现代化。改革开放的成功经验，就在于我们坚定地融入世界发展的主流文明，同时，不忘自己的老祖宗，不抛弃自己的传统文化，结合时代实践，把中华优秀传统文化和社会主义先进文化创造性地加以转换，创新性地加以发展，从而真正开始形成有自己特色的现代化道路。我们不走过时的老路，不走虚幻的邪路，而是积极探索，坚定地走自己的新路，即中国特色的社会主义现代化之路。

当代中国式现代化之路，注定是有自己创造性的。因为，它选择的是在中国共产党集中统一领导下的新型现代化之路。马克思主义和共产党人不仅要阐释人类社会的发展，更要塑造人类社会的新发展。当代中国共产党人继往开来，创造性地把人类现代化发展普遍规律与时代现实、中国国情有机结合，奋力开启了中国特色社会主义现代化的文明发展之路。中国全面建成小康社会、走向现代化发展新征程、实现中华民族伟大复兴的中国梦，可以说，这既开创了源远流长的中华文明发展的新时代，又开辟了人类现代化发展进程的新航路。正如习近平总书记庄严宣告的："中国共产党人和中国人民完全有信心为人类对更好社会制度的探索提供中国方案。"

中国道路是一条具有独特优势的融合创新之路。比如，在历史时序上，中国特色社会主义现代化建设，既继承中国优秀传统文化，立足中国国情，致力于中华民族振兴，又面向世界，面向未来，吸收人类先进文明成果，致力于走在时代发展前列。在人与自然关系上，坚持天人合一、人与自然和谐共生，坚持生态兴则文明兴、"绿水青山就是金山银山"和创新、协调、绿色、开放、共享发展新理念，创造性地全面推进"美丽中国"、生态文明建设，为人类社会破解发展难题，形成生产生态生活相统一的可持续发展新路，提供了中国智慧。在经济体制上，坚持走社会主义市场经济道路，既充分发挥市场在资源配置中的决定性作用，又更好发挥政府作用，从而保证经济发展的活力和宏观经济运行的稳定，积极探索并形成有特色的社会主义市场经济新制度、新体制、新方式。在政治体制上，中国政党制度是有自己优势的先进的新型政党制度，中国共产党领导的多党制度和协商民主制度，既能够发扬民主、集思广益，同时又避免了西方两党制、多党制所造成的党争不断、效率低下等弊病，既坚持共产党的全面领导又坚持全面依法治国和人民当家作主的地位，发展全过程人民民主，不断推进社会主义民主法治建设。在文化体制上，中国特色社会文化建设，既坚持马克思主义的指导地位，倡导社会主义核心价值观，尊重和激发全民族的文化创新活力，又积极吸收人类社会的一切文明成果，并创造性加以转换和运用。在国与国之间的关系上，中国在推进现代化建设过程中，始终遵循人类社会发展基本规律，遵守国际规则，维护国际秩序，顺应和平、发展、合作、共赢的时代潮流，推动建设相互尊重、公平正义、合作共赢的新型国际关系，维护国际公平正义，坚持和平发展道路，推动构建人类命运共同体，建设持久和平、普遍安全、共同繁荣、开放包容、清洁美丽的世界，既奉行独立自主原则，又坚持对外开放，打开国门搞建设，积极促进"一带一路"国际合作，努力打造国际合作新平台，不断增添世界共同发展的新动力。此外，在处理国内各个社会阶层关系、民族宗教问题、经济社会发展与国防军队建设、城乡区域协调发展、祖国统一等各个方面，都能统筹兼顾，协调发展，形成了许多独特的发展优势。

  当代中国共产党人带领各族人民进行中国式现代化建设实践，是中华民族文明发展史上的伟大创新，也是人类文明发展史上的一场具有划时代意义的文明创造，它既要继承中华优秀文化传统、学习借鉴并超越西方发达国家走过的文明老路，又要走出创新发展、协调发展、绿色发展、开放发展、共享发展和"以人民为中心，全面协调可持续发展"的新路子。我们有足够的理由期待，中国式现代化建设实践，正在创造着人类新型的文明发展道路。

中国进入了发展新时代,这是一个不忘本来、借鉴外来、面向未来的全面开启现代化建设新征程的新时代,是一个中华民族全面复兴、全面走向富强的新时代,也是一个为人类创造复合型文明形态的新时代。

这就是中国式现代化建设的创造性。当然,中国在现代化建设和实现现代文明强国的过程中,还要破解中等收入陷阱等历史性难题。面对国内国际诸多重大时代课题的拷问,需要世人克服旧的思维方式和行为模式,需要各种文明的对话交融。对抗冲突没有出路。

当代中国正在开创的现代化发展新路,正在形成的富有中国特色的现代文明形态,也迫切需要有一种新的文明哲学为这个时代"安身立命"。

当今中国和世界现代文明,都处在历史发展的转折时期,都需要有新思维、新视角、新灵魂的文明哲学。

改革与代价

过去，代价、代价与进步、代价与改革关系等问题，是一个尚未引起理论工作者普遍关注的课题。然而，改革实践却一再把它推到人们的面前。"代价"是客观事物发展，尤其是社会历史在发展过程中的一种普遍的必然现象。合理的代价是事物发展和进步的一个内在、必然环节和必要前提。在深入推进改革开放的实践中，研究"代价"问题日益显得迫切和意义重大。

代价有广、狭之分。广义的代价，是指宇宙间一切事物在产生和发展过程中，必然需要消耗已存的某些事物、条件、能量等的一种运动状态（运动中的一个环节）。狭义的代价，是指人们在为了实现一定目的而进行的活动过程中所耗费、所付出的人力、物力和精力（包括因失误、利弊得失的相关性而付出的人力、物力和精力）的一种运动状态。人们一般更多的是在人为事物的范围内使用"代价"这一概念。因为，"代价"概念本身多少蕴含着主体人的价值取舍的意向。通常讲，正常的代价是事物（自然、社会、人为的事物）在发展过程中必然要经历的一个消耗既存"条件"的客观现象。同时，人们在实践中也可能会付出一些不必要不合理的代价。这是一种要尽量防止和避免的负向代价。

一、一般意义上的代价类型

正确看待事物发展过程中的代价，就要具体掌握代价的不同类型。代价的类型主要有：

按代价产生原因的性质划分，有自在自为的代价与非自在自为的代价（有人的因素参与其中的）。例如，在人的认识活动和实践活动视野之外的自然事物的产生、发展的"代价"，就纯粹是自在自为的。非自在自为的代价则告诉我们，社会领域中的事物和一切有人的因素参与其中的事物，在发展过程中产生的代价，不但有客观事物的因素，还有主体人自身的因素。这实际上是要求人们从主体与客体的关系角度，去分析和对待社会领域中事物发展的代价，确立人对代价的主体责任和主体意识。

按代价的形态性质划分，有物质的代价和精神的代价。凡是有人的行为因素参与其中的事物的发展，一般都需要有物质的和精神的两种形态的代价。因为，人类的劳动实践，既需要运用一定的物质（包括肉体在内）力量，又需要有主体的精神力量。特别是在人类改造世界主体性意识越来越强、科学知识在社会生产力发展中作用越来越大的现时代，区分物质性代价与精神性代价，就显得更有必要和意义。

按代价的概率性划分，有内在的代价和外在的代价。内在的代价是事物在发展中必然地、不可缺少地要消耗、付出和出现的代价。这种代价是事物在发展过程中的一个内在的环节和运动状态。一般说来，这类代价具有客观性、合理性。外在的代价是事物在发展过程中由种种偶发或不正当的人为干扰等因素所导致的代价，它不是事物自身发展内在必需的一个环节，往往对事物的发展和进步起阻碍的消极作用。

按代价的可控性划分，有难免的代价与可免的代价。人们只能尽量减少事物发展中的代价，却不能不付出任何代价。在一定历史条件下，有些代价是无法避免的。例如，人类目前力量还无法控制的自然灾害带来的代价，事物发展需要一定"成本"意义上的代价，人们在认识、探索和创新活动中正常的失误性代价等，就具有不可避免性。可避免的代价，是指那些本来可以避免的代价，因主体的缺陷性（如知识不足、主观努力不够、责任心不强）等原因而产生的代价。我们应尽最大努力避免各种本来可以避免的代价出现。

按代价的量度划分，有大的代价和小的代价。办同样一件事情，在不同的条件下或由不同的人来办，付出的代价往往有大有小、有多有少。对我们来说，办事情、搞建设、干事业，应该力争用最小（少）的代价去办最多、最有效的事。

按代价的空间形态和承担主体划分，有整体的代价和局部的代价。有些主体为了自身局部的利益，往往不愿付出局部的代价以换取整体的更大利益；有的甚至牺牲、损害整体利益来谋取局部的、个人的利益。正确的代价观是在各主体之间利益不能同时兼顾兼得的情况下，自觉地付出局部的、个人的代价，去换取整体的利益。

按代价的时间形态划分,有长远的代价和眼前的代价。这实际上就是要处理好长远利益和眼前利益的关系、事物的(或说主体实践活动引起的)一次性后果和连续性后果的关系,增强实践活动的预见性,防止因眼前利益而付出长远的更大的代价。

二、进步与代价

"代价"作为一个哲学概念,必须有与之相对应的范畴。我们认为,与代价对称的范畴可以是"发展""进步"。"发展"是个中性概念,适用于概括一切事物的新陈代谢的运动过程,可与"成本"意义上的代价相对称。"进步"概念含有人的价值评价的倾向性,只适用于社会领域的、与主体人有相关性的事物的新陈代谢的运动过程,它恰好与含有价值取舍倾向的"代价"相对称。如果说人与世界、思维与存在、主体与客体的关系是哲学所要研究的基本问题的话,那么,"进步"与"代价"的普适性即使不如"发展"与"代价"广泛些,它仍然可以作为一对具有普适性的哲学范畴而存在。起码可以作为社会哲学、历史哲学中的一对重要的哲学范畴。

纵观古今中外的社会演变史和人类发展史,进步与代价是一对同时态而存在的"双胞胎":进步的同时必然伴随着代价。离开了代价,就不可能有社会事物的发展和进步。例如,奴隶社会代替原始社会,这是社会发展过程中的一次巨大的历史进步,但奴隶社会的这种进步,是以牺牲原始社会的平等关系,代之以人与人之间的残酷剥削和压迫为条件而实现的。一个新社会的产生，往往离不开革命、暴力，这如同在一个新生儿诞生前母亲需要有阵痛一样。再比如，分工是社会生产力和社会发展的巨大杠杆，但是分工同时又成了个人某些能力牺牲的深刻的历史根源，个人为社会进步付出了沉重的代价。因为，"个人就是受分工支配的，分工使他变成片面的人，使他畸形发展，使他受到限制"[1]；分工就"人本身的活动对人来说就成为一种异己的、与他对立的力量，这种力量驱使着人，而不是人驾驭着这种力量"。[2]不仅分工如此，社会其他进步也往往会伴随着个体的某些牺牲的代价。这是历史发展至今为止的一个带有普遍规律性的现象。所以，马克思指出："'人'类的才能的这种发展，虽然在开始时要靠牺牲多数的个人，甚至靠牺牲整个阶级，但最终会克服这种对抗，而同每个个人的发展相一致；因此，个性的比较高度的发展，只有以牺牲个人的历史过程为代价。"[3]再拿当今时代高度发达的科学技术来说，它既可以直接造福于人类，同时又给人类和人类环境带来这样那样的"副作用"。这说明"代价"现象是十分普遍的。

历史总是艰难地付出一个又一个代价，排除一个又一个路障后向前发展的。正如马克思指出："当文明一开始的时候，生产就开始建立在级别、等级和阶级的对抗上，最后建立在积累的劳

---

[1] 《马克思恩格斯全集》第3卷，人民出版社1960年版，第514页。
[2] 《马克思恩格斯选集》第3卷，人民出版社1960年版，第37页。
[3] 《马克思恩格斯全集》第26卷中，人民出版社1973年版，第124—125页。

动和直接的劳动的对抗上。没有对抗就没有进步。"[1]恩格斯甚至断定:"文明每前进一步,不平等也同时前进一步。"[2]因此,"把世界历史设想成一帆风顺的向前发展,不会有时向后作巨大的跳跃,那是不辩证的,不科学的,在理论上是不正确的"。社会历史并不是不付任何代价直线式地向前发展的,那些内在的、必然的、合理的、不可避免的代价,正是事物自身在发展和进步过程中的一个不可或缺的环节。如果缺少或取消了这个环节,实际上也就等于取消了历史的进程、社会的发展和文明的进化。从这种意义上说,合乎必然性的代价,本质上是一种以否定形式表现出来的"进步",这就是代价与进步的相关律以及代价在事物进步中的地位和作用。

马克思指出:"进步这个概念决不能在通常的抽象意义上去理解。"[3]在不同的社会历史条件下,在不同的主体人面前,它们往往有着不同的含义和取舍标准。在一定历史条件下(或主体人)是"进步",在另一种历史条件下(或主体人)则可能是"代价"(问题、消极面等),反之亦然。所以,不能在抽象的、绝对的意义上去理解和运用这些范畴。

三、改革实践中可能出现的代价

我国的改革从农村到城市,从生产领域发展到流通、分配领

---

[1] 《马克思恩格斯全集》第3卷,人民出版社1958年版,第104页。
[2] 《马克思恩格斯全集》第20卷,人民出版社1971年版,第152页。
[3] 《马克思恩格斯选集》第2卷,人民出版社1972年版,第112页。

域，从微观搞活企业发展到宏观管理，从所有制形式、经营方式发展到政府管理机构的设置职能改进，从经济发展到科技、教育以及上层建筑，并都取得了令世人瞩目的重大成就。改革开放使人们对社会主义有了新的认识，使充满生机和活力的具有中国特色的社会主义的新的机制体制开始发育和形成，并充分显示出巨大的优越性；改革开放调动了经营者和生产者的劳动热情和积极性，使他们得到了实惠，提高了生活水平。然而，改革过程中也出现了不少问题。从代价与进步的相关性来看，不少问题的出现是有一定必然性的。那么，改革开放的历史进步过程中，会产生哪些类型的代价和问题呢？

探索性的代价（问题）。改革是一项崭新的事业，也是一项非常艰巨复杂的社会系统工程，是我们过去不甚熟悉或很不熟悉的新事物，因而没有现成的模式可循。这就决定了改革具有明显的创造性和探索性。而任何一项创造性、探索性的活动，都有一个明显的特点，就是容易发生失误，在探索过程中难免会支付或多或少的"学费"，有时甚至要冒或大或小的风险。我们在具体的改革实践中之所以要"走一步，看一步"，"摸着石子过河"，其原因就在这里。而这样做的目的，是尽最大可能减少改革和探索过程中的代价。但即使如此，也不可能完全避免发生任何一点失误。这种失误和代价，是探索、创造、前进中的失误和代价，具有内在的必然性和合理性，是改革进程中的一个"路标"。

过渡性的代价（问题）。改革的过程，也就是推陈出新、革旧鼎新的过程。因此，新旧体制必然有一个转换的交替和过渡时期，这就不可避免地会产生新旧体制的"撞击"和"摩擦"，会出现这样那样的漏洞和空隙。因此，在改革过程中，伴随着新旧体制及其运行机制的转换必然会出现一些过渡性的问题，付出过渡性的代价。因而需要防止把它们笼统地归结为改革自身的问题和困难，从而夸大改革的问题，贬低改革的必要性。

调整性的代价（问题）。任何一项重大的社会改革措施，既是对现存社会经济、政治体制和运行机制的调整，又是社会各个阶层、各个成员之间责、权、利的调整。改革，从一定意义讲就是要调整和完善国家、集体、个人之间责、权、利的位置及其关系，确立和实行既有利于发挥个人活力、单位活力，又有利于国家管理和社会协调发展的新的结合方式和运行机制。因此，改革必然需要一些阶层、单位和个人暂时为此付出代价，以换取更大范围内的更多主体的利益。

缺陷性的代价（问题）。任何事物都不可能是十全十美的，正如人无完人、金无足赤一样。改革中小至某一项具体的改革措施，大到要建立的新体制，同样不可能是完美无缺的，必然会或多或少地存在着一些缺陷性问题和不尽如人意的地方。只要不是想象中的改革，就必定会得失并存、利弊共生。问题的关键不是有没有利弊得失，而是"两害相权取其轻""两利相权取其重"。因此，要分清改革中的利弊，切不可"一弊"障目，不见"百利"。

震荡性的代价（问题）。改革意味着探索和标新、创造和革命。而人们对事物的认识，对周围事物的变化的感知，对生活环境的适应，以及对新的奇异事物的接受，又往往自觉不自觉地受到来自自身先前的认知定式、心理定式和生活定式的影响。因此，随着改革的深入，必然会激起人们思想上、认识上、观念上和心理上的震荡，从而引起对改革的种种评说和议论。所以，在改革过程中还需要付出必须付出的心理上、认识上的震荡性的代价。加强对改革舆论宣传和理论解释，有助于克服改革中的认识障碍、心理障碍，帮助人们从僵化、守旧和旧的习惯定式中解脱出来，以缩小震荡的幅度和周期。

失当性的代价（问题）。在改革过程中的某些环节上，付出一些失当性代价也是难以完全避免的。譬如，改革的总体规划比较欠缺；改革的理论准备不充分；在放开搞活的同时，宏观控制以及某些调节手段没有及时跟上；各项改革措施配套不够；有些改革方案出台的时机或出台次序不够合理；某些改革措施不够完善甚至个别方面的决策有失误性；等等。这些都属于应该避免而又没有避免的失当性代价和问题。这类问题主要是主观指导、主观努力、运筹决策等方面的过失造成的。从理论上讲，是应当可以避免的，但实践上由于种种主客观原因，又不可能完全避免。

新生性的代价（问题）。改革是为了兴利除弊，克服和解决存在的问题。但是，新陈代谢是宇宙间普遍的运动规律。原有的旧问题、旧弊病经过改革得到了解决，但又会产生新的问题和矛盾。所以，在改革过程中，需要处理好和正确对待旧体制的旧问题与新体制的新问题的关系。历史总是在不断地解决问题中前进的，有了发展，有了进步，就会有新的问题的产生，新的矛盾的出现。问题—解决—新问题—再解决，如此循环无穷才能使我们的事业永葆生机和活力。因此，我们不能用改革中、发展中的新问题，来否定改革和发展，为旧问题作不负责任的辩护。鲁迅先生曾经入木三分地鞭挞过那些"保护旧错""不许新错"的人：他们"貌似平和，实乃进步的大害。最可笑的是他们对于已经错定的，无可如何，毫无改革之意，只在防患未然，不许'新错'，而又保护'旧错'，这岂不可笑"。从发展的眼光来看，改革中和改革之后，必然会有新生的问题和矛盾出现，这也是一个浅显的常识问题，不必大惊小怪的。

总而言之，我国改革开放进程中所付出的代价与出现的问题，与改革开放的成绩相比是次要的，它们的性质大部分具有不可避免性、必要性和合理性；它们中的多数是前进中、发展中的问题。只要我们正视它，不断总结实践经验，完善改革措施，是完全可以逐步解决的。因此，对改革过程中的代价和问题，无须惊慌失措，对改革开放实践不可求全责备，不可夸大改革中的问题，并由此去指责改革。毫无疑问，正确看待改革与代价的关系，对于我们统一改革认识，加强改革宣传，坚定改革决心，都有着不可忽视的重要作用。

"经济人"与"道德人"

市场主体是市场经济的核心,因为它是市场活动的发动者和调控者。社会主义市场经济的规范有序和顺利发展,关键一环就在于市场主体的完整设定和素质培养。

而市场主体的发育成熟,一个最引人瞩目的问题,就是市场活动中的"经济人"与"道德人"、"自利"与"公利"是否相通、能否结合的问题。

当然,要疏解这一历史困结,并非轻而易举。西方学界至今仍有"经济人"与"道德人"、现实主义与理想主义、伦理主义与功利主义之争。

这里,我们试图从市场经济运作及行为人的特性出发,以期揭示市场主体自身内存或生发着的伦理价值之"光",进而为市场经济的价值关怀和道德关照,找到平坦之途,营造合适之所。

一、"经济人"的道德提升

毋庸置疑，凡在市场上有作为的人，皆是有自身独立利益并总是为着自己利益而行动的人。这是"经济人"的最一般内涵。

更具体一点讲，"经济人"的行为特点，主要有：经济行为受自身的利益驱使；经济行为遵循"少投入、多产出"的效率原则；经济行为充满竞争和风险色彩；经济行为遵守国家法规。社会主义市场经济的活动主体也理所当然地必须具备"经济人"的行为特性，但倘若只停留于此，则仍无以成为社会主义市场经济健全的市场主体。

我们虽然无足够的理由将"经济人"的行为本身赞誉为一种美德，但"经济人"必须遵守国家法规和相互竞争的规则，确实已多少含有了一些社会道德的因子。这就为社会对"经济人"作价值的判断和道德的提升，提供了内在根据。此外，"经济人"的假设还远未勾勒出人性的全部本质，并不是一个"完整的人"。市场主体本质上是社会主体，是一种活生生的社会人。

作为"社会人"和社会活动，市场主体必然要关涉到社会道德，承担社会责任。然而，正是市场主体的"社会人"和社会行为的"角色"，有可能把"经济人"从经济利益的必然性"黑洞"中引导到"道德人"的阳光丽日中来。

因为，作为"社会人"的市场主体，单一的经济实利并不能满足其全部需求，它还需要解决人生的终极意义、恒久的价值关怀和道德上的安身立命之本。这样，对"经济人"的道德提升不仅是可能的，而且也是市场主体的客观要求。还有，由于社会主义市场经济受制于社会主义基本制度,特别是以公有制经济和按劳分配为主体的基本经济制度,因而占主导地位的市场主体,只能是集体和国家,不都是个体的人。而"公有化"的市场主体,不但要求得其自身利益,还要创造集体的、国家的利益,承担社会的责任。这是社会主义市场经济活动中市场主体超越"经济人",而更多地含有"道德人"意蕴的经济基础。社会主义市场经济要求两者的统一,就需要造就千百万有社会责任感、道德义务感的"经济人"。

为此,不但需要社会制度提供保证,而且还必须通过各种途径和方式来造就这样的市场主体。

社会要始终不渝地培养全面发展的新人,为市场经济发展源源不断地输送高素质的主体。

二、"自利心"的道德润泽

市场主体的"经济人"特性,说明了一个简单而又深刻的事实,即对自身利益追求是人们从事活动的最深层的策动力。这就是所谓市场主体的"自利心"。

的确,市场经济会导致人们价值取向上的趋利性和自利性。虽然趋利性和自利性的价值取向不能等同于拜金主义和极端个人主义,市场活动的自利行为与社会行为的利己主义亦不可同日而语,但它们之间并没有不可逾越的鸿沟。在我国市场经济的初始阶段,市场主体的"自利心"更易导致某些人唯利是图、个人至上、崇拜金钱和本位主义等消极现象,倘若缺乏法律制约和道德规范这两股平衡力量，市场主体的"自利心"的经济冲动，则会滋生个人利己主义，使物欲功利主义泛滥成灾，加害社会。

话说回来，市场主体的"自利心"离极端个人利己主义这个"黑色陷阱"，毕竟有着一定的路途，因为，市场主体是一种经济理性人，面对各种经济现象和经济利益，它通常不会心血来潮，任性行事，而总是经过理性权衡才会作出经济决策。

市场主体的理性权衡，本质上虽是一种经济行为，但因直接关涉到了自身利益与对方利益乃至社会利益的郑重判断，它也就不能没有价值判断和道德评价。受理性权衡和道德理性牵引，市场主体的交易活动通常都是在双方自由意志的前提下展开，并总是以互惠互利为基本前提的。虽然"互利"还谈不上有多少道德高尚性，但确已比"自利"有了更多的道德基础，包含了更多的道德价值。

社会主义价值观承认市场经济活动中的"自利"和"互利"，同时又提倡"利人""利他""利民"和"利国"。因此，要通过法规、政策、舆论和道德等各种手段，从市场主体的"互利"中导引出合作互惠、"我为人人，人人为我"的道德精神，提倡"得诸社会，还诸社会""利义并重，以义统利""先富帮后富，共同富裕"的价值取向，使社会主义市场经济的活动主体富有更自觉的"利公"意识和品格。

三、市场规则的道德内化

市场经济中的"经济人"及其"自利心"，确有掉入个人利己主义而作恶的倾向，在经济冲动和私利物欲面前，道德并非战无不胜的武器。因此，社会不但需要道德秩序，还必须同时借助于强制的外在力量，创设市场经济运作的规则，确立制度，建立法规，实行法治。

这就是说，市场经济自身的运作逻辑必然要孕育出相应的制度规则，为市场主体划定活动轨迹和空间界限，从而降低市场交易费用，保证市场有效运作。同道德规范的崇高性和神圣性相比，市场规则带有功利性和工具性。

然而，市场规则也可以逐步内化为市场主体的"道德性规范"，这是由市场规则的基本功能所决定的：市场主体违抗市场规则必将受到法律的强力制裁，也必将受到市场运作本身的经济制裁，还将受到社会舆论的道德制裁（因为公众从来就认同法规是最低限度的"道德秩序"的），这种制裁实际上是一种校正力量，促使市场主体接受、认同和履行市场规则，并逐渐消融市场规则的外在钳制性，而逐步转化为行为主体的某种内在要求，进而开启"道德良知"之门，领悟到市场规则的合法性和合理性，最终内化为"应当"遵守的一种规范。

至此，市场规则转化为市场主体的道德规范不仅是可能的，而且已是现实的了。因为，这时候的市场规则既是市场主体的求利工具，又是市场主体超越功利而作为一种良知、义务和责任来履行了。当然，市场规则需要经过长期的实践熏陶，才能内化为市场主体的道德规范。

如此看来，在发展社会主义市场经济过程中加强社会主义价值观和道德观建设，不但不违背市场"经济人"的义理和特点，而且是市场经济有序健康发展所必需的。社会主义市场经济完全可以超越"经济人"和"道德人"这个"二律背反",从而塑造出一批批兼备"道德人"和"经济人"风范的市场主体。

这是当代中国社会主义价值观和道德观建设的又一个基本任务。

阳明心学对培育企业家精神的时代价值

中华文化源远流长,是中华民族守正创新的不竭精神动力。阳明心学中虽有疑谬之处,但它既传承儒家心学精华又能独树一帜,新开师门,博大精深,在中华文化发展史上具有重要地位。

一、"浙商文化":传承于浙江深厚的文化底蕴

改革开放以来,浙江培育出了一支规模千万、蜚声中外的企业家队伍,被统称为"浙商"。浙商之所以为"浙商",不只是户籍之故,而主要是作为一个独特的社会活动群体(企业经营者),有其鲜明的文化特性。

2005年6月20日,习近平同志在《浙江日报》"之江新语"专栏中发表的《不畏艰难向前走》一文中指出:"浙商源起于浙江独特的文化基因,源起于对传统计划经济体制的突破,源起于浙江资源环境的约束。从这个意义上说,浙商也代表了浙江

广大干部群众的创造精神、创新精神和开放精神。浙江之所以能够由一个陆域资源小省发展成为经济大省，正是由于以浙商为代表的浙江人民走遍千山万水、说尽千言万语、想尽千方百计、吃尽千辛万苦，正是由于浙江省历届党委、政府尊重群众的首创精神，大力支持，放手发展。浙商自草根中来，每一位浙商的成长都伴随着克难攻坚的拼搏，每一位浙商都有一部艰苦的创业史。"①

2006年6月16日，习近平同志在《浙江日报》"之江新语"专栏中发表了《"浙商文化"是浙商之魂》一文，指出："浙商是在社会主义市场经济的大潮中诞生并壮大起来的创业者和企业家群体。长期以来，浙商不仅创造了大量的物质财富，也形成了一种独特的'浙商文化'。从文化渊源上看，'浙商文化'传承于浙江深厚的文化底蕴。从实践基础看，'浙商文化'形成于广大浙商的创造性实践，是支撑浙商开拓进取的精神动力。浙商的新飞跃，需要'浙商文化'的支撑。随着民营经济的不断发展壮大，'浙商文化'在企业和社会发展中的作用更加突出。在新的发展阶段，要认真总结、提炼、培育'浙商文化'，大力弘扬'求真务实、诚信和谐、开放图强'的价值取向。通过理念的确立、行为的规范，通过浙商争做'科学发展的实践者、和谐社会的建设者、改革创新的先行者'这样的具体行动，努力打造出体现社会主义和谐社会和社会主义先进文化要求、体现社会主义荣辱观要求、体现与时俱进浙江精神的'浙商文化'，使'浙商文化'成

---

① 习近平：《之江新语》，浙江人民出版社2007年版，第144页。

为发展先进生产力的重要力量,成为民营经济实现新飞跃的重要支撑。"①

习近平同志关于浙商形成有着"浙江独特的文化基因""浙商文化是浙商之魂",以及浙商"四千"精神的论述,不但给广大浙商们以极大鼓励,而且揭示了思想文化对企业家成长的重要规律。可以说,经济发展、社会进步、人类活动的背后,思想文化起着极为重要的内导作用。

文以育人,文以化人。思想文化是人类生产、生活等社会活动的产物,也是人们社会活动的内在要素和基本形态。商业、企业经营等经济活动是现代人类社会活动的主要形态,而人类任何活动都以相应的思想文化作为内在的基因并发挥内导的作用。任何民族、国家的生存和发展活动,都离不开本国历史传统文化的土壤。任何民族、国家的现代化都是在自己国家和民族历史传统基础上的现代化。这样的现代化才是内生的现代化,也才能真正走出有本国特色的现代化道路。这是传统文化影响今天和未来人们社会活动的内在机理和历史逻辑之所在。正如习近平总书记所指出的:"只有立足波澜壮阔的中华五千多年文明史,才能真正理解中国道路的历史必然、文化内涵与独特优势。"②

经济要发展,必须激发市场活力。市场活力来自于人,特别是来自于企业家,来自于企业家精神。2017年9月,中共中央、

---

① 习近平:《之江新语》,浙江人民出版社2007年版,第209页。
② 习近平:《在文化传承发展座谈会上的讲话》(2023年6月2日),《求是》2023年第17期。

国务院发布《关于营造企业家健康成长环境 弘扬优秀企业家精神 更好发挥企业家作用的意见》，对当代中国优秀企业家精神作了全面而深刻的概括：爱国敬业，遵纪守法，艰苦奋斗的精神；创新发展，专注品质，追求卓越的精神；履行责任，敢于担当，服务社会的精神。建设中国式现代化必须造就一支高质量的企业家队伍，而培育这样一支企业家队伍离不开中华优秀传统文化的熏陶和涵养。

中国式现代化是中华民族的"旧邦新命"，必将推动中华文明重焕荣光。随着社会主义市场经济和企业家群体的发展并日臻成熟，特别是中国式现代化和中华民族现代文明的全面推进，中华优秀传统文化亦不可阻挡地日渐复兴，获得创造性转化、创新性发展。其中，中华传统文化中许多积极的思想观点与价值观念，比如，格物、正心、修身、齐家、治国、平天下、致良知、明德弘道、义利兼举、天人合一、万物并育、知行合一、多元一体等思想理念，必将越来越多地渗透到中国现代工商文明发展过程之中，对培养现代企业家精神发挥独特作用。阳明心学作为中华优秀传统文化的一个有典型意义的学派，它对现代企业家精神的培育，已经并将进一步产生积极影响，发挥独特的思想文化的涵养作用。

二、"万般磨难"：
对培育企业家精神具有人格示范价值

王阳明一心想成就自己、完善自我，要立德、立功、立言，要成为圣贤之人。正因为如此，他也付出了巨大代价，经历了许多人生苦难。

王阳明一生跌宕起伏、波澜壮阔。在科举考试上，他屡败屡战；在政治生涯中，他经历过大起大落；带兵打仗时，他也经历过"万般磨难"。正是在人生的坎坷中，王阳明的心路也经历了亭前格竹、龙场悟道、天泉证道等思想事件，并最终创立了阳明心学。也正是在艰难困苦的磨砺中，王阳明信念更坚定，意志更坚强，不断追问自己、解救自己、强大自己，用光明之心去照亮自己和世界。可以说，王阳明的一生是坎坷的一生，也是极富思想创造力的一生。

王阳明的"万般磨难"对培育企业家的艰苦奋斗精神、勇于拼搏的精神，养成企业家克服困难的坚强意志，激励企业家提升完善自我，追求卓越的事业和丰满的人生，是具有潜移默化人格示范价值的。企业家想要办好企业，不是轻轻松松就能做成的，不是靠敲锣打鼓就能实现的。从王阳明坎坷一生的经历中，企业家们能够学到许多人生智慧，感悟许多处世哲理。企业家在自我成长的过程中，在带领企业发展的奋斗中，能自觉不自觉地将王阳明立功立德立言的"圣贤"人生经历，润物无声地投射到自己身上，进而由此受到激励，受到启迪，受到精神力量的感召，受到自我光明之心的呼唤。

由此观之，王阳明的人生经历，对塑造企业家的高尚人格、培育企业家精神，的确提供了一个极富学习借鉴意义的经典案例。

三、"心即理"：
对培育企业家精神具有"心力赋能"的激励价值

市场经济的主体是企业。在市场经济环境下，社会发展的一个基本动力源，就是企业家创造财富的实践活动。所以，企业家精神的培育，企业家品格的塑造，企业发展环境的优化，对经济发展、社会进步、文化昌盛，对推进中国式现代化建设新征程，实现中华民族伟大复兴，有着重要意义。

长期以来，阳明心学在国内和东亚文化圈的企业界广受关注，甚至企业界还陆续兴起过学习阳明心学的热流。实际上，这与新时代大力倡导企业家精神有关，也与阳明心学本身的思想特质相关，尤其阳明心学所倡导的主体性精神，高扬人的主体力量、人心的力量、思想的力量，更成了企业家们吸吮文化营养、赋能增力的丰润沃土。这就是"心力赋能"。显然，阳明心学所高扬的人的主体性精神，正是企业家们特别需要具备的拼搏创新的一种精神特质。因而阳明心学倡导的主体性精神和企业家精神有着一定的契合性。

无可置疑，阳明心学所揭示的许多学理是具有普遍适用性的，对我们每个人的素养培育和品格塑造，都能发挥其示范和陶冶作用。在激烈的市场竞争风浪中，在当今时代科技、经济、政治形势瞬息万变的发展环境中，企业家不能单单依靠资金和技术的实力去竞争拓业，还要依靠自身的思维、自身的素质、自身的品格、自身的精神，也就是用自身"心力"的强大去拼搏奋斗，艰难创业。企业家要在市场竞争中站住脚跟、赢得胜利，离不开战胜自我、提升自我和强大自我。高明有作为的企业家，通常会用自我内心的强大这个能自控的确定性，去应对外部世界和未来世界的不确定性及其风险。这就是说，企业家在创业奋斗中，需要有自身能动的主体性精神和坚韧不拔的"心力"，才能成就事业。

当企业家接触到阳明心学中的一些核心思想，比如心即理、知行合一、致良知、万物一体，以及由此所引发的主体性精神和实践精神后，他们便会深受启迪，切身体悟到似乎王阳明先生正在与他们对话，或者会觉得在激励他们去追求更卓越的事业和更丰满的人生。企业家通过高扬主体性精神和实践精神，在激烈的市场竞争中可以减轻心理压力，持续赋予正能量，从而不断提升驾驭世界、驾驭市场、管理企业的能力。显然，阳明心学所高扬的人的主体性，正是感召企业家、激励企业家、培育企业家的一帖"强心妙药"。

四、"三学一体"：
对培育企业家精神具有多重内导价值

对王阳明的思想和学说，人们通常归之为心学。这是就阳明思想的主要精义和特性而言的，或者说对心学作了比较广义的理解。不错，王阳明是以心学集大成者而占据中国思想史上的重要地位的。就此而论，将王阳明学说概括为"心学"是恰当的，也是学界的普遍共识。

不过，如果进一步具体地讲，对王阳明的思想和学说，分别提炼概括为圣学、心学、实学也是有一定道理的。但这是就其学说中的主要构成内容和特点说的。就此而论,也有不少学者认为,唯有圣学、心学、实学及其"三学一体",才能更整体地构成"阳明学"。当然,这仅仅是一家之言。

王阳明的圣学思想,作为人们追求圣贤之学,显然与企业家追求企业做大做强、实现事业更大价值、追求卓越人生等功德事业圆满的境界相合相通(立德、立功、立言"三不朽")。高素养的企业家也总是从名企名商、儒商的维度去拓展自己的发展之路的。企业家塑造起积极向上的世界观、人生观、价值观和国家观、法治观、事业观、财富观、企业观,去争做爱国敬业、守法经营、创业创新、回报社会的典范榜样,就是以自己的实际行动,去提升自己,去滋润企业,去鼓舞他人,进而助力社会的文明进步。这些都可以从阳明的圣贤思想和儒家文化的圣学中源源不绝地得到丰富养料。

阳明"心学"强调了人的主体性和"心性""良知"的强大作用。没有"心即理"、"致良知"、身心合一、心我合一、天人合一,便谈不上人的主体性。"心即理"强调"吾心便是天理",认为天地间诸事万物,举凡纲常伦理、言行举止,成败荣辱等,无一不是以"吾心"为根据。《传习录》曰:"身之主宰便是心,心之所发便是意,意之本体便是知,意之所在便是物。"说万事万物统一于"吾心","吾心"当可海纳百川、包容万象,而达天人一体。这对我们认知宇宙,尤其透视世间人事是很有逻辑力量的。企业家要有理想,要有"心力",才能适应激荡变幻的市场竞争和创造市场新天地。企业经营和企业家都需要有强大的"内心",需要有"心即理"的创新精神。这颗"心"便是企业的核心价值和企业文化。

企业家的前途命运根植在市场之中，一切理想和"心即理"，都必须知行合一，付诸实践。这样才能创造出现实的奇迹，达到心物、人我的统一。企业家时时处在市场的风口浪尖上，唯有靠自己的拼搏精神、创业精神、创新精神、专业精神、进取精神、卓越精神，以及顽强奋斗的实践意志和强大的"心力"，才能战胜困难，成就事业。企业家本质上是实干家、行动家、实践家。大体说来，企业家应信奉实践的哲学。这也恰好与阳明思想中的实学特性相吻合。王阳明知行合一的实学思想，是企业家精神和行为特质的生动写照，对企业家具有独特的内在的引领作用。

真正的企业家应该把追求自我事业成功和奉献社会相结合，尽力做到义利并举、义利兼顾、以义为先，拥有强烈的家国情怀和社会责任心。当财富达到一定数量后，高素养的企业家常常会领悟到自己创造的财富本质上也是社会的财富，进而把个人的财富和社会进步贯通起来。总而言之，从世界整体来说，企业家与国家、民族、世间万物都是一体的。个人用光明之心去透视世界，打通心与外界之门，万事万物无不相连，万物无不浑然一体。这些"万物一体"理念，人们也都可以从王阳明的思想学说中得到智慧的启迪。总之，圣学、心学和实学"三学一体"的阳明心学体系对培育企业家精神具有多重的内导价值。

人除了体力便是"心力"，心的力量是可以十分坚毅强大并能无限拓展的。企业家的成长和企业的发展，离不开企业家主体性精神的培育和心力的塑造。从一定意义上讲，企业发展力是企业家"心力"的发展,企业竞争力是企业家"心力"的竞争,企业创新力是企业家"心力"的创新。如此观之,我们探讨"心力",培育、倡导并提升包括企业家在内的社会"心力",是一个有关传承历史传统文化的课题,也是一个新时代塑造中华民族现代文明的现实任务。

探索跨越"中等收入陷阱"的中国方案

党的十八届五中全会提出了创新、协调、绿色、开放、共享的新发展理念。新发展理念是在深刻总结国内外发展经验教训和深刻分析国内外发展大势的基础上形成的,集中反映了以习近平同志为核心的党中央科学认识经济社会发展规律认识的最新思想理论成果,是我国跨越"中等收入陷阱"、开启社会主义现代化建设新征程的行动指南。

一、中等收入阶段的基本特征

"十三五"时期是我国全面建成小康社会的决胜阶段,也是跨越"中等收入陷阱"的关键时期。2015年,我国人均国内生产总值已超过8000美元,按照世界银行的标准已进入中等偏上收入阶段。世界现代化进程表明,这个阶段是经济增长方式由粗放型向集约型提升、产业结构由中低端向中高端提升、国民财富由中低收入水平向中高收入水平提升、社会阶层结构由"哑铃型"向

"橄榄型"提升、生产生活方式从传统农业社会向现代工业社会提升的转型时期。转型成功,就能跨越"中等收入陷阱";转型失败,则会落入"中等收入陷阱"。

从世界范围看,一国经济进入中等收入阶段后,会呈现一些共同的基本特征,并从中可以看出跨越"中等收入陷阱"、成功实现转型发展需要解决的一些关键问题。一是经济增长进入速度下行期。在中等收入阶段,随着劳动力数量及其占总人口比重下降,人口红利逐步消失,不可再生资源快速消耗,特别是粗放型增长逐步低效化、资本投资收益递减等,必然导致经济增速下行。但增速下行不等于可以放任"失速"。下行而不失速、不失控,才能实现成功转型。二是经济增长进入动力转换期。增速下行的根本原因,是支撑经济增长的旧动力日趋消退,新动力尚未形成。新旧发展动力的转换是实现转型发展的核心所在。为此,必须加快培育新的增长点,同时要注重旧动力的提质增效。三是经济结构进入磨合期。工业化"起飞"、城镇化快速发展后,以扩大规模为主的增长方式和以工业为主的产业结构会逐渐滞后于国内外市场需求结构的变化。三次产业结构、城乡经济结构、新旧产业结构、消费需求结构发生重大变化,加之资本市场迅速发展,经济结构进入调整期,供给侧矛盾越来越突出,需要加快调整变革。此外,中等收入阶段还有其他一些共同特征,包括:经济发展成本进入上升期、企业结构进入重组期、金融资本形态进入创新期、自然生态环境进入修复期、城乡区域空间结构进入重构期、社会收入差距进入分化期、社会阶层结构进入重组期、社会矛盾进入多发期、国际市场竞争进入磨合期等。

可见，一国在从中等收入阶段向高收入阶段跃升的过程中，普遍会遇到"转型烦恼"，而且不限于经济领域，还包括城乡发展不协调、居民收入差距扩大、社会阶层分化、生态环境失衡等。因此，跨越"中等收入陷阱"、成功实现转型发展，必须从经济、政治、文化、社会、生态文明等各个方面发力，针对突出矛盾和问题提出系统解决方案。

二、跨越"中等收入陷阱"的中国优势

我国当前和今后相当长一个时期经济社会发展的基本特征是转型发展，即在转型中促进发展，在发展中实现转型，从而成功跨越"中等收入陷阱"，迈上社会主义现代化新征程。我国有充分的优势和条件跨越"中等收入陷阱"，全面建成小康社会，开拓现代化发展新境界。这些优势和条件主要表现在以下几个方面。

中国共产党的坚强领导。社会转型期通常是各种社会资源分流、各种社会力量分散、各种社会思潮分歧、各种社会组织分化、各种社会矛盾多发时期，客观上需要强有力的执政党。中国共产党具有自觉把握中国特色社会主义发展规律的科学理论、无私无畏造福民族和人民的崇高品格、强大的组织动员和统筹协调能力、勇于改革创新的坚强意志和丰富的执政经验。所有这些，为我国跨越"中等收入陷阱"、成功实现转型发展提供了强有力的理论、思想、组织保证。

独特的社会制度优势。社会制度是社会运行的基本规则，其核心要义是平衡协调效率与公平、权力与权利之间的关系。中国

特色社会主义根本政治制度、基本政治制度、法律体系、基本经济制度以及各方面体制机制等具体制度，借鉴了人类政治文明和社会制度的合理成分，继承了中华优秀传统制度文化，改革了过去高度集中的计划经济体制。中国特色社会主义制度结合新的国情和世界发展的时代特征，通过广泛深刻的改革探索，形成了独特的制度优势，能够较好地协调社会利益、解决社会矛盾，保持经济社会高效运行和有序发展。这是我们跨越"中等收入陷阱"、成功实现转型发展的社会制度基础。

厚实的发展基础。新中国成立特别是改革开放30多年来，我国经济社会发展取得了丰硕成果，经济总量稳居世界第二，经济竞争力、科技创新力和文化影响力也有了新的历史性提升。这些发展成就为继续推进转型发展打下了坚实的物质基础。同时，我国地域辽阔，各地发展差距大、互补性强，区域发展空间广阔，人口众多、劳动力丰富，市场需求潜力巨大，发展韧性和回旋余地大。这为我国跨越"中等收入陷阱"、成功实现转型发展提供了广阔的发展空间和强劲的发展动力。

悠久的传统文化。中华民族具有源远流长、深邃厚实的优秀传统文化，这是凝聚各族人民的共同精神家园，是中华儿女齐心协力追求美好梦想的强劲动力。中国自古就是一个开放包容的多民族国家，近现代以来与其他国家和民族的文化交流更趋广泛深入。当代中国共产党人胸怀广阔、海纳百川，继承中华优秀传统文化，既坚持走自己的路，又勇于改革开放，善于学习借鉴别国发展经验。这为我们跨越"中等收入陷阱"、成功实现转型发展提供了重要条件。

三、我国跨越"中等收入陷阱"的重大意义

党的十八大以来,以习近平同志为核心的党中央勇于实践、善于创新,形成了一系列治国理政新理念新思想新战略。创新、协调、绿色、开放、共享的新发展理念,正是针对我国发展中的突出矛盾和问题提出来的,是针对我国经济发展进入新常态、世界经济复苏低迷开出的药方,是跨越"中等收入陷阱"、成功实现转型发展的中国方案。

创新是引领转型发展的第一动力,是牵动经济社会发展全局的"牛鼻子"。在创新中谋转型、在创新中求突破,才能推动经济社会发展不断迈上新台阶。协调发展是制胜要诀,是经济社会持续发展的内在要求,事关发展的局部与全局、发展节奏的快与慢、发展布局的重与轻等重大关系。只有不断增强发展的整体性和协调性,才能更好更快地推进转型发展。绿色是永续发展的必要条件和人民对美好生活追求的重要体现,是当今时代科技革命和产业变革的基本方向之一,也是促进人与自然和谐共生的根本出路。走生态优先的绿色发展道路,全面建设美丽中国,既能为子孙后代留下可持续发展的"环境财富",又能为全球生态安全作出中国贡献。开放是国家繁荣发展的必由之路,解决的是发展的国际国内两个市场、两种资源的联动问题。共享发展注重的是解决社会公平正义问题,是中国特色社会主义基本制度优势的集中体现。发展过程人人参与、发展成果人人分享、人们的创造热情和创新活力极大迸发,是我国社会主义现代化建设事业不竭的动力源泉。

新发展理念引领科学发展航向。在新发展理念指引下，我国必将跨越"中等收入陷阱"、成功实现转型发展。这无论对中华民族伟大复兴还是对世界现代化进程都具有里程碑意义。一是能够开启实现中国梦的新征程。我国全面建成了小康社会后，国内生产总值和城乡居民人均收入水平都已接近或跨过高收入国家的门槛水平。因此，全面建成小康社会是中华民族发展史和社会主义现代化建设史上一个新的里程碑。当代中国发展正步入向着现代化强国迈进的新时代，为到新中国成立100周年时建成富强民主文明和谐美丽的社会主义现代化强国、实现中华民族伟大复兴的中国梦奠定坚实基础。二是对经济社会发展规律的认识将达到新高度。经济社会发展是人类文明进步的基石，是人类社会永恒的主题，也是中国共产党人执政兴国的第一要务。以创新、协调、绿色、开放、共享的新发展理念引领发展，成功跨越"中等收入陷阱"，是当代中国共产党人对我国经济发展进入新常态所面对的新课题的科学回答，也是对当今时代人类所面临的发展难题作出的"中国思考"，表明我们党对经济社会发展规律的认识达到了一个新的历史高度。三是将开辟人类现代化新道路。走中国特色社会主义道路，全面建成小康社会，全面推进中国式现代化建设，可以充分展示马克思主义的强大真理力量：不仅能科学阐释人类社会发展规律，而且能有力推动人类社会发展进程。马克思主义发展观坚持发展的合规律性与合目的性有机统一。对于中国这样的发展中大国，走出具有本国特色的现代化发展之路，不仅会开创中华民族发展的新时代，而且会开辟人类现代化的新道路。

新发展理念既总结提炼了我国长期发展实践的成功做法，全面提出了未来一个时期转型发展的基本方略；又借鉴吸取了人类现代化进程中的经验教训，回答了当今人类社会发展中遇到的全球性难题。贯彻落实新发展理念，努力使我国经济社会发展更加注重质量效益、注重创新驱动、注重整体协调、注重公平公正、注重绿色低碳、注重对外开放，就能成功"跨越中等收入陷阱"，使中国式现代化道路越走越宽广。

现代经济体系中的"三大经济形态"

经济活动是人类生存和发展的基本活动，也是一切社会文明进步的基本动力。随着社会生产力和科学技术越来越发达，人类经济活动结构及形态也在不断演变，尤其在金融资本占据重要地位的现代经济体系里，一个国家的经济结构及形态就更为错综复杂。但是，在千姿百态的经济现象背后，人们总可以揭示出现代经济运行的一些基本规律。我们认为，其中一个根本性问题，就是要正确认识实体经济、货币经济和金融（资本）经济①及其相

---

① 本文从实体、货币、金融三大维度划分经济形态，主要是以"实体经济"与"虚拟经济"的区分及由此而来的讨论为现实背景的。同时，也基于人类经济活动由"交易"、"流通"（市场）而引发产业形态新变革的经济发展史事实。"实体经济"泛指各类实物化经济；"货币经济"主要指起商品价值量度、交易和经济活动调控作用的货币体系；"金融经济"是狭义的，主要指以金融货币形态出现的资本经营活动，简单说就是以"钱生钱"的资本经营活动，资本市场是其典型形态。"金融经济"也可以更精确地表述为"资本金融"或"金融资本"。为明确表述本文主导观点，我们把"货币经济"与"金融经济"作了相应区分，而不是简单地把"货币"纳入"金融"之中。反过来说，（转下页）

互关系，自觉遵循现代经济形态这"三大家族"的运行规律。显然，这样做，对建构和推动现代经济体系健康发展是具有重大意义的。

一、从人类经济形态演进简史看现代经济统一体

从本质意义上讲，人类一切有价值的活动都可以归结为满足自身生存和发展需要的活动，而能够满足人类生存和发展需要的实践活动结果，通常被认为是创造"财富"的活动。当然，这是最为广义的"财富"概念。比如，人们讲的"物质财富"和"精神财富"，大多也是指广义上的"财富"。不过，人们通常讲的"财富"，又多指经济财富。经济财富主要满足人们物质性生存和发展的需要。

人类创造物质财富的活动结构及形态在不同历史阶段是有很大区别的。从社会生产力和经济发展史角度讲，在生产力水平十分低下的自然经济时代，早期人类只能简单依靠获取自然界的食物来养活自己，到了生存能力和生产能力有了一定提高后，人们就能通过自己的劳动来获取物质产品，并在满足自身需求有余的基础上，进而逐渐产生物物相互交换的经济现象。尽管这种经济现象开始仍是一种自给自足的经济活动，但毕竟已有了"交换"

（接上页）广义的"金融"是由货币金融和资本金融两大部分组成的。我们认为，把货币经济与金融经济两者区分开来，在学术和实践上都是一个重大探索。本文主要围绕上述问题展开了一些尝试性探讨，并企望学界开展批评讨论。本文使用的"金融经济"即指"金融资本"（或说"资本金融"）。

活动，为后来产生商品交易创造了历史性基础。到了商品经济时代，人们不但为满足自己的需求而生产，也为满足他人的需求而生产，生产的相当一部分产品专门卖给别人，并且在交易过程中逐步出现了以某个特殊商品（通常保存时间长、便于携带而又有较高价值的东西，比如牲畜、布帛、贝壳等）作为等价物。重要的是，这种商品被赋予了"交换""交易""媒介"的功能。这就是原始形态的"货币"。再后来，随着社会生产力发展和商品交易活动不断扩大，人们逐步把交易等价物的职能自发地相对稳定在某一类或几种商品上，进而形成了有相当社会通识度的一般等价物，特别是出现了以贵重金属为一般等价物的"钱币"后，人类就真正出现了成熟形态的货币。这个时期，社会上较为流通的货币，通常是由政府（官方）统一铸造和发行的。货币的统一铸造和发行，对形成更广泛统一的商品市场，推动社会生产、流通、消费以及加强国家治理等，都具有变革性意义。

几乎在出现金属货币的同时，随着经济交往在时空上的不断扩大，又出现了各类票据，进而后来产生了纸币，人类商品交易活动随之不断向货币形态层面演变，实体经济的货币化程度越来越高，货币自身形态越来越丰富多彩，货币功能作用也越来越强，从而推动人类经济形态在实物形态基础上实现货币经济形态的"历史性跳跃"。再后来，随着社会生产力越来越发达、经济活动越来越社会化，货币的职能也越来越拓展和延伸，逐渐出现了存贷调剂货币（钞票）的经营活动，包括出现了柜坊、钱庄、票号、典当、早期银行等资金融通的信用机构。这样，人类的经济活动便出现了以专营货币为职能的信用活动，特别是后来还发展到了专门以货币资本作为投资经营的资本活动,即出现了包括各类证券、股票、投资基金的资本市场。金融资本经济的形成,意味着人类经济发展史又完成了一场新的革命性变革:由货币经济跃升到了金融资本经济形态,从而迎来了一个资本市场的新经济时代。

以上,我们主要从逻辑角度描述了人类社会经济形态的简单演化史。从中便可以看到,人类经济活动形态由自然经济形态逐渐过渡到物物交换的自给自足的经济形态,进而发展到以一定等价物为交易媒介的商品经济形态,再演进到货币经济形态和金融资本经济形态,都是人类社会生产力不断提高和人类经济交往活动不断扩大的必然结果,也是人类经济发展史由简单到复杂、由传统到现代的螺旋式上升过程。

现代经济在很大程度上也可以说是以金融资本活动为核心的经济形态。党和国家领导人多次强调指出:金融是现代经济的核心。金融活,经济活;金融稳,经济稳。金融事关发展和安全。一个现代化经济体,大体应该是实物经济、货币经济和金融经济互为交融、协调发展的经济体,并且在国际经济体系中占有相当地位和发挥重要作用,才能真正成为现代化经济体。我们必须尊重经济运行和发展规律,尊重人类经济活动文明成果,正确认识和看待实体经济、货币经济和金融经济的内在关系,片面强调一个方面而忽视其他方面,是不可取的、有害的。比如,我们既不能因实体经济的基础地位,就简单地说要"重实轻虚",也不能为了强调金融经济的重要性而要"脱实向虚"。当然,这个"虚"指什么,或者说"虚拟经济"确切是指什么样的经济,还是需要深入研究的。事实上，只要符合经济发展规律的经济形态，都是客观存在的，也都是应该促进其健康发展的。

二、"三大经济形态"的内涵及特性

无论从经济发展史还是现代经济形态结构来看，一个有独立发行货币权的经济体，其经济运行的基本结构和形态，主要表现为"实体经济""货币经济"和"金融经济"（本文讲的"金融经济"是指狭义的"金融资本"或"资本金融"。下同）三大方面。现代社会经济形态实际上就是这三大"家族"相互作用的集合体。下面，我们简要分析一下这三大经济形态的本质内涵。

1.实体经济的内涵和特性

所谓实体经济，是以生产、创造物质产品和实际劳务、商务为主的经济形态。作为第一产业的农牧渔业、第二产业的工业建筑业和第三产业的多数服务业等，都属于实体经济范畴。

一般地说，实体经济包括物质、精神、劳务的生产、流通等经济活动。我们把教育、文化、知识、信息、艺术、体育等精神产品也列入实体经济，主要因为精神文化产品的生产和服务同样具有投入产出的"产值"。当然，无法直接用"产值"（金钱）来计量的精神文化，多数有其内在的精神价值，同时具有非经济的无形财富的功能和特点，因而不能完全把精神文化视为"实体经济"。这是由精神文化产品的特殊性决定的。但从生产文化产品或者说文化产业角度讲，的确也是可以纳入"实体经济"范畴的。

实体经济主要是指直接生产具有使用价值和市场交换价值且通常有具象形态产品的经济活动（包括部门、行业、产品、商品、服务等，有些智力、劳务活动不一定以实体产品形式出现，但通常会融入实物产品或以人们活动的时空方式存在），而这些经济活动的价值一般又是以国内生产总值（或国民收入总值）为统计单位的。国内生产总值实际上就是实体经济被量化为货币单位的价值。这样，客体性存在的实体经济便转化为货币形态，也就是货币经济形态。

2.货币经济的内涵和特性

国民经济各行各业的任何生产经营活动过程，同时也是货币、金融相互作用的结果，在有形物化生产过程的背后，同时覆盖着一个强大的货币流、金融流。

所谓"货币经济"，就是作为充当市场上所有商品一般等价物的"货币"（通俗叫"金钱"），发展成为能广泛度量和调节经济活动的货币流通体系。人类社会生产的物品、商品，种类无穷无尽，但货币作为"货物之币"，代表了生产这个商品所付出的社会平均劳动价值，而这个"社会平均劳动价值"是市场约定俗成的，又是所有商品都相同共有的，因而"货币"可以充当各种货物交换的"媒介物"。货币来自于人类生产物品和交换物品的经济活动，又在整个社会经济活动中具有独特的地位和功能。就货币自身的直接作用而言，它具有五大基本职能：商品交换的媒介；衡量商品所包含价值量大小的社会尺度；储存社会财富的工具；各类财务的支付手段；国际收支的支付作用。货币的这些基本功能和作用，说明货币与实体物品、有形商品是有本质区别的。我们把货币的独特形态和功能现象，概称为货币经济活动或者说货币经济。

货币经济是在货币基本职能基础上形成的，是一个包括货币发行、货币流通、货币制度、货币政策、货币监管、货币市场（包括汇率市场）等在内的独立运行体系。

3.金融经济的内涵和特性

现代经济除了货物商品意义上的实体经济和作为价值化、符号化意义上的货币经济，还有一个"大家庭"，就是资本化意义上的金融经济，或者叫金融资本形态的经济。

所谓金融（资本）经济，主要是指直接作为一般商品等价物的货币资金转化为市场投资资本，以期带来创造新的剩余价值的经济活动过程及其经济形态。用通俗话来讲，金融（资本）经济就是用钱生钱、用资本（价值）生资本的经济活动，其典型的表现形态就是资本市场上的资本经营活动。

因此，我们讲的"金融经济"实际上是指"金融资本"或者"资本金融"的经营活动。金融经济本质上是一种货币资金（背后支撑是实体经济）在资本市场上的交易活动，是一种价值增值的资本运动过程。

"三大经济形态"的异同关系

社会经济结构和形态是一个多维复合体系，不同学科可以从不同角度研究，也可以从不同视角或运用不同方法作不同的分类。比如，可以把社会经济划分为原始社会、封建主义社会、资本主义社会、社会主义社会的经济形态；自给自足的自然经济、商品经济、市场经济形态；公有制经济、非公有制经济；农业经济、工业经济、服务业经济形态；制造业经济、互联网经济、平台经济、数字经济形态；等等。多年来，国内常有"实体经济""虚拟经济""脱实向虚"等说法。本文的基本思路即由"实体经济"进而思考现代经济形态而形成的。

一、从实体经济与虚拟经济谈起

现代社会经济调控和治理的一个重大课题，就是需要处理好实体经济与非实体经济的关系。但人们常常把"非实体经济"等同于"虚拟经济"，这不但没有真实反映现代经济产业和结构，而且对国家宏观经济调控会产生不利影响。

有些发达国家曾一度忽视以制造业为主的实体经济发展，过度推动金融资本、互联网经济扩张发展，引发互联网经济、金融经济泡沫破灭，甚至被称为"虚拟经济陷阱"。我们认为，"虚拟经济"的确切含义是什么、具体包括哪些经济门类或现象，这些都是可以深入讨论的。但简单说"互联网经济""平台经济""金融资本经济"就是高风险性、高投机性的"虚拟经济"，则是很值得商榷的。因为，互联网经济、数字经济、金融资本经济等也都是现代经济结构中极为重要的、实实在在的大产业。① 当然，脱离实体经济、轻视实体经济或者说货币经济、金融资本经济支持实体经济力度不够的现象也是存在的，有些货币、金融机构脱离实体经济而过度推动货币经济和金融资本经济"虚化膨胀"即"脱实向虚"现象，也曾一度存在并值得防范。

现代经济结构是以实体经济为支撑的一个完整复杂的体系，但不能以此得出只有一种实体经济的错误结论。事实上，货币经济、金融资本经济都是现代经济体的重要有机组成部分，不存在所谓单一的实体经济和实体产业。我们既要坚持实体经济的基础性、支撑性地位，同时也要加快货币经济、金融资本经济的健康发展，构建起完整的、发达的现代产业体系和现代经济形态体系。

人们通常把货币和金融或者财政货币混同使用。这虽有一定

---

① 本文主题主要讨论"实体经济""货币经济""金融资本经济"及其关系问题，故不专门分析讨论"互联网经济""平台经济""数字经济"是否属于"虚拟经济"及其分类归属等问题。

道理，因为相对实体经济而言，货币、金融现象都有"抽象价值性""非实物性"和"符号性"等特点，但如果就此把货币经济与金融经济视为"虚拟经济"，则是不科学的。我们认为，只有出现过度过量超发货币和资本市场出现过度"自我膨胀"或过量金融衍生品时，才会形成"虚拟经济"。因此，不能把货币经济、金融资本经济简单说成是"虚拟经济"。"虚拟经济"这个词，容易产生不实的、虚幻的、不良的负面意义。用"货币经济""金融经济"等范畴，就要客观中性得多，也能产生积极的导向性。这里，我们且不说"虚拟经济""虚化经济"概念的内涵所指，但一个国家倘如轻视货币和金融经济，就如同贬低实体经济的重要性一样，都会付出沉痛的代价。

二、实体经济与货币经济的主要区别

实体经济、货币经济及金融资本经济划分的必要性，主要是由三者的不同功能和表现形态决定的。

如前所述，实体经济与货币经济的区别是显而易见的。货币经济形成于和依赖于实体经济，同时归根结底是服务于实体经济的。但货币经济早已成为一个相对独立的经济形态，有其独特的功能和表现形态，而且有着独特的运行规则和专门的掌控机构。

与实体商品是使用价值与社会价值的统一不一样，货币、货币经济主要以"一般等价物"的社会价值形态而存在；一般商品主要满足人们生理和精神消费需要，而货币和货币经济主要满足社会经济交往活动的流通（工具）需要；实体物品和实体经济是货币和货币经济的"原型""源流",但货币经济规模和总量通常要大于实体经济,它"覆盖""再现"并可以能动地调控实体经济(比如通过货币数量和何时何方式何渠道投放、回收等来引导实体经济运行等);实体经济自身的运行主要是一种经济行为,而货币和货币经济运行除了经济行为,还同时具有鲜明的国家法定、国家主权、国家信用、国家掌控以及国家调控经济运行和社会生活等政治属性。货币体系十分复杂,有自己相对独立的运行规则,在相当程度上是一种政府性、自组织的独立经济形态。

从一定意义上讲,实体经济的货币化程度,反映着经济的成熟化、市场化水平,又反映着国家宏观调控经济的现代治理水平。如果经济货币化水平过低,则意味着这个国家的市场化水平也较低,资源资产的流动性不足;如果经济货币化水平过高(发行货币过多、使用货币工具不当),则会导致实体经济贬值而引发通货膨胀。因此,货币和货币经济是与实体经济既相互内在联系又相互区别的另一个"经济世界"。

三、货币经济和金融(资本)经济的主要区别

金融资本经济直接发端于货币经济,而且在形式上更多地直接表现为一种货币(钱)化运动,起初多以类似银行的机构作为运行主体,或者说是以银行机构职能分化方式出现的。所以,人们往往把货币统称为金融。这样的广义"金融"包括财政货币和资本金融两大部分。但是,把财政货币与资本金融相对独立出来,不但是有客观依据的,而且其意义也是不言而喻的。

下面，我们简单探讨一下货币经济与金融资本经济的主要不同特性。

货币经济与金融资本经济之间最根本的不同，就是货币经济主要起度量、交换、支付、贮藏物品和国家调控经济运行的作用，也就是起着对社会经济资源、社会财富流通和配置的工具作用，而金融经济或者说资本金融经济则主要是为了社会经济财富的再创造，尤其是把资产、资金作为投资的资本，在金融、资本市场上实现资本的盈利再创造，因而是以资金资本的市场投资营利为主要目的的一种经营活动，也是对社会经济资源实行高效优化配置的市场化机制。这种经济活动既与以"调控工具"为主的货币经济不同，也与实体经济在性质、运行上有本质区别，因为金融经济是以资本投资形态为主而存在和运行的。从主导功能上讲，国家掌握的货币（汇率市场除外）是不能直接用来投资经营的，也不能直接以营利为目的，而我们讲的金融经济，是以投资盈利为主要目的的资本市场化行为。一旦经营者手中的资产运用于投资经营，就是一种市场化的资本，就进入了资本市场，由此形成的经济现象，就是我们讲的金融经济或者说资本金融经济。

有学者在深入思考现代金融发展理论和实践的基础上，撰写了一本50余万字的《资本金融学》，提出了"资本金融"概念及其学科体系框架。厉以宁在该书序言中指出："金融资本学是当今世界现代金融发展的新领域。"从改革实践看，中国是"从传统货币金融单一的间接融资向资本市场直接融资为主的现代金融"方向发展的。

这给我们一个重要启迪，就是财政金融、货币金融和资本金融是有明显区别的。虽然都使用了"金融"概念,但三者特性是不同的。本文以是否作为资本投资盈利为主要界定基准,将"财政金融"、"货币金融"(财政、央行的主要职能,也包括商业银行从事的存贷息差活动)统称为"货币经济",而将资本投资形成的资本市场及相关经济现象称之为"金融经济"或"金融资本经济"。

现在,我们就货币经济与资本金融经济关系作一个更为具体的分析。

第一,金融经济存在和表现形态是一种直接的货币资本(作为资本的货币),而不是实物意义上的资产所形成的经济活动形态。一般资产经过货币化后才有可能进入"钱生钱"的资本金融化过程,即进入资本市场。但是,实体性、实物性资产即使转化为货币,当这种货币仅仅作为货币化资产而尚未作为资本性资产,即没有进入"钱生钱"的资本化过程时,它还不是金融资本化的经济活动。换句话说,只有进入市场化的投资资本,才是金融资本化的经济活动。

第二,作为资本市场上的投资资本,必须是为了创造新的更多的剩余价值(钱生出更多的钱)。这种资本活动是一种投资未来(未来收益)的价值再创造过程,因而同时也是具有风险性的资本投资活动。资本金融化具有创造价值和创造风险的双重性。也正因为如此,一般性的存贷款活动不属于资本投资行为,我们把它纳入货币经济范畴。由于资本金融经济的形成并快速发展,现代经济运行风险性也明显增大,但价值创造性更是前所未有的。正是这种资本金融化或者说金融市场化活动,引领着经济发展的新未来。

第三，这种投资资本通常需要证券化，即转换为在资本、金融市场上可以自由买卖的股票、债券等，使资产成为可流动、可买卖的资本。只有这种资本才是投资性的金融资本。资本证券化是金融经济的主要载体和形态。现代金融千姿百态的金融创新产品，也主要源于资本的证券化。

第四，作为一种与实体经济、货币经济相对应的金融资本经济，必须具有相对独立完整的市场功能和表现形态，这就是资本市场及其各类金融产品。比如，信用借贷、信用保险、证券交易、信托理财、债权债务、典当租赁、各类投资基金、期权期货，以及各类金融衍生品等，都属于金融资本的经济活动及其金融产品。

由此可见，资本化、市场化、投资性、证券化、增值性、高效性以及风险性等，都是金融（资本）经济活动的基本特性。社会经济只有达到相当的货币化（是金融资本化的前提），进而达到资产、货币的资本化和市场化程度，并且有明晰的产权主体，有比较健全的信用、法制和风险监管体制等保障制度后，才能形成资本金融化和资本市场的独立健康发展。

我们认为，资本金融化或者说金融资本化是现代经济和现代金融的重点发展领域，由传统货币、传统银行、传统存借贷经济间接融资向资本金融化、资本市场直接融资和直接投资经营资本的演进发展，是人类经济结构形态、市场运行形态和货币、金融发展史上的一场伟大变革。以金融资本经济为基础的现代金融体系的建立和完善，是现代经济运行形态的必然趋势。严格地讲，我国的资本金融经济是改革开放和社会主义市场经济的产物。构筑健全有序的实体经济、货币经济和金融（资本）经济的现代经济形态，尤其在着力发展实体经济的基础上同时完善货币经济和金融资本经济体系，必将极大推动和提升中国经济的高质量发展，推动中国发展进入现代化经济体系行列，为现代化经济强国建设打下坚实基础。

四、货币经济与货币市场

货币经济作为货币发行、货币流通、货币调控运行系统，它本质上是实体经济、金融资本经济的价值化和流动化。但是，货币经济本质上不能以投资盈利为主要目的，货币本身不能完全市场化（国内更是如此），因而也不能完全产业化。货币经济运行的主体只能是国家。如果国家把货币作为资本经营以赚取利润为目的，那么整个社会经济就很快会崩溃。

货币经济是联结实体经济和金融资本经济的重要桥梁。如同实体经济的有形产品一般要通过商品市场来实现交换和社会价值一样，货币经济的一个基本功能，也往往要通过货币市场来实现。尽管货币本身也有一定的价值性（比如利息、利率等方面），但却是不能完全市场化的，它要对整个经济活动起"中间调节者"作用，自己不能既是"运动员"又是"裁判员"。货币市场也不是一种完全市场化、产业化行为，因为货币市场实质上是一种融资性平台，是政府调控经济运行的重要载体。

我们知道，由于包括政府、银行、企业在内的各种经济活动主体客观上都会有资金盈余方和资金不足方之分，在时间上又可分为一年期以上的长期性资金余缺和一年期以内的短期性资金余缺两大类，又由于资本市场侧重于为中长期资金的供求双方提供服务，因而需要一个充当短期性、调剂性的资金市场，这就是货币市场。货币市场主要为季节性、临时性资金的供求双方提供平台。相对于中长期投资性资金需求来说，短期性、临时性资金需求是经济运行中最基本也是最经常的资金需求。短期的临时性、季节性的资金余缺，是由日常经济行为的频繁性和多变性造成的，因而是经常并大量发生的。国家对货币市场进行调控也是经常的、大量的。

货币市场又称短期金融市场，是一种短期资金的交易平台。货币市场上的货币交易带有一定程度上的资本金融性成分，但其主导功能仍属于货币经济范畴。因为，它仍属于一种"准货币"行为。货币市场主要包括：一是金融机构之间以货币借贷方式进行短期资金融通的同业拆借市场。由于同业拆借是金融机构之间的借贷，反映出金融机构的资金状况，因此它所形成的利率即同业拆借利率就具有基准性意义（基准利率是国家调控经济运行最基本、最有效的工具。由此我们也就能更深刻地理解美联储作为美国货币政策主管机关的基本职能及其加息、降息作为主要货币政策工具的意义）。二是为解决国库资金周转困难而发行短期债务凭证——国库券，国库券的发行与流通便形成了国库券市场。三是银行的承兑汇票和商业票据则形成了票据市场。但是，由于货币市场所容纳的产品，主要是政府、银行以及工商企业发行的短期信用工具，因而具有期限短、流动性强和风险小的特点，在货币供应量层次的划分上也只置于现金货币和存款货币之后，被称为"准货币"，所以此类市场只能称之为"货币市场"，尚不属于典型的资本市场。

有句经典名言：谁掌控货币谁就掌控国家的经济命脉。一个政府掌控国家经济的基本手段，一是实行什么样的基本政治和基本经济制度，从根本上规定社会财富及其创造、积累、分配的性质和规则；二是更具体地确定税收、开支的财政政策；三是掌握更具灵活性的货币调控工具；四是发展理念、发展战略、发展环境的引导。我国宏观经济运行，尤其是宏观调控的主要手段，就是与财政政策相配合的货币政策。货币政策是指中央银行为实现预期宏观调控目标，运用各种政策工具调节货币供给和其他金融活动所采取措施的总和，包括政策目标、政策工具、操作手段、传导机制等内容。根据货币理论，宏观调控经济运行和金融活动的核心，是货币需求和货币供给。而货币政策及工具，就是宏观调控的重要手段。货币政策工具，就是中央银行为实现调控目标而采取的政策手段。目前，我国中央银行常用的货币政策工具主要有：一是法定存款准备金；二是公开市场业务；三是利率调控；四是再贷款和再贴现；五是信贷政策；六是"窗口指导"；等等。

由此可见，货币经济既与实体经济密切相关，又与金融资本经济密不可分。货币经济形态使实体经济得以度量、交易、流通，又为实体经济转化为社会价值和金融资本创造了条件。同时，作为货币经济重要组成部分的货币市场和政府的货币政策工具，实际上又具有了金融资本经济的一些重要特性，开始步入了金融资本经济领域，但就货币市场在国内经济运行中仍主要起宏观调控职能而言，我们认为，货币市场本质上还属于货币经济范畴。不过，显而易见的是，货币经济架起了实体经济与金融资本经济之间相互通达的桥梁。

五、金融资本经济是实体经济、货币经济的"催化剂"

货币经济是实体经济的价值化和流动化。货币经济不但再现（量化）实体经济价值，使实体经济得以进行市场交易和流动，而且通过金融资本经济得以拓展和放大。货币经济一手牵着实体经济，一手又牵着金融资本经济。金融资本经济是一种对货币、资金资源的资本交易经营行为，任何实体经济要进入金融资本市场，都必须转化为货币资金的资本，才有可能进行交易。货币经济是实体经济进入金融资本经济的"转换器"。货币经济为实体经济提供量化和价值化，提供生长的养料和条件，提供交易的条件和可能，也提供增值和发展的动能。

货币经济不同于实体经济，也与金融资本经济有着本质区别。如前所述，货币经济与金融（资本）经济各自都有自己独特的性质、功能和运行规律。货币及货币经济在整个经济运行中主要起媒介、调控作用，并服务于实体经济和金融资本经济，货币经济本质上是不能完全被金融化、资本化和市场化的，货币资产原则上不能作为投资资产和盈利资本。货币经济主要由政府掌控并作为调控经济运行的工具，而金融资本经济主要是由市场调控的，以资本增殖盈利为主要目的。两者在性质、功能上是不完全相同的。尽管货币经济的一些领域,比如,货币市场中的货币,已经有盈利的市场化行为,但这不是它的主导功能,货币市场的基本作用,仍以宏观调控经济运行的工具为主,而且主要是由政府(中央银行)掌控的。对金融资本市场的运行,国家主要履行行业监管职责,一般不直接作为经营主体去金融资本市场进行投资经营。

我们说金融资本是现代经济的核心和经济运行的制高点,主要指金融资本的资本化和市场化属性。现代金融除了具有借贷融资的传统职能外,更多的是指通过信用保险、债券证券、投资基金、期货、期权以及各类金融衍生品使金融具有资本经营属性,也就是金融达到了高度资本市场化的形态。从一定意义上讲,现代金融、现代经济的核心,主要是指金融资本市场。

金融资本市场对各种经济资源、发展要素具有强大的整合作用和放大功能,尤其对优质资源、优质资产和优质资本具有极大的"催化""孵化"和"千斤顶"式的杠杆效应。当然,这里主要指实体经济和可以市场化经营的资产,而国家的有些资产,比如只能由国家控制的、国防的、货币的资产,就不能完全进入资本市场进行交易。那么,什么是资本市场?美国著名经济学家斯蒂格利茨(Stiglits)认为,资本市场通常是指"取得和转让资金的市场"。美国斯坦福大学教授詹姆斯·范霍恩等认为,资本市场是"长期金融工具(股票和债券)"的交易市场。美国著名经济学家弗里德曼则从资本的功能出发,认为资本市场是"通过风险定价功能来指导新资本积累和配置的市场"。

我们认为,可以从资本功能和一年以上的中长期资金交易相结合上来定义资本市场：资本市场就是指期限在一年以上的中长期资金借贷、投资、配置的资本交易行为（平台）。相应地，融资期限在一年以下的交易行为则可以视作货币市场的调剂行为。用一年期限来划分的话，资本市场不仅包括股票市场，还应包括融资期限在一年以上的银行信贷市场、债券市场以及基金市场等。从本质上讲，金融经济是资产的资本化和市场化，而资本市场是金融经济最主导、最直接、最日常的表现形态；资本市场是中长期投资、积累、配置、经营资金并获取市场利率（市场风险定价）的资本交易和投资行为。

资本市场可分为一级市场和二级市场。一级市场又称为发行市场。二级市场是已经发行的金融产品的交易市场。资本市场还可分为场内交易市场和场外交易市场、有形市场和无形市场。按产品来划分，资本市场主要有股票市场、债券市场、衍生证券市场等。

总之，金融经济不但对实体经济具有极大的优化配置、引领推动作用，而且自身也越来越成为一个庞大的产业和经济"帝国"，并在现代经济体系中占有举足轻重的地位和作用。当然，金融资本引发的风险也越来越多。

"三大经济形态"的交融关系

在国家经济运行体系中,实体经济、货币经济和金融资本经济各自有不同的特性、功能和运行规律,也各自有着不可替代的独立性和运行规律,需要我们去正确认识和把握它们的相互关系。

实体经济是一个国家经济的前提和基础,也是货币经济、金融资本经济的源流,但在现代经济体系中,实体经济的运行和发展,一刻也离不开货币经济和金融资本经济,货币经济和金融资本经济具有极大的独立性和能动性。

货币经济是一个国家经济的血脉和阀门,也是联结实体经济和金融资本经济的中间转换器。它不但全面渗入实体经济和金融资本经济运行过程,而且起组织、引导、调控作用。值得注意的是,自从形成资本金融经济之后,货币经济就不再只是实体经济的"投影再现"和价值量化,而同时还要反映资本金融的价值,调控资本市场的运行。正因为如此,现代经济体的货币数量和结构都发生了质的变化,已无法简单用实体经济一个角度去分析货币的性质和运行。与此同时，国家对宏观经济运行的调控从理念思路到方式工具都相应发生了变革。这也是现代国家宏观调控问题越来越复杂性、难度越来越大的原因所在。

金融资本经济是实体经济、货币经济发展到一个新的历史阶段的产物。货币经济的基本功能是作为商品和劳务的等价物、交换媒介、财富尺度、支付工具、财富贮藏、调节工具（货币政策）而存在的。如果货币功能作用只停留在上述范围的话，那它就不是金融资本，更不是现代金融资本。金融资本经济是实体经济、货币经济的更高发展形态。货币只有在成为经济活动内在的资本要素、成为钱生钱的资本、成为有专业组织机构经营和专门资本市场的情况下，才是金融资本行为，才能形成金融（资本）产业，才意味着真正发展到了现代金融阶段。

进入20世纪，金融资本工具越来越丰富，金融经济越来越庞大，资本、金融市场越来越复杂，金融交易量也越来越大。据统计，20世纪末时，全球外汇交易额是世界市场进出口总价值的60倍，实物贸易仅为金融交易的2%。全球股票、债券和其他金融资产达到了140万亿美元左右，而当时全球商品和服务年总产值则为46.7万亿美元。全球金融资产与实体经济处于一个倒三角状态，金融资产与实体经济的增量资产比达到3∶1。由此可见，经济资本化、金融化特征越来越明显。①

总的来讲，实体经济、货币经济、金融经济三者既相互独

---

① 宁振华、牛富荣：《金融内生性功能演变路径分析》，《中国国情国力》2013年第5期，第46页。

立、各自有其独特的形态和功能作用，又相互交叉、相互渗透和相互融合。它们三者之间在功能结构上的内在关系，就如同互为交叉而又互不完全交合的"三环圆圈"一样。

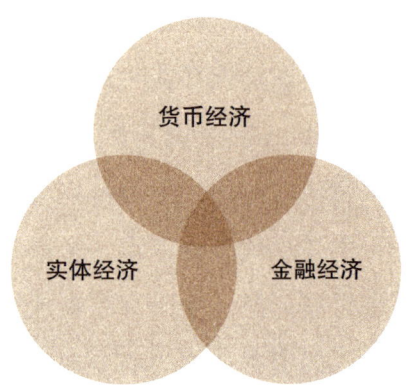

现代宏观经济形态是实体经济、货币经济和金融资本经济三者独立又交融的统一体。只有实体经济、货币经济和金融资本经济良性互动，国家宏观经济才能保持健康有序运行。

区分"三大经济形态"的重大意义

对实体经济、货币经济和金融资本经济形态作出相对独立的区分，是十分必要的。

第一，实体经济是社会经济的基础，任何时候都不应忽视实体经济的发展。一方面货币经济和金融资本经济虽然有着自己独特的地位和功能，而且其数量规模越来越大于实体经济，但它们始终不可能完全脱离实体经济而"孤军远行"，任何时候忽视实体经济发展，都是违背经济发展规律和扭曲经济健康发展的。一些发达国家的教训值得汲取。另一方面，我们也不能简单地把货币经济、金融资本经济只看作是"虚拟经济"而加以轻视或批判。这同样是违背经济发展规律的。正确区分和认识实体经济、货币经济、金融经济三大经济形态及其内在关系，对我们正确把握现代经济体系、推动社会经济形态协调发展，具有重大现实意义。

第二，货币经济是社会经济活动的"血脉"和"调控器"。货币经济一手牵着实体经济，一手拉着金融资本经济。如果说实体经济是整个社会经济体的根基和身躯的话，那么货币经济就是整个社会经济体流动的"血脉"。在现代经济运行中,货币不只是商品交易的媒介、衡量经济价值的尺度和社会财富的基本载体,更具有国家经济运行的宏观调控作用,是国家掌握、调控经济的最主要的经济政策工具之一,是流动的"调控器"。在现实生活中,货币如同空气一样,是无所不在的"血流",渗透在人们生活的各个角落。正由于货币对经济活动和社会生活影响大、覆盖广,有着牵一发而动全身的"血脉"作用,因而货币对一个国家的经济活动和社会生活具有很大的调控作用。货币的供求关系及其结构质量,比如,货币数量的多与少、货币结构的优与劣、货币流动的快与慢、货币价格(利率)的高与低,都直接或间接地对社会经济运行和人们日常生活产生重大影响。如果货币供求失衡,就会发生通货膨胀或通货紧缩,就会影响经济增长、社会就业、物价水平和国际收支等。事实上,一个国家调控经济运行的能力、手段、工具和特点,通常表现在货币运行的掌控水平上。作为货币发行当局和主要承担货币调控职能的政府机构,无疑不能以盈利为主要目的,否则就会错发、乱发、超发、错配货币,进而引发通货膨胀和资产泡沫,甚至导致金融危机和经济危机。

第三,金融资本经济是实体经济、货币经济的延伸和"催化",是现代经济发展的"前哨"。在现代社会经济结构中,金融、资本市场发展快,规模大,功能强。表面上它不直接创造实体财富,但是当代人类的需求早已超出实体需求,人类也早已发展出更为丰富广泛的其他财富需求,而这又往往是通过金融、资本市场的财富创造来实现的。更重要的还在于,金融、资本市场是将现代社会经济活动中最活跃、最优质的资源进行高效配置的平台。金融、资本市场是现代市场体系中最关键、最活跃、最前沿的市场。要发展现代经济、构筑现代产业、建设现代市场体系，不加快发展现代金融业和资本市场是不可想象的。人类社会在经历了农耕文明和工业文明后，到20世纪五六十年代，出现了三产服务业占主体的经济结构，尤其金融业和资本、证券市场迅猛发展，金融经济在现代经济运行中越来越起着主导性作用。可以说，现代社会在工业文明之上又形成了一个所谓的金融"帝国"。对当代中国来说，科学认识金融资本经济，建立健全资本市场，积极发展金融产业，具有重大战略意义。

第四，金融经济也是一把锋利的"双刃剑"。金融资本经济作为现代经济的核心，一方面是现代经济发展的重要驱动力量，另一方面引发的风险也越来越多。纵观现代经济发展史，几乎大都是先形成金融风险和金融危机，再进而引爆社会经济危机的。这就告诉我们，金融、资本经济有其独特属性和发展规律，金融资本经济具有极大的风险性，这是很值得研究和认真应对的。

第五，推动金融资本经济健康发展是成功跨越"中等收入陷阱"的重要条件。中国经济结构正向高质量发展和人均高收入阶段的现代经济形态转变。这个历史阶段，正是需要艰难跨越"中等收入陷阱"的关键时期。世界上已经成功跨越或未能成功跨越"中等收入陷阱"国家的经验教训表明：经济结构能否转型升级为主要依靠科技创新、社会结构能否实现更加公平正义、百姓收入结构能否跃上高收入水平并兼顾共享性，是决定能否成功跨越"中等收入陷阱"的关键因素。而这些因素都与金融资本经济能否得到健康有序发展有着直接的相关性。只有金融资本经济积极健康发展，市场经济体制才能更加健全完善，经济结构才能达到现代经济体系水平，老百姓才能有更多的机会参与投资，参与一次、二次、三次财富分配，获得更多的财产性收入，进而更快地步入高收入阶段，为成功跨越"中等收入陷阱"创造经济社会基础。

由此可见，科学区分和认识实体经济、货币经济和金融资本经济的特点、作用，正确处理和把握它们之间的内在联系，协调发展"三大家族"，是十分必要的，也是具有重大意义的。

金融是激活财富的无穷"酵母"

货币、金融在"黏合"经济活动和创造财富中之所以"神通广大",因为它们具有体现信用、创造信用的独特机理和功能。

什么是金融呢?有人说,金融是创造信用的一种机制。的确,金融、货币存在的前提是信用,健康运行的基础是信用。没有了信用,金融就要出现危机,金融的"帝国大厦"就会顷刻间崩溃。金融的本质是金融契约,是跨期价值、互利收益的交易,也就是契约信用的交换。离开了信用,一切跨越时空的价值交易就不可能形成和实现。

一、金融本身是人类社会信用发展的产物

信用是人类最基本的生存方式之一,也是维系社会生存和发展的一个基本前提。如果人们之间没有基本的信任,就根本不会出现社会,不会有人与人之间的基本交往。信用信用,因信而用,有信有用,有信用才有合作,才能互利共赢,无信则无用,

无用则无利。信用在古代没有法规的情况下，起源于人类生存本能，进而演化为行为伦理经验，再进步为朴素的原始契约精神，后来成形为社会法规和制度。人无信不立，国无信则难强。

任何一个社会、一个组织、一个人群，甚至一个家庭，只要发生两个人以上社会交往的活动，都必须有一定的信用关系。当然，不同事物、不同人群之间的信用基础和信用需求是不尽相同的。一般地说，时间相隔越长、空间相隔越远、人群关系越松散生疏的，所产生的信用需求越高。这也可以说是一种信用越不确定而信用需求越高的"二律背反"定律。经济社会关系越复杂和发展，其信用的不确定性就会越发增加，因而也越需要信用担保和信用业的发展完善。否则，人们的交往、交易活动成本会很高，财富创造就很难，经济社会也无法提升到现代文明水平。

可以说，货币、金融是人类在经济社会领域信用水平最高的表现。由于货币和以货币资金为直接生存基础的金融，是作为各种商品的"一般等价物"而运行的，因而一方面"神通广大"，是财富之"财富"，但另一方面也因此而具有脱离实体财富的可能，如果缺乏必需的信用，货币、金融资产就完全会大幅贬值而兑换不了多少实体财富，也就是会发生信用危机。

因此，货币、金融资产的生命、价值是以社会相信它们能"有效用"、能"值多少钱"的信用为前提的。这也是人类长期以来要让货币与"含金量"很高的黄金相挂钩的原因，尤其是货币与黄金脱钩而以纸币形态运行后，就完全依托国家的信誉为"担保"。在当今社会，一个经济萧条、动荡不安、前景无望的国家，其权威、信用肯定很低，货币、金融也肯定风险很高。

二、金融能放大扩张信用

金融创造信用的功能和机理,通常表现在"裂变"信用上,也就是能循环往复地"放大"和"扩张"信用。

我们有时候把从事金融资产运作的机构叫作"信用社",把银行的贷款业务叫作"信贷",借贷消费也叫"信用消费",其凭证就叫"信用卡"等,这些都说明银行等金融部门是从事"信用"活动的组织机构。

银行等金融部门创造信用的最典型的"业务"和表现,就是国家发行货币投入市场,通过商业银行可以几倍、几十倍甚至上百倍地创造出新的信用,即新的货币流量。比如,央行发行供应100元货币并借给商业银行,商业银行再贷给企业,企业或暂时不用又存入银行,银行又贷给别的企业,如此这般,就不断创造出新的信用贷款;企业如把贷到的钱用于生产经营,则生产经营自然要表现为"资金流"和产生新的经济效益,"资金流"通过商业银行又会不断创造出新的信贷。

因此,商业银行和经济的金融化活动,本质上是不断自我创造信用的活动。当然,这种信用再造是以国家信用和未来良好经济社会发展前景为基础的。

三、金融能整合创造信用

货币、金融能"一生多""少变多"地放大信用,而且更重要的是能够"无中生有""创造"出信用来。这是金融最重要的功能和机理之一。

金融几乎能够把一切有价值的东西转化为"信用财富"。比如，你的未来创造财富能力和劳动收入，可以通过信用借贷让你提前转化为信用财富；你的消费能力和消费需求，也可以通过信用消费让你提前支取消费。像债券类金融产品、期权期货等金融衍生品，都属于"无中生有"地将未来财富整合转化为眼前现实的财富。

还比如，我们现在手头上没有钱（无），但我们通过创造信用债务，可以从人家那里借到钱（有）。这里的关键是，你未来必须有还债的信用和能力，以及以什么方式保证履约。显然，在经济社会活动中，你信用度越高，你就越值"钱"、越容易借到钱。通常情况下，自然是国家、政府信用度最高，所以，国家、政府发行国债、打预算赤字等最多、最容易。

可是，人们往往以为积存的钱越多越有财富和实力，而把借债花钱看作是"败家子"。虽然不能说有钱存钱或有钱不花是坏事，但也不能说借债花钱是坏事。万事万物利弊都有个度。直到今天，人们仍然对借贷金融、借钱办事对国家、对政府、对单位、对企业、对家庭、对个人的积极意义认识不足，对合理债务在经济社会发展和创造社会财富中的重要作用缺乏足够理解。

合理的债务是宝贵的财富，它能加速社会去创造新的更多财富，也就是调动、运用未来创造财富的资源为今天现实的创富服务，或者用人家的创富资源为自己的创富服务。政府掌握并运用好金融的创造信用、创造债务功能，对一个国家的生存和发展，包括经济政治文化建设都具有重大意义。

四、金融可超规模配置信用

经济、金融流动的背后基础，实际上是信用流动。因为任何经济、金融活动必然指向未来、指向别的空间；各个活动主体必然是分离的、自利的，因而必然会有不确定性和风险性。这样，信用对经济和金融活动不但非常重要，而且由于金融业和资本市场本身创造出资金、资产的信用流量，使得信用本身又是巨大的财富效应和风险效应。

现代银行制度特别是中央银行和资本市场的出现，使金融功能得以丰富提升，不仅具有融通资金的功能，而且更重要的是可以创造新的信用。金融能创造信用，这意味着金融资源可以创造出来，或者说金融资源的运用可以超越实体经济资源的制约，可以在数量上数倍、数十倍甚至千百倍地超规模配置。这样，现代金融的运行，能够为货币资金的大规模积聚，为各种资产的资本化、金融化创造平台和渠道，从而能极大地促进经济要素的流动性，提高财富聚集、调配、使用的效率。当然，过度创造信用也意味着金融过度的虚拟化和风险的扩张。

在今天，通过金融资源和工具，能够把过去有、现在有和未来可能有的"财富""收益"都转化为现实的信用；从活动主体来讲，国家的、企业的、社会各类组织、公民个人，只要有信用基础即潜在信用或未来有一定"信用收益"，都可以创造出（转化为）现实的信用财富。

金融创造信用的功能特性，一方面说明金融以人类社会信用为基础，另一方面说明金融将人类社会的信用转化为财富，使信用更加强化发达,并具有更严密的制度机制安排。金融就像无穷无尽的"酵母",能让信用财富最大限度地"发酵"财富和激活财富,使得"信尽其用""财尽其能"。金融的信用机理,就这样"发酵出财富""孵化出财富"。

普惠金融是助推百姓财富增值的金融"福音"

人类经济社会发展到近现代，金融异军突起，高歌猛进，成为推动现代经济快速发展和社会文明进步的重要动力。今天的金融，既是一个大产业，也是市场经济体制重要组成部分；是一种经济行为，也是事关社会公平正义的政治或者说社会行为。金融普惠制，就集中体现和代表了现代金融的这种特性。当今中国，不加快建设普惠制金融体系，老百姓是很难由温饱小康跃升到现代富裕水平的。

一、一个意想不到又在情理中的重大决策

像金融这么大一个产业、这么重要的经济行业、这么关涉千家万户的经济制度安排，如果不能起到有效地配置经济资源、很好地造福百姓的作用，那必将极大地制约经济社会的持续健康发展。

党的十八届三中全会通过的全面深化改革若干重大问题的

决定中，明确指出：要"发展普惠金融。鼓励金融创新，丰富金融市场层次和产品"。这是一个事关我国金融业发展方向的重大战略决策。由党中央最高决策层来决定，实在有些出乎人们的意料，但又属情理之中。因为，市场化、普惠化、国际化也是金融业发展的基本潮流。当然，更重要的原因还在于，我国金融业在取得快速发展的同时，已越来越不适应经济社会整体发展和完善市场经济体制的需要，而且矛盾十分集中和突出。如果再不重视和加快改革，将严重影响我国的现代化建设进程，也会严重收窄广大百姓的致富之路。

二、什么是普惠金融

什么是金融普惠制或说普惠金融呢？

"普惠金融体系"是个诞生时间并不长的概念，它来源于英文"inclusive financial system"，是联合国在宣传2005小额信贷年时率先使用进而得到广泛认同的一个新词汇。

这个概念的基本含义是：能有效、全方位地为社会所有阶层和群体提供服务的金融体系。这也就是说，金融应成为造福社会所有人、为所有人服务、让所有人普遍得实惠的制度体系。用我们今天时髦的话说，就是金融应该是便民利民、为民惠民的金融。

为什么会提出"普惠制金融"呢？我以为原因无非是金融地位、作用特殊：它是现代经济的血脉、核心、主导者，它既是一个产业又是经济社会的制度性体系，它几乎把所有人都卷入了金融之海又不一定能让人人公平受益；现在金融体系存在非普惠的种种弊端，已成为严重制约经济社会持续健康发展，甚至制造新的不公平的重要原因之一。

当然，强调金融的普惠制，除了意味着金融应为社会所有人提供金融服务，更突出强调了金融的包容性、公平性特征，强化金融要更多地为城乡低收入群体、贫困人口和小微企业提供金融服务。

金融也是一种经济社会制度，要既起到促进经济发展的功能，又体现促进公平正义的社会价值。因为金融本质上是对社会财富的分配、配置、整合和创造的制度安排，所以，金融一定要贴近老百姓，服务老百姓。2008年国际金融危机发生后，美国于2011年发生了占领华尔街运动，严肃提出了一个金融领域"99%与1%"的问题，也就是金融让1%的人赚大钱而99%的人受损致穷的社会问题。这是一个非常典型的例子，说明金融业要普遍让民众得到实惠。否则，金融业自身难以持续健康发展，还会引发严重的社会风险。

三、建设普惠金融体系的重要意义

由此看来，建设普惠性金融体系，对促进经济结构调整，完善市场体系，更多地惠及百姓，让更多的人真正分享发展成果，是很迫切和有重大意义的。

第一，建设普惠金融体系，有利于让广大百姓得到发展实惠，增加财富保值增值和财产性收入的机会。尤其处于由温饱小康向全面小康、中等收入转变的发展阶段，如何让广大百姓手中已有的财富保值增值，使之既成为社会发展的巨大资源，又成为广大百姓致富和创造新的财富的巨大动力，是亟须解决的重要问题，而实行金融普惠制则是解决这一问题的重要法宝之一。

第二，建设普惠金融体系，有利于加快完善现代市场经济体系。金融是现代经济发展的基本要素，也是现代市场体系的重要组成部分。要建设普惠制金融体系，首先必须打破行政垄断，形成多主体充分竞争的有活力有创新动力的金融体制，这样才能有足够的市场动力为社会所有人提供金融服务。而且，金融资本市场是灵敏度最高、流动性最快、配置经济资源最优化的，可以说它是一种比商品市场和其他要素市场更高形态的市场机制。因此，发展普惠金融，有助于加快我国形成现代市场经济体系。

第三，建设普惠金融体系，有利于加快转变经济增长方式。目前，支撑中国经济高增长的人口红利、资源（能源等）红利、外贸出口的红利正在逐渐消失，过去粗放的、以投资和外贸拉动经济增长的模式走到了尽头。毫无疑问，经济增长模式与金融发展模式是息息相关的。比如说，垄断性的金融体系可以集中力量办大事，使央企、国企项目和政府基础设施建设快速推进，进而可以通过大规模、高强度投资拉动经济增长和就业增加。而这样的结果，实际上是通过对家庭部门的金融抑制和阻塞百姓更多的财产性收入来推动投资及出口的。如果我们要转变增长模式，更多地通过扩大内需、消费来拉动经济增长，就需要加快建设普惠金融体系，切实提高普通民众的可支配收入和财产性收入。

第四，建设普惠金融体系，有利于加快化解我国当前经济风险。当今中国,由于经济增长方式粗放、偏重投资和出口拉动增长,尤其是市场经济体制不成熟、金融等要素市场公平竞争不充分等原因,经济结构失衡,出现了资产高杠杆、高风险现象。如果金融市场化和惠民化程度高、百姓资产增值机会多和财产性收入高,就会有效抑制经济风险。

第五,建设普惠金融体系,有利于缩减贫富差距,促进社会公平和谐。美国著名经济学家罗伯特·希勒在《金融与好的社会》中,着重分析论证:要想让金融创造一个更平等、和谐的好的社会,就必须促进金融民主化和金融公平,让更多的人参与金融,分享金融发展和金融创新带来的好处。普惠金融实质上就是一种金融公平、金融民主、金融惠民的体现。当今中国的贫富差距仍然存在,而贫富差距产生的原因,在很大程度上与金融资源配置不合理有直接关系。

四、如何加快建设普惠金融体系

如何让带有"嫌贫爱富"特性的金融体系转变为普惠的金融体系,是一个世界性难题,解决它也需要一个长期的过程。我国要加快建设普惠制金融体系,可从以下几个方面着手:

第一,创造条件加快推进利率市场化进程,包括存款利率的市场化,让市场机制在金融资源配置中起决定性作用,从而通过充分的金融市场竞争,使金融服务更广泛、更公平地走进千家万户。

第二,创造条件加快培育各种类型的多主体的金融组织机构,设立中小型银行和农村、社区银行,打破固有的行政性、垄断性的金融格局，形成多层次、网络化的金融竞争主体。

第三，创造条件加快健全多层次资本市场体系，科学稳妥推进股票发行注册制改革，多渠道推动股权融资，发展并规范债券市场，改善金融结构，提高企业和供需方直接融资比重。

第四，创造条件积极慎重地推进金融产品创新，丰富金融资本市场层次和产品，尤其要加快发展面向广大民众的带有公权信用的基金产品。这种金融产品专为老百姓服务，带有一定政府背景但又是以市场化方式运作的。

第五，创造条件加快建设促进普惠金融的制度体系，包括普惠金融的法律支持、信用制度、政策激励、风险监管体制等等。在建设普惠金融体系进程中，既要充分发挥市场机制的基础性作用，又要充分发挥政府的积极作用。

第六，创造条件加快提高金融市场开放和人民币国际化水平，推动资本市场双向开放，有序提高跨境资本和金融交易可兑换程度，健全宏观审慎管理框架下的外债和资本流动管理体系，积极推进人民币资本项目可兑换步伐，在开放中不断提升我国金融的普惠化水平。

总之，普惠金融或者说金融的普惠制，实质是金融应该成为造福社会、造福百姓的一个大行业、大政策、大制度。金融不但要为社会各单位和广大老百姓服务好，而且要很好地起到有效整合配置发展资源和合理分配调节社会经济利益的重要作用。与此同时，老百姓自己应该有基本的金融知识和经营理念，自己做自己财富的合格主人。

努力建设美好生活大国

2008年，由美国次贷危机引发的国际金融危机在全球迅速蔓延，我国及时采取了一系列重大政策措施，有效应对国际金融危机冲击，促进我国经济平稳较快发展。

对我国经济发展所面临的严峻形势及其背后的深层原因，从政府部门到学术界，都进行了比较广泛而深入的讨论。我们认为，当前我国经济发展面临的问题，即是国际金融危机冲击的结果，更是我国经济结构性矛盾的客观显现。

一、既要制造大国也要美好生活大国

2008年国际金融危机给了我们一个很重要的启示，就是像中国这样一个拥有14亿多人口的大国，要实现国民经济的持续稳定增长和建设现代经济强国，不可能长期走出口导向型发展道路，而必须立足国内需求，以内需为根本，坚持内需与外需相结合，推动经济增长主要由投资、出口拉动向主要由消费需求和科技进步拉动转变,进而促进投资、消费、出口的协调发展,保持经济社会的持续健康发展。

多年来,我国经济发展遇到的问题,表面看是产能过剩、出口受阻,实质是国民消费能力不强,消费需求不旺,需求结构欠佳。而这背后的重要根源,主要在于国民收入分配结构不尽合理。这次金融危机同时还告诉我们,我国那种以过高的储蓄率、过低的消费率、过度的外向度为特征的发展方式已经难以为继。应对国际金融危机冲击,保持国民经济持续平稳较快增长,根本出路之一,是加快推进国民收入分配体制改革,提高国民消费能力,扩大国内消费需求,实现从侧重于"制造大国"向"制造大国"与"消费大国"(生活大国)并重发展的成功转型。

人们追求美好生活是经济社会发展的根本动力。一般地说,更重视生活需求或者说美好生活大国,是一个国家国民经济发展到中等收入水平后的主要追求目标。在这个新的发展阶段,国家应着眼于实现国民经济持续发展、国民生活质量不断提高的需要,通过加强政府公共服务,扩大公共产品供给,提高国民福利水平,促进国民经济与居民收入、生活水平协调的发展,这样才能真正实现科学的、高质量的可持续发展。

从工业化、现代化的一般发展进程讲,适时适度扩大消费需求、提高人们生活水平,是一个国家经济社会发展跃升到新的阶段的必然要求。

二、建设美好生活大国体现发展的共享性

我们要坚持科学的、协调的、高质量的可持续发展，第一要义是发展，核心是以人为本，我们的发展是以人民为中心的发展。建设美好生活大国就是要通过改革国民收入分配制度，提高国民消费能力，从根本上解决内需不振的问题，为我国经济发展提供强大而持久的动力；就是要通过大幅改善国民生活条件，提高生活质量，真正实现好、维护好、发展好最广大人民的根本利益，充分体现我们党全心全意为人民服务的宗旨，充分体现立党为公、执政为民的要求；就是要通过大力发展社会主义市场经济、民主政治、先进文化、平安社会和生态文明等各项事业，增强发展的共享性、可持续性，实现全面协调可持续发展；就是要加强城市与农村、发达地区与欠发达地区、经济与社会、人与自然、国内与对外开放统筹兼顾、协调发展。

国家、社会是差异多元的发展共同体，既要激励差异性活力，又要保持共享性活力。建设美好生活大国，符合经济社会发展的一般规律，也是推进中国式现代化发展进程的必然选择。

三、建设美好生活大国
是实现经济持续健康发展的必要条件

经济学基本原理告诉我们，生产、流通、消费，是经济系统实现循环发展必不可少的三大环节。没有生产，就没有流通和消费；反过来，没有消费，也不可能有再生产、再流通。消费既是

实现生产、流通的目的，是经济活动的终点，同时又是实现再生产的前提条件，是新一轮经济活动的起点。

马克思在《政治经济学批判导言》中指出，消费从"两方面生产着生产"：一是通过消费过程把生产出来的产品消灭，使生产过程得以最终实现，因为产品只是在消费中才成为现实的产品；二是消费为生产创造出动力，因为没有需要，就没有生产，而消费则把需要再生产出来。因此，保持足够的消费水平，是实现国家经济持续平稳较快发展的必要条件。尤其是进入工业化中后期阶段，国民的温饱问题已经解决，通常情况下，供给不再成为发展的主要矛盾，而需求尤其是消费需求在促进经济持续快速增长中的作用大大增强。

世界经济学界有个很著名的经济增长阶段理论认为，一国社会经济的发展可分为传统社会阶段、为"起飞"创造条件的阶段、"起飞"阶段、向技术成熟过渡阶段、大众高消费时代和后工业社会六个阶段。大众高消费阶段的突出特征，一个是住宅、汽车、各种家用电器等耐用消费品的普及化，另一个就是社会结构的变化，包括新的中产阶级的形成、专业人员及白领职业队伍迅速扩大、城市化加速和城市人口居住郊区化等。一个经济体一旦进入大众高消费阶段，社会的主要注意力就从供给转到需求，从生产问题转到消费问题和最广义的福利问题，资源也就越来越倾向于被引导到耐用消费品的生产和大众化服务的普及方面。据研究，西方各主要国家在由"技术成熟过渡"阶段向"大众高消费时代"阶段转换时，正好处在人均GDP 3000—6000美元时期，也就是我国2008年前后经济发展所处的阶段。①这就是说，我国已经进入了大众高消费时代的门槛。因此，建设美好生活大国正逢其时，这将为我国经济长期发展增添无穷动力。

经济的生产与消费、生产与生活是一个相互依存、相互促进的辩证关系。生活需求不只是单纯的消费，同时也是生产的动力。尽管经济增长六阶段论只是抽象的理论性描述，但一个国家进入中高收入阶段，生活需求扩大的确是普遍性现象。

四、建设生活大国
也是各国实现现代化转型的普遍经验

从发达国家来看，进入大众高消费阶段后，"福利国家"理念和政策明显得到强化，这不是毫无道理的。所谓"福利国家"的政策，主要包括：增加社会保障、强化收入再分配机制、缩短工作日、软化刺激生产或供给的政策目标、强化环境资源保护等。②

我国有学者提出，一个社会进入耐用消费品阶段至少需要五大条件：程度很高的城市化、起码的基础设施、健全的消费信用制度、比较完善的社会保障制度以及贫富差距不是太大。③从西方多数发达国家实际历程来看，当一国经济发展到工业化中后期

---

① 赵伟：《人均六千美元的深层涵义》，《浙江经济》2009年第6期，第16页。
② 赵伟：《人均六千美元的深层涵义》，《浙江经济》2009年第6期，第17页。
③ 孙立平：《中国需要一场罗斯福式的社会改革》，《领导文萃》2009年第17期，第34页。

后，各国均采取扩大消费、增加福利、加强公共服务等政策措施，以加速推进从生活必需品时代转入耐用消费品时代，并取得了普遍成功。美国在20世纪大萧条时期，经济发展出现耐用消费品过剩、销售不畅，经济陷入严重危机，最后通过罗斯福新政，提高社会救济、调整劳资关系、扩大内需，成功摆脱困境。这期间，美国政府支持和参与修建了近70%的新校舍，65%的地方政府办公楼、市政厅和污水处理设施，35%的医院和公共卫生设施，10%的道路、桥梁、地铁等公共工程建设等。①第二次世界大战后，西方国家相继采取类似措施，大幅提高公民福利，改善居民生活，走上了"福利国家"或"半福利国家"道路，实现了国家现代化的成功转型和国民经济的持续稳步发展。

日本在20世纪六七十年代，通过实施出口导向战略，经济得到了极大发展，但随之而来的是国际贸易摩擦加剧、日元被迫大幅升值、出口导向战略难以为继，为此转而扩大内需，于20世纪90年代初相继提出了"国民收入倍增计划""日本列岛改造计划""田园都市计划"和"生活大国计划"，促进经济平稳增长。②1992年6月30日，日本阁僚会议审定通过了该国1992—1996年的新经济五年计划，提出了"生活大国"五年计划和建设"生活大国"的措施。其主要举措包括：建立高质量的生活空间，降低住房价格；完善生活基础设施，如排水设施、公园绿地、交通设施等；设立一万个综合服务设施，提高福利水平；推行新生

---

① 丁元竹：《有选择地实施进一步刺激计划》，《浙江经济》2009年第9期，第39页。
② 姜波：《日本的大国梦》，《经济日报》1992年11月15日，第4版。

活方式，如保护环境，推进资源再利用，缩短年劳动时间等。①

最典型的当数北欧诸国，它们凭借良好的自然资源禀赋和具体体制政策设计，建成了高福利国家。尽管不是世界各国普遍能行得通的发展道路，但却成功跨越了"中等收入陷阱"，还是有不少值得研究和借鉴之处的。

毫无疑问，提高公民的福利水平，增强社会保障能力，是世界上多数国家，特别是发达国家的普遍现象，这是社会发展共享性和文明水平提高的重要成果。但那种认为"福利主义"可以普遍解决人类社会发展难题的想法，无疑是天真的梦想；而"高福利"制度和政策自身在实践中也带来了新的经济社会问题。因为，"福利"本质上是一个"分蛋糕"问题，经济社会可持续发展，需要同时处理好"做蛋糕"与"分蛋糕"的关系。特别需要指出的是，"高福利"并不是可以简单搬用的，一国的社会福利水平只能与该国的经济发展水平相适应，而且与该国的人口规模、区域差异、城乡结构和历史文化相关。

五、建设美好生活大国是避免陷入"拉美陷阱"的重要选择

以巴西、阿根廷、智利等为代表的拉美国家，在20世纪90年代进入中等收入国家行列，人均GDP相继达到或接近5000美元，但此后经济长期停滞不前，甚至出现大幅倒退。其中巴西、

---

① 罗肇鸿、王怀宁：《资本主义大辞典》，人民出版社1995年版，第177页。

阿根廷人均GDP分别从1997年的4760美元和8150美元下降至2006年的4730美元和5150美元。拉美国家过度依赖外资和出口，国民收入结构不合理，贫富差距过大，内需不足，社会矛盾增多，被称为"拉美陷阱"。

"拉美陷阱"之所以出现，原因就在于拉美国家在人均GDP达到3000—6000美元后普遍采取了一些超乎国情、违背经济发展规律的做法，这包括：第一，过度对外开放。大幅度削减关税，无限制地开放国内市场，导致外资垄断了经济部门尤其是盈利较好的一些新兴部门，民族工业陷入困境，自主经济遭受重创，金融危机频发。第二，轻视民生问题。在初次分配中片面强调效益，形成大量失业贫困人群。政府公共服务意识淡薄，对社会保障无所作为，一些国家推行养老金保障私有化制度，社保覆盖面窄。第三，忽略贫富差距。过度追求经济增长，而忽视城乡之间、区域之间、阶层之间、人与自然之间发展的协调性，导致贫富差距过大，生态环境遭到破坏。巴西人均GDP达到5000美元时，基尼系数达到0.6。第四，城市化路径失当。过分重视大城市的发展，忽视中小城市的协调推进，城郊出现大量失地农民，涌入城市的农民无法得到充分就业，在城市形成大量贫民窟，社会动荡加剧。①

在跨越"中等收入陷阱"过程中，特别需要重视通过科技创新提升产业结构，这是最根本的路径和举措。但是，也需要重视

---

① 郭明忠：《人均GDP 5000—1000美元发展阶段有关国家发展经验借鉴研究》，《政策瞭望》2009年第4期，第39页。

通过提高发展的共享性和人们的生活水平提升社会发展的协调性，这是成功跨越"中等收入陷阱"的重要条件，也是"拉美陷阱"给人们的深刻教训。

我国要适应经济高质量发展和人民追求更美好生活的新期盼，努力建设美好生活大国。一方面要借鉴西方发达国家的成功经验，另一个也要吸取发达国家特别是拉美国家的惨痛教训，全面深化改革开放，全面推进发展方式和社会结构的转型升级，确保持续健康地推进社会主义现代化强国建设。

共同富裕是发展人类
文明新形态的历史性创举

共同富裕是社会主义的本质要求。扎实推进共同富裕是我们党领导人民在实现全面建成小康社会后的必然趋向,我们要站在唯物史观和人类文明新形态的战略高度,科学认识共同富裕的本质内涵,正确把握共同富裕的总体方位,深刻领会共同富裕的文明意义,扎实推进共同富裕的伟大实践。

一、共同富裕本质内涵深刻蕴含着历史辩证法

实现人民共同富裕、美好生活是中国共产党的初心使命所在。我们党在领导人民实现中华民族伟大复兴的百年进程中,对推动共同富裕持续进行了理论和实践探索,中国人民生活水平实现了从温饱不足到总体小康再到全面建成小康社会的历史性跨越,对共同富裕的认识也在不断深化。

马克思主义揭示的历史辩证法告诉我们,人类社会任何事物

的发展都是在特定条件下各种矛盾交互作用的结果，那种僵化不变、单一直线发展的事物是不存在的。我们推进共同富裕实践有着客观的历史前提和坚实的社会条件，是当代中国社会进入新发展阶段的必然结果，是完全符合历史辩证运动规律的客观现象。

首先，坚持党的领导是实现共同富裕的政治前提。没有中国共产党就没有新中国，就没有中华民族的伟大复兴，就不可能实现中国人民的共同富裕。领导人民实现共同富裕、过上更美好生活，是中国共产党的初心使命和基本职责。"我们始终坚定人民立场，强调消除贫困、改善民生、实现共同富裕是社会主义的本质要求，是我们党坚持全心全意为人民服务根本宗旨的重要体现，是党和政府的重大责任。"① "共同富裕是社会主义的本质要求，是中国式现代化的重要特征。我们说的共同富裕是全体人民共同富裕，是人民群众物质生活和精神生活都富裕。"② 牢记党的初心使命，践行党的性质宗旨，就必须始终坚持人民至上、把人民对美好生活的向往作为党的奋斗目标，不断推动共同富裕取得更为明显的实质性进展。如果说推进共同富裕是我们党坚定不移的宗旨使命的话，那么坚持党的全面领导和长期执政，则是实现共同富裕的政治前提和政治保证。坚持党的全面领导和长期执政，是我们推进共同富裕的最本质特征，也是最重要的政治逻辑和优势。

其次，坚持和发展中国特色社会主义是实现共同富裕的制度前提。社会主义制度与共同富裕是内在统一的。马克思主义认

---

① 《习近平谈治国理政》第四卷，外文出版社2022年版，第133页。
② 《习近平著作选读》第二卷，人民出版社2023年版，第501页。

为，社会主义社会之所以必然会产生、之所以有优越性和合理性，就是因为它代表广大人民群众的根本利益，更能促进社会生产力发展，更能解决经济社会两极分化现象，更能协调推进社会高效、公平发展和人的全面进步。事实上，离开了社会主义制度这个前提，就根本谈不上有共同富裕。我们坚持和发展社会主义制度，就必然要推进代表人民根本利益的共同富裕实践。习近平总书记指出："中国特色社会主义制度是当代中国发展进步的根本制度保证，是具有鲜明中国特色、明显制度优势、强大自我完善能力的先进制度。""让广大人民群众共享改革发展成果，是社会主义的本质要求，是社会主义制度优越性的集中体现，是我们党坚持全心全意为人民服务根本宗旨的重要体现。"①毫无疑问，坚持和发展中国特色社会主义，构成了我们实现共同富裕的强大社会制度基础。这是我们推进共同富裕制度性的必然要求。

再次，不断发展的社会生产力是实现共同富裕的物质前提。共同富裕不但是"富裕"，而且还是"普遍富""共同富"，是全社会、全体人民的"共同富裕"，这就需要有比较发达的社会生产力和社会保障水平。显然，共同富裕不是也不可能建立在贫穷的基础上。正如邓小平同志指出："社会主义的特点不是穷，而是富，但这种富是人民共同富裕"，"社会主义最大的优越性就是共同富裕"。因此，"社会主义的首要任务是发展生产力，逐步提高人民的物质和文化生活水平"。邓小平同志从理论和实践的结合上得出了一个著名的经典性论断："社会主义的本质，是解放

---

① 《习近平谈治国理政》第二卷，外文出版社2017年版，第36、200页。

生产力，发展生产力，消灭剥削，消除两极分化，最终达到共同富裕。"①习近平总书记也强调指出，发展才是社会主义，发展必须致力于共同富裕。只有发展才能消除贫困落后，才能不断改善民生，提高人民生活水平和品质，才能实现共同富裕。共同富裕是社会主义的本质要求，是人民群众的共同期盼。我们推动经济社会发展，归根结底是要实现全体人民共同富裕。所以，我们任何时候都要清醒认识到，"发展依然是当代中国的第一要务，中国执政者的首要使命就是集中力量提高人民生活水平，逐步实现共同富裕"②。这些重要论述，深刻揭示了共同富裕与社会主义本质的内在联系，阐明了社会主义本质的两大基本内涵和特性，即贫穷不是社会主义，搞社会主义就要不断解放和发展生产力，使社会财富不断丰富发达起来；在生产力不断发展、社会财富不断增长的过程中，要消除两极分化和消灭导致两极分化的社会剥削，逐步实现共同富裕。

  历史发展的必然性不是以单一线性方式实现的，而总是通过丰富多彩、生动具体的现实矛盾开辟前行道路的。中国共产党领导、社会主义制度、社会生产力发展构成了我们推进共同富裕的历史必然性和发展方向的确定性，但实现共同富裕是一个错综复杂的辩证发展过程。这种辩证性主要表现在：我们推进的共同富裕是全体人民的共同富裕，不是少数人的富裕，但也不是整齐划一的平均主义，不是"内卷""躺平"的均贫富、杀富济贫；我

---

① 《邓小平文选》第3卷，人民出版社1993年版，第265、364、116、373页。
② 《习近平在华盛顿州当地政府和美国友好团体联合欢迎宴会上的演讲》，《人民日报》2015年9月24日，第2版。

们推进的共同富裕是普遍富裕基础上有差别、有先后的共同富裕，允许一部分人先富起来，同时先富也要带后富、帮后富；我们推进的共同富裕是坚持以人民为中心发展思想的、在高质量发展中实现的共同富裕，做大"蛋糕"与切好"蛋糕"、共建与共享、效率与公平是统一的，而不只讲"享受""分配""福利"，即使将来发展水平更高、财力更雄厚了，也不能搞过头的社会保障，防止落入"福利主义"养懒汉的陷阱；我们推进的共同富裕是人民群众物质生活和精神生活都富裕、人和社会全面进步的共同富裕，而不是畸形的物质、金钱、福利的"富裕"；我们推进的共同富裕是一个现实而又长期发展过程的共同富裕，需要不懈接续奋斗，不可能一蹴而就，是一个等不得也急不得的历史发展过程；等等。习近平总书记指出："我们要实现14亿人共同富裕，必须脚踏实地、久久为功，不是所有人都同时富裕，也不是所有地区同时达到一个富裕水准，不同人群不仅实现富裕的程度有高有低，时间上也会有先有后，不同地区富裕程度还会存在一定差异，不可能齐头并进。这是一个在动态中向前发展的过程，要持续推动，不断取得成效。"[①]

习近平总书记的上述重要论述，科学阐述了共同富裕的本质内涵。新时代的共同富裕，就是在党的领导下、社会生产力充分发展的基础上、体现社会主义本质要求的全体人民过上富足美好生活的发展过程。我们的共同富裕，是全体人民在社会发展进程中都能共同往富裕走、往更高生活水平走的历史过程，即使劳动

---

① 习近平：《扎实推动共同富裕》，《求是》2021年第20期。

能力不强或丧失劳动能力的，也能通过社会保障制度向更高生活水平提升，共同往上、往前走，过上越来越美好的幸福生活。因此，扎实推进共同富裕，底线或者说起点，就是随着经济社会发展，不能出现收入差距、生活水平差距扩大化，更不能出现两极分化，大家都能共创共享发展成果，都能向着更富裕更美好的方向发展，全体人民都能逐步普遍富裕，生活形态普遍更加美好。共同富裕的具体含义和特点有很多，但最核心的内涵就在这里。

因此，我们讲的推进共同富裕，是科学合理、现实可行的历史创造活动过程。离开了这种历史实践活动过程的唯物史观侈谈共同富裕，是不切实际的、有害的。

二、共同富裕总体定位生动展现了历史主动性

建设共同富裕美好生活社会是中国共产党领导下全面建成小康社会后的必然选择，是中华民族迎来了从站起来、富起来到强起来伟大飞跃的重要特征。马克思主义创立的唯物史观，既反对历史唯心主义，也反对历史宿命论，认为人们在认识和掌握历史发展客观规律的基础上，是可以能动地改造世界、创造美好未来的。这就是实践主体的历史主动性和历史创造性。

中国共产党是马克思主义先进政党，中国共产党人是唯物辩证的历史实践者。我们党始终坚持马克思主义基本原理，坚持从中国实际出发，善于洞察时代发展大势，勇于把握历史的主动性和创造性，在历史发展的进程中，积极能动地推进党的理论创新和实践创新，从而不断开创党和国家事业发展的新局面。经过不

懈奋斗，中国特色社会主义进入了新时代，这是我国发展新的历史方位。中国共产党人以高度的历史自觉，深刻把握当代中国历史发展的新进程，主动作出一系列重大判断和战略决策。党的十八大以来，中国特色社会主义进入了新时代。"这个新时代，是承前启后、继往开来、在新的历史条件下继续夺取中国特色社会主义伟大胜利的时代，是决胜全面建成小康社会、进而全面建设社会主义现代化强国的时代，是全国各族人民团结奋斗、不断创造美好生活、逐步实现全体人民共同富裕的时代。"[1]不断创造美好生活、逐步实现全体人民共同富裕，是中国特色社会主义新时代的重要特点，是我国全面建成小康社会进而开启全面建设社会主义现代化强国新征程的重大战略抉择。

中华人民共和国成立特别是党的十八大以来，我国经济社会得到了较快发展，稳步解决了十几亿人的温饱问题，全面建成小康社会，历史性地解决了绝对贫困问题，党和国家各项事业取得了历史性成就，发生了历史性变革，为实现中华民族伟大复兴提供了更为完善的制度保证、更为坚实的物质基础、更为主动的精神力量。所有这些，都为更大力度地推进共同富裕创造了坚实基础。

从人民对美好生活的追求和向往讲，我国全面建成小康社会后，作为全面建设社会主义现代化强国的重要内容，接续"小康社会"后的生活形态又是怎样的呢？2021年1月28日，习近平总书记在十九届中央政治局第二十七次集体学习时指出，进入新

---

[1] 习近平：《决胜全面建成小康社会 夺取新时代中国特色社会主义伟大胜利——在中国共产党第十九次全国代表大会上的报告》，人民出版社2017年版，第10—11页。

发展阶段，完整、准确、全面贯彻新发展理念，必须更加注重共同富裕问题。党的十九届五中全会向着更远的目标谋划共同富裕，提出了"全体人民共同富裕取得更为明显的实质性进展"的目标。共同富裕本身就是社会主义现代化的一个重要目标。① "更加注重共同富裕"是中国特色社会主义进入新时代的新特征，是我国各项事业进入发展新阶段的新任务。全面建成小康社会后，我国社会主要矛盾已经转化为人民日益增长的美好生活需要和不平衡不充分的发展之间的矛盾。以前我们要解决"有没有"的问题，现在则要解决"好不好"的问题。我们要着力提升发展质量和效益，更好满足人民多方面日益增长的需要，更好促进人的全面发展、全体人民共同富裕②。解决"好不好"、人民日益增长的美好生活需要与发展不平衡不充分之间这个主要矛盾，一方面要继续推进社会生产力的高质量发展，不断增强发展的协调性、均衡性、全面性和包容性；另一方面要更积极主动地满足人民日益增长的美好生活需要，深入贯彻新发展理念，"不断提高人民生活品质、生活品位。……让发展成果更多更公平惠及全体人民，既尽力而为又量力而行，促进社会公平正义，在幼有所育、学有所教、劳有所得、病有所医、老有所养、住有所居、弱有所扶上不断取得新进展，不断朝着全体人民共同富裕迈进"③。

---

① 《完整准确全面贯彻新发展理念 确保"十四五"时期我国发展开好局起好步》，《人民日报》2021年1月30日，第1版。
② 《习近平会见出席"2017从都国际论坛"外方嘉宾》，《人民日报》2017年12月1日，第1版。
③ 习近平：《学习马克思主义基本理论是共产党人的必修课》，《求是》2019年第22期。

在历史担当中创造历史伟业。扎实推进共同富裕,建设更加美好生活的中国式现代化国家,是当代中国共产党人又一个新的历史担当和伟业。在全面建成小康社会后,人民对美好生活提出了更高更广泛的要求,建设共同富裕美好生活社会日益成为党和国家新的工作着力点。为了"适应我国社会主要矛盾的变化,更好满足人民日益增长的美好生活需要,必须把促进全体人民共同富裕作为为人民谋幸福的着力点,不断夯实党长期执政基础"[1]。我们推进的共同富裕是具有鲜明中国特色和时代特征的。接续全面建成小康社会后的共同富裕,不是局部性、个别性的社会发展现象,而是总体性、全局性的社会发展和社会生活形态。习近平总书记明确指出:"我总的认为,像全面建成小康社会一样,全体人民共同富裕是一个总体概念,是对全社会而言的,不要分成城市一块、农村一块,或者东部、中部、西部地区各一块,各提各的指标,要从全局上来看。"[2] "全面建成小康社会,一个也不能少;共同富裕路上,一个也不能掉队。"[3] 习近平总书记作出的具有战略性、全局性重大意义的论断,揭示了新时代共同富裕在历史进程中的总体定位,奠定了中国特色社会主义共同富裕理论的基石,为扎实推动新时代共同富裕提供了行动指南。这些重大论断告诉我们,全体人民共同富裕是全面建成小康社会后的历史必然,"像全面建成小康社会一样",是新的更高发展阶段的一个全社会性的"总体概念"。这是对共同富裕历史进程地位的总体定

---

[1] 习近平:《扎实推动共同富裕》,《求是》2021年第20期。
[2] 同上。
[3] 《习近平谈治国理政》第三卷,外文出版社2020年版,第66页。

位，我们要站在全局高度去领悟和把握新时代的共同富裕。

共同富裕是我们党团结带领人民接续奋斗的根本动力和重大历史使命，是全面建设社会主义现代化新征程的任务和目标。这既客观反映了中华民族伟大复兴历史进程的必然趋势，更现实展现了中国共产党人的历史自觉和历史自信。

三、共同富裕实践是人类文明新形态的重要特征

在一个拥有14亿多人口的社会主义大国推进共同富裕、建设美好生活社会，是人类社会发展史上一场史无前例的伟大变革和创造，将对中华民族的伟大复兴和人类文明进程产生广泛而深刻的影响。

天下大同、共同富裕是人类一直以来都追求的美好愿望，人类社会的文明进步也为这种理想的逐步实现创造了一定条件，现代社会人们的生活水平自然要比古人高得多。但是，古往今来，人类历史上从来没有一个国家真正实现过共同富裕。这是因为，一个国家的共同富裕除了取决于社会生产力发达程度和社会进步水平，更重要的还必须具备相应的生产关系、生产方式、社会制度及其文化形态，还必须有先进的科学思想理论指导和强有力的政党、国家力量的组织领导。只有当人类社会生产力与生产关系、经济基础与上层建筑之间的矛盾运动发展到以发达工业化为基础的现代社会，并形成了科学社会主义理论和马克思主义先进政党，建立了代表人民利益的先进社会制度后，才有可能在一个国家范围里全面推进共同富裕。人类社会的国家区域性共同富裕

实践是一场深刻的社会大变革，需要有社会生产力的物质基础、社会制度保障、科学理论指引和坚强的组织领导。中国新时代推进共同富裕实践，就是在中国共产党的坚强领导下，遵循习近平新时代中国特色社会主义思想、沿着中国特色社会主义道路所展开的一场自觉有序的历史性创造活动。我们推进的共同富裕不是局部的、个别的现象，而是当代中国社会制度、社会政治、社会文化、社会治理、社会政策等全部社会运行要素统筹综合推进的实践创造过程。这既是全面推进和实现中华民族伟大复兴的历史伟业，也是开创人类文明发展新道路新形态的伟大壮举，将深刻地改变和影响人类文明的新发展新进程。

建设社会主义现代化强国过程，就是扎实推进共同富裕的过程。习近平总书记指出："我国现代化是人口规模巨大的现代化，是全体人民共同富裕的现代化，是物质文明和精神文明相协调的现代化，是人与自然和谐共生的现代化，是走和平发展道路的现代化，这是我国现代化建设必须坚持的方向。"[①] "共同富裕是社会主义的本质要求，是中国式现代化的重要特征"，"共同富裕本身就是社会主义现代化的一个重要目标"[②]。推进共同富裕是中国特色社会主义的根本原则，是中国式现代化的一个重要特征。

推进共同富裕也是适应人民日益增长的美好生活需要的必由之路。中国特色社会主义事业进入新时代，我国人民对美好生活的需要日益增长，而且这种"日益增长"比过去任何时候都更为

---

① 习近平：《把握新发展阶段，贯彻新发展理念，构建新发展格局》，《求是》2021年第9期。

② 习近平：《扎实推动共同富裕》，《求是》2021年第20期。

丰富和全面。"人民美好生活需要日益广泛，不仅对物质文化生活提出了更高要求，而且在民主、法治、公平、正义、安全、环境等方面的要求日益增长。"①推进人和社会的全面进步，是人民日益增长的美好生活的必然要求，而这种全面进步的更美好生活，其根本内容就是对共同富裕的追求。我们推进的共同富裕就是全面发展、全面进步的共同富裕。《中共中央　国务院关于支持浙江高质量发展建设共同富裕示范区的意见》中也明确指出：新时代共同富裕"是全体人民通过辛勤劳动和相互帮助，普遍达到生活富裕富足、精神自信自强、环境宜居宜业、社会和谐和睦、公共服务普及普惠，实现人的全面发展和社会全面进步，共享改革发展成果和幸福美好生活"。建立在全面协调统筹包容可持续发展基础上的共同富裕，是满足人民追求更美好生活的客观需要，也是中国式现代化新道路的重要目标。

推进共同富裕是人类文明史上的伟大壮举。"我们坚持和发展中国特色社会主义，推动物质文明、政治文明、精神文明、社会文明、生态文明协调发展，创造了中国式现代化新道路，创造了人类文明新形态。"②新时代推进的共同富裕，可以说是"五大文明"一体化的全面富裕，是人的全面发展和社会全面进步的富裕。中国式现代化走的是中国特色社会主义的道路，是以人民为

---

① 习近平：《决胜全面建成小康社会　夺取新时代中国特色社会主义伟大胜利——在中国共产党第十九次全国代表大会上的报告》，人民出版社2017年版，第11页。

② 习近平：《在庆祝中国共产党成立100周年大会上的讲话》，《求是》2021年第14期。

中心的现代化，是物质文明、精神文明、政治文明、社会文明和生态文明全面协调的现代化。中国式现代化的本质特点，是以人民为核心的全面协调发展的现代化，是以逐步实现全体人民的共同富裕和过上更美好生活为根本目的和至高价值的现代化。显然，中国式现代化超越了"个人资本至上""物质增长至上"的西方式现代化模式，开创了人类现代化发展的新道路。这是人类文明进步的新形态，是世界现代化中国智慧、中国力量对人类文明的新创造新贡献。我们"党领导人民成功走出中国式现代化道路，创造了人类文明新形态，拓展了发展中国家走向现代化的途径，给世界上那些既希望加快发展又希望保持自身独立性的国家和民族提供了全新选择"[①]。中国共产党领导人民在历史性解决绝对贫困、全面建成小康社会后，对扎实推动共同富裕作出重大战略部署，必将在中华民族伟大复兴、世界社会主义和人类社会文明进步史上，产生划时代的意义。

推进共同富裕有着深刻的社会发展基础和历史的必然性，是适应满足人民日益增长美好生活需要的必然选择，也是中国特色社会主义事业进入新征程的新任务新目标。我们党坚持和运用马克思主义唯物史观，自觉遵循历史辩证法，审时度势，深刻把握历史发展进程，以极大的历史主动性和创造性，科学认识和引领我国扎实推进共同富裕的伟大变革实践。

---

① 《中共中央关于党的百年奋斗重大成就和历史经验的决议》，人民出版社2021年版，第64页。

实现共同富裕是一个长期的历史过程

共同富裕是中国式现代化的本质特征,也是全体人民的共同期盼。但实现全体人民共同富裕是一个长期的历史过程,不可能一蹴而就,必须保持历史耐心。我们要充分认识推进共同富裕是一个历史的辩证过程。

一、实现共同富裕
是一个立足基本国情逐步推进的过程

实现共同富裕的长期性、历史性和复杂性,首先是由中国社会的基本国情所决定的。党的二十大报告指出:"中国式现代化是人口规模巨大的现代化。我国14亿多人口整体迈进现代化社会,规模超过现有发达国家人口的总和,艰巨性和复杂性前所未有,发展途径和推进方式也必然具有自己的特点。我们始终从国情出发想问题、作决策、办事情,既不好高骛远,也不因循守旧,保持历史耐心,坚持稳中求进、循序渐进、持续推进。"①

我国是一个拥有14亿多人口的社会主义大国。不但人口规模巨大，满足全体人民日益增长的生产生活需求任务艰巨，而且社会主义现代化发展的全面协调性要求高。新中国成立特别是改革开放和进入新时代以来，我国经济实力、科技实力、综合国力跃上了新台阶，位居世界第二大经济体，但同世界上发达国家相比还有相当距离。我国仍将长期处于社会主义初级阶段。

党的十八大以来，我国经济发展平衡性、协调性、可持续性明显增强，但发展不平衡不充分问题仍然突出，推进高质量发展还有许多卡点瓶颈，科技创新能力还不强；城乡区域发展和收入分配差距仍然较大；群众在就业、教育、医疗、托育、养老、住房等方面面临不少难题；生态环境保护任务依然艰巨；等等。这些问题特别是我国城乡区域发展差距和群体收入差距问题，无疑是长期存在的，而且是动态变化的，不可能一蹴而就。解决这些问题的过程，实际上也是推动全体人民共同富裕的过程。因此，我们要对实现全体人民共同富裕的长期性、艰巨性、复杂性有一个清醒的认识。

在推动共同富裕过程中，必须立足基本国情，把美好愿望与现实国情相结合，坚持问题导向，不断解决社会发展和人民群众生活中面临的困难和问题，扎扎实实推进共同富裕。

---

① 习近平：《高举中国特色社会主义伟大旗帜　为全面建设社会主义现代化国家而团结奋斗——在中国共产党第二十次全国代表大会上的报告》，人民出版社2022年版，第22页。

二、实现共同富裕是一个先富带后富的过程

从共同富裕的实现途径讲，实现共同富裕本身就是一个先富带后富的过程。有先后、有差别地实现共同富裕，是符合历史发展客观规律的必然现象。习近平总书记指出："我们要实现14亿人共同富裕，必须脚踏实地、久久为功，不是所有人都同时富裕，也不是所有地区同时达到一个富裕水准，不同人群不仅实现富裕的程度有高有低，时间上也会有先有后，不同地区富裕程度还会存在一定差异，不可能齐头并进。这是一个在动态中向前发展的过程，要持续推动，不断取得成效。"①

社会主义的本质是发展生产力和实现共同富裕。如果制度阻碍了生产力发展或产生了贫富两极分化现象，都不符合社会主义和中国式现代化的本质要求。社会生产力发展是实现共同富裕的前提和基础，共同富裕是社会生产力发展的结果。无论社会生产力发展还是实现共同富裕都是一个历史过程。同时，人民对美好生活需求的产生和实现，本身也是历史的、具体的，是一个逐步扩展和提升的过程。而且，实现全体人民共同富裕并不意味着全国各地和全体人民同时同步同等实现富裕。历史实践证明，如果搞"整齐划一"甚至"劫富济贫"的平均主义，不但实现不了全体人民的共同富裕，而且必然会抑制人们发展的积极性和创造性，导致"躺平"、养懒汉，最终只会导致共同贫穷。事实上，遵循有合理差异的共同富裕发展规律，以先富带动后富，才是推

---

① 习近平：《扎实推动共同富裕》，《求是》2021年第20期。

动和实现共同富裕的基本途径。全国各地、各行各业和每个人的基础不一、条件不一、禀赋不一，情况千差万别，不可能所有人同时同步同等富裕。真正的共同富裕是有适度差距的共同富裕，不是搞平均主义的"共同富裕"。只有走先富带后富的路子，才能激发社会成员劳动创造的积极性，为推动更高层次的共同富裕创造条件和提供内在动力。

先富带后富是推进共同富裕的基本方式。实现共同富裕的过程，是一个由低层级到高层级、由量变到质变、由局部到全局螺旋式的运动过程，是由少部分人局部富裕逐步向全体人民整体富裕的跃升过程。这是共同富裕实现方式带有普遍规律性的现象。我们只有正确认识和把握这一客观规律，才能扎实有效地推进共同富裕。

三、实现共同富裕是一个勤劳致富、创新致富的过程

实现共同富裕的美好理想，需要每个人的奋斗创造。习近平总书记指出："幸福生活都是奋斗出来的，共同富裕要靠勤劳智慧来创造。"[1]共同富裕是一个全体人民共同劳动创造财富和共同分享财富的历史过程，我们必须鼓励勤劳致富、创新致富，这样才能不断实现共同富裕。分享财富首先要创造出财富，只有做大做好"蛋糕"，才能切好分好"蛋糕"。

---

[1]　习近平：《扎实推动共同富裕》，《求是》2021年第20期。

新时代扎实推动共同富裕，从创造财富角度讲，首先要坚定不移地推进高质量发展。发展是社会文明进步的基础。我们要坚持在发展中保障和改善民生，推进共同富裕，就必须把推动高质量发展放在首位，为实现共同富裕创造坚实的物质基础。其次，要充分激活每个人的创造动力。全体人民是创造财富和分享财富的主体，每个人的素质、技能对推进共同富裕实践具有基础性作用和意义。要着力提高人民的受教育程度、发展能力和消费能力，为人们创造更加普惠公平的条件，进而不断提升全社会人力资本、专业技能和人们就业创业创新能力，也就是要增强每个人的致富动能。再次，要为人们勤劳创新致富提供良好的社会环境。要充分尊重、调动和发挥每个人创造财富的积极性和创造性，深入改革那些阻碍人们创业创新积极性的体制机制，尤其要防止社会阶层固化，积极畅通人们通过自己努力向上流动的通道，增强就业创业的公平性、普惠性，给更多人创造致富的机会，形成人人参与创造社会财富的良好发展环境，避免出现平均主义"内卷""躺平"等消极现象。

实现共同富裕的过程，本质上就是创造社会财富的过程。创造财富和分享财富是推进共同富裕一个问题的两个方面。只有充分发挥全体人民的积极性和创造性，才能源源不断地创造出社会财富。

四、实现共同富裕是一个不断探索创新的过程

共同富裕是中国特色社会主义的本质要求和中国式现代化的

本质特征。在人类社会发展史上，推动全体人民共同富裕是一项前无古人的开创性事业。

追求富裕美好生活是人类的共同理想，但真正实现这种理想并非易事。世界上一些实现现代化的发达国家，虽然社会生产力发达，经济物质富裕，也有比较完善的福利制度，人民生活水平总体上也是逐步提高的，但是，这些发达国家的贫富差距很大，国家的富裕往往掩盖了社会群体贫富两极分化现象的客观存在；在实现物质富裕过程中，往往忽视社会的全面进步和人的全面发展，尤其存在吸毒、抢劫、枪杀、种族歧视、精神颓废、道德衰败等大量社会问题；在推进工业化过程中，奉行资本利润至上，漠视自然生态环境，大量过度开采和浪费自然资源，严重污染和损害环境，引发诸多生态危机；特别是工业化早发的西方国家，还往往通过军事侵略、殖民他国等掠夺手段实现资本的野蛮扩张，甚至有些发达国家利用先发优势持续压制他国发展和掠取他国利益；等等。这些都是西方现代化模式的严重弊端。在西方现代化模式下，当然是不可能真正实现全体人民共同富裕和实现人类共同利益的。

中国式现代化是对西方传统现代化模式的扬弃超越。在党的全面领导下，坚持中国特色社会主义，以全面统筹协调可持续发展方式，走独立自主和平发展道路实现现代化和中华民族伟大复兴。显然，这是一场人类文明发展新形态的革命性变革，没有现成路子和方案可以模仿，尤其在一个拥有14亿多人口的社会主义大国，实现全体人民共同富裕的、物质文明与精神文明协调发展的、人与自然和谐共生的、走和平发展道路的现代化，更是充满探索性和创造性，其间必然具有长期性、复杂性和曲折性，也必然会遇到各种可以预料和难以预料的风险挑战、艰难险阻甚至惊涛骇浪。

共同富裕是中国式现代化的基本内容和本质特征，也是随着整个现代化发展进程而不断推进和拓展的。实现全体人民共同富裕无疑是艰难的、长期的，是不可能轻轻松松实现的，需要在中国现代化历史进程中扎实推进。

五、实现共同富裕是一个坚持基本经济制度的过程

在推进共同富裕过程中，必须充分调动每个社会成员的积极性。企业是现代社会经济发展的微观主体。在推进共同富裕和中国式现代化过程中，必须毫不动摇地坚持我国基本经济制度，坚持公有制为主体、多种所有制经济共同发展的基本方针。

公有制为主体、多种所有制经济共同发展，按劳分配为主体、多种分配方式并存，以及社会主义市场经济体制等，是我国的基本经济制度。社会主义基本经济制度有利于调动全体人民创造财富的积极性，也有利于保障全体人民实现共同富裕。社会制度特别是基本经济制度直接决定一个社会财富创造和财富分配的基本规则。发挥我国社会主义基本经济制度在推进共同富裕中的根本作用，关键是要毫不动摇巩固和发展公有制经济，毫不动摇鼓励、支持、引导非公有制经济发展，保证各种所有制经济依法平等使用生产要素、公平参与市场竞争、同等受到法律保护。公有制经济和非公有制经济都是社会主义市场经济的重要组成部

分，都是我国经济社会发展的重要基础。民营经济是推进中国式现代化的生力军，是高质量发展的重要基础，是推动我国全面建成社会主义现代化强国、实现第二个百年奋斗目标的基本力量。我们要推进共同富裕和建设社会主义现代化强国，"国家这么大、人口这么多，又处于并将长期处于社会主义初级阶段，要把经济社会发展搞上去，就要各方面齐心协力来干，众人拾柴火焰高"[①]。

我们必须毫不动摇地坚持公有制为主体地位和毫不动摇地鼓励、支持、引导非公有制经济发展，大力发挥公有制经济在促进共同富裕中的重要作用，为非公有制经济发展营造良好环境和提供更多机会，为非公有制经济健康发展、非公有制经济人士健康成长创造更多条件。要鼓励那些靠自己勤劳智慧去创造更多社会财富的人，允许一部分人先富起来，同时也要提倡先富带后富、帮后富，尤其重点要鼓励那些辛勤劳动、合法经营、敢于创业的致富带头人。

六、实现共同富裕
是一个尽力而为、量力而行的过程

实现共同富裕是长期的历史过程，在不同的历史阶段有不同的目标和任务，脱离基本国情和发展基础的过高目标，只会事与

[①] 《习近平：毫不动摇坚持我国基本经济制度　推动各种所有制经济健康发展》，《人民日报》2016年3月9日，第2版。

愿违。我们既要尽心尽力促进共同富裕，又要量力而行，扎扎实实推进共同富裕。

习近平总书记强调指出："我们要根据现有条件把能做的事情尽量做起来，积小胜为大胜，不断朝着全体人民共同富裕的目标前进。"[①] 我们党和国家确定了到本世纪中叶基本实现共同富裕的长远战略目标，在现实中要扎实推进。我们说共同富裕是长远的战略目标，不是说推进共同富裕实践可以等一等、慢慢来。长远目标总是要通过点点滴滴的努力才能实现的。在今天中国，共同富裕是迫切需要重视和推进的重大现实任务，我国发展不平衡不充分矛盾十分突出，城乡、区域发展和群体收入分配差距依然较大。推进共同富裕不能急也不能等，不能超越现实而盲动，也不能安于现实无所作为，要加大工作力度，取得更为明显的实质性进展。

当前，要在做大做强"蛋糕"的基础上，进一步重视切好分好"蛋糕"，加快建立健全更科学合理的公共政策体系，加快形成人人享有的合理分配格局，以更大的力度、更实的举措让人民群众共享改革发展成果，使人民群众有更多的获得感幸福感安全感。不过，我们也要清醒看到，我国各地发展差异大，人口规模大，经济发展质量和人均水平都还不很高，要立足国情和现实，"统筹需要和可能，把保障和改善民生建立在经济发展和财力可持续的基础之上，不要好高骛远，吊高胃口，作兑现不了的承诺。政府不能什么都包，重点是加强基础性、普惠性、兜底性民

---

① 习近平：《深入理解新发展理念》，《求是》2019年第10期。

生保障建设。即使将来发展水平更高、财力更雄厚了，也不能提过高的目标，搞过头的保障，坚决防止落入'福利主义'，养懒汉的陷阱"[1]。坚持尽力而为与量力而行的现实统一。这是我们推进共同富裕的应有态度和方法。

实现共同富裕既要着眼长远，更要立足现实，久久为功，一步步推进，不能把起点当终点，也不能把未来目标当成今天的现实。实现共同富裕是一个由初级阶段向更高阶段不断提升的发展过程，这是长期的艰巨的任务。中国式现代化为推动全体人民共同富裕指明了方向和基本道路，但推进过程中的探索性、艰巨性和复杂性，也是显而易见的。共同富裕是生产力、生产关系和社会制度长期文明进步的结果。无论社会生产力水平的提高还是社会运行制度体制的改进完善，都是一个长期的动态的历史进步过程。我们要充分认识到共同富裕及其实现是一个历史的、现实的辩证过程，在推动共同富裕历史进程中把握好循序渐进、分步实施的原则。事物都有一个积少成多、由量变到质变的过程。推进全体人民共同富裕是一件大好事，但要办好这件事，等不得，也急不得。正如习近平总书记指出的："我们要有耐心，实打实地一件事一件事办好，提高实效。"[2]

总之，实现共同富裕是一个长期的历史进步过程。现实生活中的共同富裕总是历史的、动态的、发展的。正如习近平总书记所指出，"这是一个在动态中向前发展的过程，要持续推动，不

---

[1] 习近平：《扎实推动共同富裕》，《求是》2021年第20期。
[2] 同上。

断取得成效"①。我们是历史理想主义和现实主义的实践者,要正确认识和把握历史发展由现实开辟未来的辩证运动规律,立足时代实践,扎实努力奋斗,让人民群众真真切切地获得看得见、摸得着、真实可感的共同富裕新成效。

---

① 习近平:《扎实推动共同富裕》,《求是》2021年第20期。

绿水青山何以就是金山银山

习近平同志在担任中共浙江省委书记期间,就一直高度重视生态文明建设,围绕生态环境保护、绿色发展、可持续发展、生态浙江、美丽乡村等方面,阐发了一系列思想深邃、视野宽阔、生动形象、极富实践指导性的重要观点。其中,"绿水青山就是金山银山"便是其最具标志性和经典性论断,产生了广泛而深刻的影响,已成为我国绿色发展、生态文明建设战略的核心内容,正日趋成为推动美丽中国建设的强大思想武器。

"绿水青山就是金山银山"这一著名论述,包含着极其丰富而深刻的理论和实践逻辑。

一、"绿水青山"的生命价值

"绿水青山"作为自然生态系统,它本身就是宇宙"财富"的重要组成部分和源泉所在。事实上,包括人类在内的一切有机物、生命体,都只是茫茫宇宙中的很少一部分。从物质本体论和生命起源角度讲，大自然、宇宙是个无边无际的无限整体，一切生命都起源于大自然、从属于大自然；一切合乎自然演化、宇宙运行规律而产生的事物，都是它自身存在和发展的"金山银山"（财富）。也就是说，"绿水青山"本身就是"金山银山"、就是自然"财富"。因此，自然生态系统本身就具有自在自为的生态价值和一切生物的生命价值。"绿水青山"就是自然的生命、大自然的底色，也是人类生命的源流，人类生存和发展的根基；"金山银山"就是大自然、自然生命本身的"自然财富""宇宙财富"。

反过来看，如果我们人类不尊重、不遵循自然规律，过分利用、掠取甚至破坏自然生态环境，那么，正如恩格斯所深刻指出的："我们不要过分陶醉于我们人类对自然界的胜利。对于每一次这样的胜利，自然界都对我们进行报复。每一次胜利，起初确实取得了我们预期的结果，但是往后和再往后却发生完全不同的、出乎预料的影响，常常把最初的结果又消除了。"① 习近平总书记也反复强调指出："人因自然而生，人与自然是一种共生关系，对自然的伤害最终会伤及人类自身。只有尊重自然规律，才能有效防止在开发利用自然上走弯路。"② "人无远虑，必有近忧。不和谐的发展，单一的发展，最终将遭到各方面的报复，如自然界的报复等。"③ "在生态环境保护问题上，就是要不能越雷池一步，否则就应该受到惩罚。"④ "你善待环境，环境是友好的；你污

---

① 《马克思恩格斯选集》第3卷，人民出版社2012年版，第998页。
② 《习近平谈治国理政》第二卷，外文出版社2017年版，第209页。
③ 习近平：《之江新语》，浙江人民出版社2007年版，第44页。
④ 《习近平谈治国理政》第一卷，外文出版社2018年版，第209页。

染环境，环境总有一天会翻脸，会毫不留情地报复你。这是自然界的客观规律，不以人的意志为转移。因此，对于环境污染的治理，要不惜用真金白银来还债。"[①] 我们"要把生态环境保护放在更加突出位置，像保护眼睛一样保护生态环境，像对待生命一样对待生态环境"。从这种意义上讲，我们追求人与自然的和谐，就是追求自然生态系统（绿水青山）——本身就是"金山银山"。

简单直观地看，自然生态环境似乎是"用之不觉""用之不竭"的。比如我们每时每刻都在吸入的"空气"，日常生活中似乎感觉不到它的存在，但"失之难存"。事实上，只要我们稍微理性地认识一下"空气"，就能深刻地懂得保护它的重要性和紧迫性。现实生活正反两个方面的事实也反复证明：绿水青山本身就具有自然生态和自然生命价值，破坏了绿水青山，就要用真金白银去还债。因此，对"绿水青山就是金山银山"的深刻思想内涵，我们首先应站在人来自于自然、从属于大自然生态系统这一至高至上的本体角度去理解把握，坚决摒弃传统工业化时代形成的人类中心主义旧观念，自觉树立人与自然和谐统一的新理念。

但在现实发展过程中，绿水青山与金山银山可以统一，也会产生矛盾。在"鱼和熊掌"不可兼得的情况下，我们就必须善于选择，有所为有所不为，自觉以绿水青山为重，坚持生态环境优先。因为，我们要明白，从整体系统上讲，"金山银山买不来绿水青山"。如果我们选择生态优先，就能够创造条件，让"绿水青山"源源不断地带来"金山银山"。

[①] 习近平：《之江新语》，浙江人民出版社2007年版，第141页。

二、"绿水青山"的经济价值

绿水青山作为生态资源、生态环境,它本身就具有经济价值或者说可以直接转化为经济效益。这是人们最容易理解的。

首先,自然生态环境直接就是人类生产活动的"财富之母"。比如,土地、森林、水、矿物、石油等等,本身就是人类的生产资料。

其次,自然生态环境可以直接或间接转化为经济资源。比如,时任浙江省委书记的习近平同志指出:安吉县"最好的资源是竹子,最大的优势是环境。只有依托丰富的竹子资源和良好的生态环境,变自然资源为经济资源,变环境优势为经济优势,走经济生态化之路,安吉经济的发展才有出路"[①]。人类几千年文明发展史,实际上大多数的生产活动过程,本质上都是在从事将生态环境资源转化为经济发展资源的过程。比如,我们把生态环境优势转化为生态农业、生态工业、生态旅游等生态经济优势,这样,绿水青山也就直接可以转变成金山银山。

第三,"金山银山"不只是"金钱"意义上的财富,它还包括一切"社会财富"。比如,绿水青山还可以转化为陶冶心灵、审美对象、文艺创作等精神文化产品的财富。

因此,保护生态环境就是保护生产力,改善生态环境就是发展生产力,生态环境优势就是经济社会发展优势。正如习近平同

---

① 习近平:《干在实处 走在前列——推进浙江新发展的思考与实践》,中共中央党校出版社2006年版,第504页。

志所指出的:"我们过去讲,既要绿水青山,又要金山银山。其实,绿水青山就是金山银山。"①

三、"绿水青山"的民生价值

自然生态系统是经济发展的资源,也是每一个人一年365天天天都生活在其中的环境,是生命的底色,生活的品质。绿水青山就是我们生活的"金山银山"。

"绿水青山"之所以是人们的生活品质,或者说具有民生价值,原因是多方面的。

首先,自然生态是人们每时每刻都不可或缺的生命、生活的必需品,空气、水、食物等都是人们最基本的生存资料。

其次,生态环境是人们全部生活活动的大平台,无论是生理、生命的生存还是心灵、精神生活,也无论是个体生活还是社会群体生活,都离不开这个自然界大舞台。

再次,生态环境的优劣直接决定着人们的生活质量,关乎着人们的身心健康。

又次,生态环境是最公平的公共产品,也是人民群众最基本的生活和健康权利。政府要提供的公平化的公共产品和公共服务,除社会基本保障制度外,千万不要忘了"托底性""基础性"的良好生态环境这一最广泛、最公平、最惠民的公共产品。如

---

① 中共中央党校编,何毅亭主编:《以习近平同志为核心的党中央治国理政新理念新思想新战略》,人民出版社2017年版,第127页。

今，享有优美宜居的生活环境，作为人民群众的基本权利，已成了人民群众最热切的期待。

最后，绿色发展可以安民惠民富民，"生态资本"可以变成"富民资本"。

正如习近平总书记多次强调的，我们要深刻认识自然环境是人类生存的空间，是人类创造生活的舞台。良好生态环境是最公平的公共产品，是最普惠的民生福祉。生态环境直接关乎人民群众生活质量。保护生态环境就是保障民生，改善生态环境就是改善民生。环境就是民生，青山就是美丽，蓝天就是幸福。小康全面不全面，生态环境质量是关键。人们过去求生存，现在求生态；过去盼温饱，现在盼环保；过去希望尽快富起来，现在不仅希望生活更富，而且希望生态环境更绿、更美，希望蓝天常在、青山常在、绿水常在，这也是中国梦很重要的内容。

因此，我们要坚持绿色发展，使良好的生态环境成为人民生活质量的重要增长点，自觉把生态纳入民生福祉，拓宽惠民利民富民之道，为人民提供干净的水、清新的空气、安全的食品、优美的环境，为人民提供更多优质的公共生态产品。这就是"绿水青山"的民本、民生价值。

四、"绿水青山"的政治价值

对人类社会来说，生态环境不仅是自然界现象，而且也是一种社会政治现象。为民治政之要，在于安民，而安民必先惠民富民。绿色发展理念就是以绿色惠民、绿色富民为基本价值取向的。推进绿色富国、绿色惠民,体现了我们党为民造福的伟大情怀,彰显了我们党坚持与时俱进的执政智慧。

自然生态环境是政治生态环境的重要组成部分,而且越来越显得重要和紧迫。因为,生态环境直接关乎人民群众的生活质量和基本利益,也直接关乎人民群众的情绪和社会的和谐稳定。2013年4月25日在中央政治局常委会会议上,习近平总书记指出:"如果仍是粗放发展,即使实现了国内生产总值翻一番的目标,那污染又会是一种什么情况?届时资源环境恐怕完全承载不了。经济上去了,老百姓的幸福感大打折扣,甚至强烈的不满情绪上来了,那是什么形势?所以,我们不能把加强生态文明建设、加强生态环境保护、提倡绿色低碳生活方式等仅仅作为经济问题。这里面有很大的政治。"[1]这段令人警醒的重要论述,从政治稳定高度分析了生态文明建设的极端重要性,也揭示了生态环境的政治特性。

"人心是最大的政治",也是执政的根基。我们党要巩固长期执政地位,就必须夯实人心这个最深厚的执政基础,取得人民群众最广泛的拥护和支持。在参加河北省委常委班子专题民主生活会时,习近平总书记十分严肃地指出:"这些年,北京雾霾严重,可以说是'高天滚滚粉尘急',严重影响人民群众身体健康,严重影响党和政府形象。"[2]

---

[1] 中共中央文献研究室编:《习近平关于社会主义生态文明建设论述摘编》,中央文献出版社2017年版,第5页。
[2] 中共中央文献研究室编:《习近平关于社会主义生态文明建设论述摘编》,中央文献出版社2017年版,第85页。

"这里面有很大的政治。"①习近平总书记的这一发聋振聩的告诫，应成为我们党和执政者们的座右铭。我们要痛下决心走绿色低碳循环发展之路，切实保护、修复好生态环境，尽快消除人民群众的"心头之患"，让"绿水青山"成为我们党长期执政的重要"底色"和"民心资源"。

五、"绿水青山"的社会价值

"绿水青山"作为"金山银山"，还表现在社会价值上。当然，这里指的是社会运行制度、社会体制、社会治理等意义上的"社会价值"。

事实上，无论造成环境污染还是建设生态文明，都有其深层的社会体制背景和社会根源。早在2004年5月11日，习近平同志就浙江建设生态省指出，治理环境污染好比治理一种社会生态病，这种病是一种综合征，病源很复杂，有的来自不合理的经济结构，有的来自传统的生产方式，有的来自不良的生活习惯等，其表现形式也多种多样，既有环境污染带来的"外伤"，又有生态系统被破坏造成的"神经性症状"，还有资源过度开发带来的"体力透支"。总之，它是一种疑难杂症，这种病一天两天不能治愈，一服两服药也不能治愈，它需要多管齐下，综合治理，长期努力，精心调养。由此可见，生态病实际上就是社会病，病在生

---

① 中共中央文献研究室编：《习近平关于社会主义生态文明建设论述摘编》，中央文献出版社2017年版，第5页。

态环境上，病根则在社会机体上。

我们怎样才能坚定不移地走生产发展、生活富裕、生态良好的文明发展道路，牢固树立绿色发展、生态优先、不以GDP论英雄的理念，加快形成有利于"绿水青山"的经济结构和低碳可循环、可持续的发展方式，切实加大环境保护和环境治理的监管执法力度，不断推进生态文明、美丽中国建设步伐？如此等等，这涉及到综合的社会体制、社会法规、社会政策、社会治理等问题。如果不加快形成绿色治理、绿色政府、绿色体制等"绿色社会"体制机制，就不可能顺利推进绿色发展。

因此，"绿水青山就是金山银山"自然应包括社会效益、社会价值，或者说它可以转化为"绿色社会"的"金山银山"，可以推动社会的文明进步；而"绿色社会"的"金山银山"，才是"绿水青山"的最根本、最可靠的制度保证。

六、"绿水青山"的文化价值

"绿水青山就是金山银山"，还包含深厚的文化效益和价值。文化价值是"金山银山"的精髓所在。

文化含义很广，核心要义就是心行合一的认同、自觉。"绿水青山就是金山银山"这一重要理念，既揭示自然与人、生态与发展、生态与社会的内在关联性、统一性，又成了我们今天塑造和普及生动鲜活生态文化的强劲动力，极大地丰富和提升了生态文明观，正日益成为我们党和广大人民群众自觉的行动准则。

"绿水青山就是金山银山"产生的文化价值，首先表现在绿色发展已成为我们党和国家基本的发展理念和发展战略；其次，已成为我国经济结构优化、生产方式调整和发展模式转变的基本导向；再次，已逐渐成为我国社会体制、社会政策、社会治理的重要特性和制度优势；又次，已逐渐成为我国各族人民群众生活方式、消费方式、思维方式和生活方式的基本取向；最后，以"绿水青山就是金山银山"为标志，已形成了具有中国特色的绿色生态文化，得到了国际社会的广泛认同。

早在2003年8月8日，习近平同志就指出："对于一个社会来说，任何目标的实现，任何规则的遵守，既需要外在的约束，也需要内在的自觉。因此，建设生态省、打造'绿色浙江'，必须建立在广大群众普遍认同和自觉自为的基础之上。各地各有关部门要加大宣传教育力度，提升群众的环保意识，使其缩短从自发到自为的过程，主动担当起应尽的责任，齐心协力走可持续发展之路。"①毫无疑问，推进绿色发展，既是经济增长方式的转变，更是思想观念的深刻变革。加强生态文化建设，在全社会确立起追求生态优先的价值观，是我们建设美丽中国、美好生活的重要前提。

生态文化是一种行为准则、一种价值理念，是一种发自心灵深处的醒悟和外化于行的素养。我们衡量生态文化是否在全社会植根，就是要看这种行为准则和价值理念是否自觉体现在社会生产生活的方方面面。今日之中国，生态文化已浸透于生产、生活、经济、政治、法制、党政建设等社会的各个领域、各个方

---

① 习近平：《之江新语》，浙江人民出版社2007年版，第13页。

面，正成为人们日常生活的一种意义深远的文化自觉。绿色文化作为一种新的文化自觉，将开启生态文明发展的新时代。

七、"绿水青山"的民族价值

"绿水青山就是金山银山"这一重要论断，从历史进化的时序上讲，还深刻揭示了民族价值，即对中华民族生存和发展的延续价值。

建设"绿水青山"的生态文明，功在当代，利在千秋。保护生态环境，改善生态环境，建设生态文明，"关系人民福祉，关乎民族未来"。这是因为，"绿水青山"是惠民富民之源，资源环境是富国强国之基，绿色发展是新时代富民强国之道，绿色低碳循环发展是当今时代科技革命和产业变革的基本方向，是最有前途的发展领域；生态安全是国家和民族生存发展的基本安全，沙尘暴、雾霾等各类自然灾害频发将给国家财产和人民生命带来巨大损失；建设美丽中国既是我国当前发展的重要目标取向，也是中国社会主义现代化发展的长期奋斗的美好理想。

善待生态就是善待我们自己，珍惜资源就是珍惜我们国家和民族的前途，可持续发展就是为我们的子孙后代创造良好的发展环境和条件。习近平总书记站在中华民族历史发展的高度指出，走向生态文明新时代，建设美丽中国，是实现中华民族伟大复兴中国梦的重要内容，是中华民族千秋万代永续发展的必由之路。2014年3月14日在中央财经领导小组第五次会议上，习近平总书记谈到水资源时指出："原油可以进口，世界石油资源用光后还有替代能源顶上，但水没有了，到哪儿去进口？"同年12月25日在中央政治局常委会会议上，习近平总书记又谈到了森林资源，指出森林"是国家、民族最大的生存资本，是人类生存的根基，关系生存安全、淡水安全、国土安全、物种安全、气候安全和国家外交大局。必须从中华民族历史发展的高度来看待这个问题"[①]。

"绿水青山"是中华民族永续生存安全、永续繁荣发展的"金山银山"。习近平总书记号召我们要"为子孙后代留下美丽家园，让历史的春秋之笔为当代中国人留下正能量的记录"。

八、"绿水青山"的人类价值

"绿水青山"作为"金山银山"，并不只具有民族价值，还包含着人类普遍的生态价值。中国的"绿水青山"既是全球的财富，也是对人类应有的责任和贡献。这是因为：

首先，我们人类同住一个地球，共同生活在一个自然生态系统之中，任何一个民族和国家的生态环境好坏都决定着人类全球生态环境的优劣。中国的"绿水青山"是人类"绿水青山"的重要组成部分，中国的"金山银山"也属于人类的"金山银山"。"全球同此凉热"，人类越来越成为一个"一荣俱荣、一损俱损"的自然生态命运共同体。

其次，我们人类同处一个世界，今天的时代是开放的时代，

---

① 《十八大以来治国理政新成就》下册，人民出版社2017版，第860页。

各国的发展离不开世界的发展，国与国之间早已"你中有我、我中有你"。开放是一国繁荣发展的必由之路。闭关自守永无可能进步和发展。只有世界各国相互开放、优势互补、相互借鉴、优化配置国际市场和全球发展资源，才能互利共赢，形成全球性、互补性、互利性的世界发展大格局。所以，各国的发展是同世界的发展命运联系在一起的，一国的"绿水青山"、一国的"金山银山"，直接间接都具有全球价值、人类价值。

再次，我们人类共同面临生态环境恶化和全球环境治理的大课题。自人类开始步入工业文明迄今300多年来，虽然巨大的社会生产力创造了少数发达国家的现代化，但也造成了全球生态环境的严重破坏，已日趋威胁到人类的生存和地球生物的延续。如果继续走西方工业文明老路，地球生态和人类文明就有可能崩溃。今天的世界，影响人类生存和发展的环境问题，正日益凸显为我们人类共同面临的全球性生态危机。

最后，走绿色发展、低碳循环、可持续发展之路，是人类共同的发展大势。坚持绿色发展、建设生态文明正逐渐成为越来越多国家和人民的共识，成为当今世界发展的潮流趋向。世界生态文明发展潮流势不可当。正如习近平总书记指出，"建设生态文明关乎人类未来。国际社会应该携手同行，共谋全球生态文明建设之路"[①]。

中国作为发展中大国、负责任大国，推进绿色发展和建设美丽中国的目的，既是我国自身发展、惠民富民和实现中华民族伟

[①] 《习近平谈治国理政》第二卷，外文出版社2017年版，第525页。

大复兴的内在需要，也是为解决全球性环境危机问题而承担应有的责任和义务，为世界可持续发展作出应有贡献。

总之，"绿水青山"富有无穷无尽的"金山银山"。习近平总书记指出：生态环境没有替代品，用之不觉，失之难存。环境就是民生，青山就是美丽，蓝天也是幸福，绿水青山就是金山银山；保护环境就是保护生产力，改善环境就是发展生产力。习近平总书记从建设社会主义现代化富民强国和人类命运共同体的高度，深刻阐述了人类社会从工业文明到生态文明跃迁发展的大趋势，提出了"生态兴则文明兴，生态衰则文明衰"[①]"绿水青山就是金山银山"等一系列新思想、新观点、新论断，推动了马克思主义生态文明观在当代的创新发展，科学揭示了人类文明兴衰的发展规律，必将有力地指导我国发展实践，深刻地影响人类文明的发展进程。

---

① 《习近平谈治国理政》第三卷，外文出版社2020年版，第374页。

谈谈"绿水青山"如何转化为"金山银山"

自2005年8月习近平同志提出"绿水青山就是金山银山"重要理念以来,这一重要思想理论日益深入人心,正广泛深刻地转化为中国人民建设美丽中国的伟大实践力量。按照党中央的战略部署,全国各地认真贯彻落实"两山"理念,全面推进生态文明建设,正探索走出一条经济转型升级、资源高效利用、环境不断改善、城乡均衡发展、生活品质持续提升的绿色发展之路,"两山"理念的转化路径不断拓展。从浙江等各地的实践来看,"绿水青山"转化为"金山银山"经济效益或者说绿色发展的主要通道,大致有以下几个方面。

一、大力推进绿色发展

经济发展绿色化、产业生态化,实际上就是指转变发展方式,实现高质量、高效益发展。毫无疑义,"绿水青山就是金山银山"是一种具有普遍指导意义的发展理念,也是一种科学合理的发展方式。它反映了当代人类对传统工业发展模式及其造成自然生态环境恶化后果的深刻反思，正确把握了基于科技进步的生产方式转型升级的发展趋势。绿色发展是人类现代和未来经济社会发展的基本形态，是人类现代化发展的基本底色。用"绿水青山"发展新理念去指导经济工作，加快推进经济结构调整，彻底摒弃高能耗、高污染、高排放、低效益的发展旧模式，坚定地走节约型、清洁型、科技型、循环型的可持续发展道路，改进人类生活方式，打造人与自然和谐共生的命运共同体，就是实现经济发展方式和生活方式生态化、绿色化的转变，就是"绿水青山"转化为"金山银山"最根本、最宽广的路径。实际上，发展理念、发展方式的转变，经济结构的优化升级，本身就是最大的"金山银山"。坚持走绿色化、生态化发展道路，落实到产业上，就是要推进产业、产品的生态化。产业生态化就是一、二、三次产业及其结构，各类产业、产品及生产制造过程，都要体现绿色发展要求，赋予其更多保护、节约和扩大生态功能的价值，使"绿水青山"的"金山银山"理念得到普遍地转化和实现。我们讲"两山"转化，首先应着眼于调整优化产业结构和经济结构，打好污染防治攻坚战、绿水蓝天保卫战。"绿水青山"不只是自然的、有形的"绿水青山"，更根本的是一种无处不在的发展理念、发展方式，是渗透人类所有经济社会活动过程的普遍的"绿水青山"。"绿水青山"就在眼前，"金山银山"就在脚下。推进绿色发展、高质量发展，就是"两山"转化最基本、最现实的康庄大道。

二、大力发展生态环保产业

随着绿色发展理念的确立、发展方式的转型和科学技术的进步，人们越来越重视绿色生产、绿色制造、绿色物流和绿色消费，因而生态环保技术和生态环保产业快速发展。这里讲的"生态环保产业"，主要是指污染治理、清洁生产、节能提效、保护美化环境、健康卫生等技术、工艺、设备、工程建设项目及信息服务所形成的产业体系。生态环保、生态安全、生态健康产业在国民经济结构中越来越占据重要地位，成为绿色生态发展的一个主导性产业，也是实现"两山"转化的一个前景广阔的通道。人们通常讲要推进生态产业化和产业生态化，这大致也是正确的。问题是，并非任何生态资源都可以产业化、市场化，因而"生态产业化"是有条件的，同时，把"生态产业化"等同于"生态（环保）产业"更是不科学的。环保产业和当今许多高新技术已成为直接防治环境污染、保护改善生态环境的生态产业，但它不是生态的产业化，而是保护、修复、改善、美化生态环境的产业，是人类运用相应科学技术而创造的产业。坚持"两山"理念，推进绿色发展，必须大力发展生态（环保）产业，使"绿水青山"更美，"金山银山"更大。

三、大力发展生态物化产品

"绿水青山"实际上是一个自然生态环境系统，它包括山水林田湖草沙冰以及大河大江大海大气等整个有机的生命共同体，人类是这个互为依存生命共同体链条中的一环，自然生态环境本质上是人类生存和进化的基础性环节，人类在很大程度上是直接依靠消耗（循环）生态资源而生存和发展的。比如说，清新的空气、干净的水源、可食可用的植物动物以及经人类栽培后的农作物等，基本上是大自然直接提供给人类的物态化产品。因此，"绿水青山"既是自然财富、生态财富，又是人类的经济财富、发展财富。这类生态物化产品大多数直接来自然，或者它们本身就是"绿水青山"的一部分，有的需要转化，有的不需要转化，可以直接扩大生产和投入市场。各地在落实"两山"理念时，尤其要注重发展生态农业、畜牧业、花卉业、林木业、养殖业等产业。当人们把自然的水源加工成"矿泉水"、争芳斗艳地花卉加工成"手捧花束"等产品时，这些产品多数本身是自然生态财富，是自然生态属性的价值变现，也是自然生态价值的产品化和产业化。因此，它们通常既是"绿水青山"，又是"金山银山"。各地要因地制宜，切忌端着"金饭碗"没饭吃，要立足现实，做深做透靠山吃山、靠水吃水的文章，不断探索和拓展自然生态物化产品的增值途径，有效拉长生态物化产品的产业链，不断提高其"金山银山"的含量。

四、大力开发生态调节产品

自然生态系统除了直接提供满足人们生存和发展需要的生态物化产品，更具有在相应空间范围内提供水源涵养、固碳释氧、气候调节、水质净化、保持水土和生物多样性等调节功能。这些生态调节功能通常不以物态化形式存在，而是以无具象形态的功能价值方式存在的。它不仅有自然价值，而且有经济和社会价值，人类生存和发展每时每刻都离不开它们。但是，由于生态调节功能以非具象非物态方式存在，人们对其价值意义的认识有一定局限性、交易变现也缺乏有效的定价实体和定价尺度，又由于生态调节功能类型及度量的复杂性、受益主体空间上的泛化性等原因，生态调节功能价值难以直接变为可市场交易的物化产品。然而，任何东西要成为可量度、可交易、可让渡的价值，就必须转化为某种形态的产品。当人们为保护环境、美化环境，统筹生态优化与经济社会协调发展时，探索并提出了生态环境转化为经济、社会财富的"生态产品"及其一些实现途径。"生态产品"主要是基于实现自然环境生态调节功能的经济价值而开发的产品。为了与其他意义上的"生态产品"相区别，我们把它称为"生态调节产品"。"生态调节产品"要实现价值，首先就必须明确生态资源的产权，建立其所有权、使用权、收益权、经营权、管理权等权益制度，探索并制定生态调节功能价值的度量、定价规则制度，这是实现生态调节产品市场交易、打通"绿水青山"转为"金山银山"市场化通道的制度性、政策性条件。在此基础上，才能推进"生态调节产品"价值的实现。目前，各地推进"生态调节产品"价值实现的主要方式有：生态产权交易，包括生态资源使用权交易、排污权交易、碳汇交易、生态占补指标交易等市场化机制，发挥市场配置资源的作用，实现生态资源向生态资产的转化；将生态资源的权属用于信用贷款、抵押贷款，也就是转化为绿色金融资产；生态补偿，特别是各级政府和水源上下游政府之间建立付费补偿制度，通过公共财政转移支付、财政补贴补助对保护"绿水青山"的主体予以激励，体现"谁保护，谁受益""谁受益，谁付费"原则。生态补偿是当前生态调节产品最重要的经济价值实现途径。未来还需积极探索，以进一步拓展其转化方式方法。

五、大力发展生态文化产品

自然生态环境不但可以为人类直接提供生态物化产品和生态调节产品，而且还可以提供生态文化产品。在人与自然交互活动中，自然生态环境也是人们认识、改造的对象，人们从自然生态中既能获得满足生理需要的生态产品，也能获得积累知识、愉悦心情、陶冶情操、文学创作和丰富审美情趣等方面的生态产品。这就是自然生态环境对人类所具有的文化性价值，能为人类提供生态文化产品。生态文化产品与生态物化产品、生态调节产品有本质的不同，它不是自然生态天然直接存在的，而是由于人的实践活动赋予的一种功能性价值，可以说是一种人化的功能价值。由于它主要具有满足人们精神文化需要的特性，因而我们称之为"生态文化产品"。作为生态文化产品的"绿水青山"转化为"金山银山"的最主要路径，就是发展休闲旅游业。目前，生态文化产品实现的价值占据全部生态经济价值的半壁江山。优美的自然环境，尤其自然和历史人文相融合的景观景点，更是发展生态旅游业、康养产业的优质资源。随着人们生活品质提升、休闲时间增加、审美情趣多元、消费观念和方式的变化，以身心健康愉悦和丰富人生知识阅历为主要目的的休闲旅游和康养活动，越来越成为人们生活方式的重要内容。通过发展休闲旅游业和康养产业去激活"绿水青山"的生态文化功能，实现"绿起来、富起来"，是各地最普遍也是最有效的"两山"转化方式。

六、大力提升生态产品溢价

生态产品的价值高低，或者说含金量多少，并不是固定不变的。同一个"绿水青山"的生态产品，其价值效益高低，主要取决于社会知名度和市场竞争力。要实现生态产品价值最大化，就要为"绿水青山"创造更美的环境，提供更便捷的基础设施，同时，还要充分发挥市场机制作用，善于企业化经营，善于宣传推广，积极打造特色品牌，努力提供更多更有品位的优质生态产品，使生态产品功能得到延伸拓展，价值得到增值，在溢价中创造更多的"金山银山"。

七、大力开发生态公益产品

生态兴则文明兴，生态衰则文明衰。自然生态环境是人类生存和发展的没有别的可以替代的公共品。整个地球的自然生态系统是人类共同拥有的生命共同体。因而自然生态环境是人类生存发展的共同财富，生态环境具有全球的系统性、整体性、公益性和共享性。但是，全球自然生态资源分布是不均衡的，而对它的保护和开发利用的人类主体又是多元多层次的，这就必然会损耗生态资源的人类共享共护性，并客观上造成世界各地各主体在生态环境保护与合理利用上权利与义务的不平衡性。但是，这些并不应该成为削弱生态环境公益性的本质特点。世界上的每个人都是生态环境的保护者、建设者、受益者。生态文明建设是人人共同参与、共同出力、共同享有的过程。因而我们要大力增强全民节约意识、环保意识、生态意识，培育生态道德和行为准则，开展全民绿色行动，动员全社会都以实际行动减少能源资源消耗和污染排放，共同为生态环境保护和建设美丽中国以及美丽地球作出贡献。为此，要积极倡导和大力开发生态公益产品。目前，世界各地普遍的生态公益产品，主要有各类生态环境保护基金以及植树造林、环保志愿者等公益行为。这也是"绿水青山"转化为"金山银山"的一个重要途径，需要大力倡导。

显然，与一般产品、商品不同，生态产品的形成和价值实现，通常需要政府主导，需要规划、政策、基础设施先行，必须提供明晰产权、市场准入等制度安排，条件成熟的还要制定法律法规。当前，更需要创新绿色发展机制，增强绿色发展活力，引导全社会力量共同做好"绿水青山就是金山银山"这篇功在当代利在千秋的大文章。我们要继续沿着"绿水青山就是金山银山"这条金光大道奋力走下去，积极开拓进取，勇于变革创新，不断拓宽做实"两山"转化通道，为新时代美丽中国建设作出更大的贡献。

构筑全人类共同价值哲学话语体系

当今世界处于百年未有之大变局,正酝酿着人类发展的重大转型和世界格局的巨大变革。百年未有之大变局意味着,在当前及未来相当长一个时期内,人类社会发展将面临着极大的不确定性、诸多重大的矛盾性和各种类型的不稳定性。变局越大,这种不确定性就越大。面对世界大变局的一系列相关重大问题,世界各国特别是诸多大国之间都有不同的战略利益和应对方略,这更导致了这种不确定性所带来的令人不安的变数。世界各国矛盾分歧频发甚至激化为对抗和博弈的时代背景,提出了"如何在'变'局中把握'不变'的确定性"的新课题。对这种时代大变数的不确定性焦虑,呼唤哲学家们真正基于人类文明发展视角,去深层地回答"如何把握人类社会文明发展规律""如何把握人类历史发展的正确方向"以及"人类应该遵循哪些基本共识"等事关人类社会发展的本体论式的哲学问题。

现今迫切需要构建一种能够反映新的文明形态的哲学话语体

系，并为这个时代"安身立命"①。

一、把握当今世界百年未有之大变局，需要哲学思想的正确引领

把握百年未有之大变局，需要从哲学高度把握人类社会文明发展规律。哲学作为时代精神的精华，凝结了人们对世界的本源性思考。而百年未有之大变局的时代特征及其所蕴含的不确定性和矛盾性，恰恰最需要运用哲学思维进行思考和探索。宇宙一切事物的运动都是确定性与不确定性的矛盾运动过程，人类社会事物发展更是如此。我们人类的科学知识与实践活动也是不断把不确定性认知转化为确定性文明成果的循环上升过程。世界大变局演进充满着跌宕起伏的变与不变的辩证法②，正是在"变与不变"的矛盾运动中，哲学家才能把握人类社会文明发展规律，进而找到人类未来社会发展的正确方向。

把握百年未有之大变局，需要从哲学层面揭示人类已有的共识和规则、探寻新的共识和规则。习近平总书记在中国共产党与世界政党领导人峰会上的主旨讲话中指出："当今世界正经历百年未有之大变局，世界多极化、经济全球化处于深刻变化之中，各国相互联系、相互依存、相互影响更加密切。……同时，

---

① 王永昌：《中国改革开放实践的若干哲学思考》，《哲学动态》2019年第4期，第5页。
② 王永昌、李梦云：《世界大变局视野下的确定性与不确定性》，《人民论坛·学术前沿》2021年第10期，第108—119页。

一些地方战乱和冲突仍在持续，饥荒和疾病仍在流行，隔阂和对立仍在加深，各国人民追求幸福生活的呼声更加强烈。"①毫无疑问，揭示和正视人类谋求经济复苏和世界稳定的共同诉求，探寻新的人类共生模式和共识价值，是大变局向人类社会提出的时代课题。而这些基本共存方式、共识理念和共守规则，无疑应立足于守护和推进人类文明成果，为此需要我们站在时代高度，对人类文明发展的本质特征进行反思、提炼和总结，从中确立起能够继往开来地为未来人类社会的正确发展方向提供作为思想根基的哲理。

天下为公，大道至简。人类共识共存理念及行为，首先应从人类最本质的哲学层面对人类文明发展基本规律建构起逻辑结构。

百年未有之大变局启示我们，时代变化越大，越需要相对确定的、稳定的思想和方法来指引这个时代。只有构建起新文明哲学的话语体系、凝练全人类的共同价值，才能真正把握当今世界百年未有之大变局，从而引领人类社会发展走向正确的方向。

二、探讨中国道路与文明发展规律的关系，需要哲学视角的辩证总结

人类社会进步与人类文明形态的多样化发展，需要系统总结中国式现代化新道路的伟大实践及其特性。一百多年特别是新时代以来，中国共产党带领中国人民迎来了从站起来、富起来到强

---

① 《加强政党合作　共谋人民幸福》，《人民日报》2021年7月7日，第2版。

起来的伟大飞跃，实现了中华民族伟大复兴进入不可逆转的历史进程，开创了中国式现代化新道路，为人类社会发展提供了新的文明样式及选择。习近平总书记在庆祝中国共产党成立100周年大会上的讲话中明确提出："我们坚持和发展中国特色社会主义，推动物质文明、政治文明、精神文明、社会文明、生态文明协调发展，创造了中国式现代化新道路，创造了人类文明新形态。"① 中国特色社会主义创造的人类文明新形态和中国式现代化，既是继承历史的，又是面向未来的；既蕴含中国的民族性，也包含世界性。而中国式现代化新道路的世界意义能否在更广范围和更深层次发挥作用，能否深刻总结中国特色社会主义的实践并形成文明诠释体系，正是当今世界百年未有之大变局的焦点性课题。

进一步探讨中国式现代化同人类文明发展规律之间的统一性和特殊性，是新时代中国哲学社会科学需要加以深思的。习近平总书记在中华人民共和国恢复联合国合法席位50周年纪念会议上的讲话中指出："世界是丰富多彩的，多样性是人类文明的魅力所在，更是世界发展的活力和动力之源。'非尽百家之美，不能成一人之奇。'文明没有高下、优劣之分，只有特色、地域之别，只有在交流中才能融合，在融合中才能进步。"② 对此，需要阐释中国式现代化新道路同人类文明发展规律之间的辩证关系。一方面，站在中国现实的维度，站在中国特色社会主义发展继往开来

---

① 习近平：《在庆祝中国共产党成立100周年大会上的讲话》，《求是》2021年第14期。
② 《在中华人民共和国恢复联合国合法席位50周年纪念会议上的讲话》，《人民日报》2021年10月26日，第2版。

的高度，探讨和深化人类文明发展和现代化道路，厘清现代化和当今时代文明发展的关系；另一方面，站在整个人类文明发展和世界现代化进程的视角，研究中国式现代化和中国创造的新文明形态的价值和意义。总之，只有阐述清楚中国式现代化的深刻内涵、厘清其同人类文明发展规律的异同关系，才能为世界上其他发展中国家提供新的走向现代化的有效路径选择，才能从根源上把握人类历史发展的正确方向。

三、构筑和弘扬全人类共同价值，需要哲学层面的高度概括

构筑全人类共同价值，是新文明哲学话语体系建构的最深层的共识共生、共建共享的思想基础。习近平总书记在庆祝中国共产党成立100周年大会上的讲话中指出："中国共产党将继续同一切爱好和平的国家和人民一道，弘扬和平、发展、公平、正义、民主、自由的全人类共同价值。"[①] 全人类共同价值不仅是联合国的崇高目标，还是一种新文明发展观的重要内容。人类正是存在着共同的利益和价值，才有共同的话语和规则，也才使得不同国家和群体之间能坐下来进行交流和对话，最终使合作共赢成为可能。可以说，在文明哲学话语体系中，共同价值是一个前提性的、基础性的共识，对构筑整个新文明发展的哲学观具有社会

---

① 习近平：《在庆祝中国共产党成立100周年大会上的讲话》，《求是》2021年第14期。

或历史本体论的意义。因此，哲学家们更应从哲学高度，系统深刻地思考和阐释习近平总书记提出的全人类共同价值的重大命题。

构筑全人类共同价值，应当坚持历史唯物主义，充分运用普遍性与特殊性相统一的哲学原理，且全人类共同价值须是全人类求同存异的基础。"我们要本着对人类前途命运高度负责的态度，做全人类共同价值的倡导者，以宽广胸怀理解不同文明对价值内涵的认识，尊重不同国家人民对价值实现路径的探索，把全人类共同价值具体地、现实地体现到实现本国人民利益的实践中去。"[①]习近平总书记还深刻指出："当代中国的伟大社会变革，不是简单延续我国历史文化的母版，不是简单套用马克思主义经典作家设想的模板，不是其他国家社会主义实践的再版，也不是国外现代化发展的翻版。社会主义并没有定于一尊、一成不变的套路，只有把科学社会主义基本原则同本国具体实际、历史文化传统、时代要求紧密结合起来，在实践中不断探索总结，才能把蓝图变为美好现实。"[②]历经百年奋斗，中国共产党领导人民成功走出中国式现代化道路，创造了人类文明新形态。这种新的人类文明形态，正是当今时代人类文明积极的、多样性的发展的生动体现，其倡导的人类命运共同体也是全人类共同价值的必然诉求。

令人遗憾的是，由于人类五百年来工业化和以工业化为基础

---

① 《加强政党合作　共谋人民幸福》，《人民日报》2021年7月7日，第2版。
② 习近平：《在纪念马克思诞辰200周年大会上的讲话》，人民出版社2018年版，第26—27页。

的现代化一直在欧洲处于中心地位，使得不少西方人以为西方文明就是人类文明，或者说是代表人类文明的主导模式，甚至以为是唯一正确的方式，而一味地排斥其他非西方现代化发展道路。中国共产党带领中国人民坚持中国特色社会主义的实践创造了独特好故事，但往往被淹没在西方资本主义国家掌控的话语体系中。因此，中国思想理论界应基于中国的实践，从哲学层面高度阐述全人类共同价值，从共同价值理念上打通各国文明发展的共性本质，并以此为基础去构筑新文明哲学话语体系，进而诠释人类现代化的民族性及时代性。

四、人类文明新形态，需要建构新文明哲学

中国式现代化发展是人类现代化发展的重要组成部分。中国共产党既为中国人民谋幸福、为中华民族谋复兴，也为人类谋进步、为世界谋大同。推进人类命运共同体建设，实现全人类共同价值，需要中国的思想家、哲学家和为世界负责任的学者们共同胸怀人类历史命运意识。这种历史命运意识的体现，要求基于人类文明发展史轨迹，尤其置身百年未有之大变局背景下，去深入思考如何关注时代，并且从哲学高度如何引领时代这样的"时代之问"。

为此，思想家、哲学家们要具备世界眼光和人类情怀，关注时代现实，并且在立足时代现实的基础上去超越现实，从而能够研究和解释时代、引领时代，进而提供为这个时代"安身立命"的哲学洞见，并为把握当今世界百年未有之大变局建构新的文明

话语体系。可以说，这个课题宏阔且意义深远，也是当今时代迫切需要的。

继习近平总书记在庆祝中国共产党成立100周年大会上的讲话之后，党的十九届六中全会审议通过的《中共中央关于党的百年奋斗重大成就和历史经验的决议》再次指出，我们党领导人民"创造了中国式现代化新道路，创造了人类文明新形态"。关于"新道路""新形态"的重大判断和重大思想，表明党中央已经把今天中国发展的实践和理论凝练上升到了人类历史进步和世界发展的新高度，需要哲学家们从世界观、发展观、人类观、文明观等至高的哲学层面或人类文化的最高层面来思考和探讨这些根本性问题。对此，哲学家们是大有用武之地的。当代中国哲学工作者不应将哲学研究仅仅停留在"中国式现代化新道路""人类文明新形态"概念浅层表象去说明问题，而更应该深入人类文明演进的深层本体角度去思考分析。在说明"是什么"的基础上，去探讨"为什么""应如何""何以可能"等深层的哲学问题，多去追寻"本""源"之谜。这样才能打通与人类文明的联结，与人类文明话语体系对话，进而从人类文明大厦中确立起中国式现代化的人类价值及意义。

在百年未有之大变局背景下，基于国际外交和国家之间的战略博弈，尤其是中美关系等方面的考虑，现实需要确立一种能消融"大变局"矛盾焦虑的"安身立命"的哲学关怀，使人们能够站在人类最高点的世界观、价值观和方法论的角度去思考"人类文明进步"，从而给当今和未来世界以更多的确定性和稳定性。

总之，人类文明的形态从来都是多样的，人类文明就是在不同形态相互借鉴、相互交流中发展进步的,这正是当今时代迫切需要的人类共同意识。中国始终反对零和博弈和对抗性的冷战思维。在百年未有之大变局的时代背景下,构建以促进人类文明进步为宏观视野的、体现全人类共同价值和文明交流共生意识的新文明哲学话语体系,正是当今时代所期待的。

在新时代新征程上
奋力走好新的赶考路

过去一百年,党向人民、向历史交出了一份优异的答卷。现在,中国共产党满怀历史自信,团结带领中国人民又踏上了实现第二个百年奋斗目标新的赶考之路,必将继续考出优异成绩,在新时代新征程上书写更加辉煌的新篇章。

一、奋力走好新的赶考路,必须坚定地做"两个确立"拥护者、执行者

党的十九届六中全会通过的《中共中央关于党的百年奋斗重大成就和历史经验的决议》,站在党"两个一百年"奋斗目标历史交汇的高度,庄严宣示:"党确立习近平同志党中央的核心、全党的核心地位,确立习近平新时代中国特色社会主义思想的指导地位,反映了全党全军全国各族人民共同心愿,对新时代党和国家事业发展、对推进中华民族伟大复兴历史进程具有决定性意

义。""两个确立"是十九届六中全会的最重大决定,是新时代中国共产党最重要政治成果。

走好实现第二个百年奋斗目标新征程的"赶考"路,必须有党的坚强领导核心和领路人。"两个确立"是历史选择,充分体现党的历史自信和历史自觉,凝结着党的宝贵历史经验。历史告诉我们,党的领导核心和思想理论的成熟是各项事业成功的关键所在。百年党史给我们一个重要启示就是,坚决维护党中央的核心、全党的核心是党在重大时刻凝聚共识、果断抉择的关键,是党团结统一、胜利前进的重要保证。自觉维护党的领导核心和党的领袖权威、坚持中国化时代化马克思主义的指导地位,关乎党和国家前途命运。中国特色社会主义进入新时代的重要关键时刻,党确立习近平同志党中央的核心、全党的核心地位,确立习近平新时代中国特色社会主义思想的指导地位,对新时代党和国家事业的历史进程具有决定性意义。

党的公认领袖和科学理论是在伟大历史实践中形成和确立的。进入新时代以来,我们党和国家面临形势环境的复杂性和严峻性、肩负任务的繁重性和艰巨性世所罕见、史所罕见。习近平总书记以马克思主义政治家、战略家的胆略,谋划国内外大局,推进改革发展稳定、内政外交国防、治党治国治军工作,领导全党全国各族人民抓住机遇、攻坚克难,解决了许多长期想解决而没有解决的难题,办成了许多过去想办而没有办成的大事,党和国家事业取得了历史性成就、发生了历史性变革,最根本的原因就在于有习近平总书记作为党中央的核心、全党的核心掌舵领航,在于有习近平新时代中国特色社会主义思想的科学指引。

党的十八大以来，以习近平同志为主要代表的中国共产党人就新时代面临的重大时代课题和关系新时代党和国家事业发展的一系列重大理论和实践问题，进行了深邃思考和科学判断，提出了一系列原创性的治国理政新理念新思想新战略，创立了习近平新时代中国特色社会主义思想。习近平新时代中国特色社会主义思想是当代中国马克思主义、二十一世纪马克思主义，是中华文化和中国精神的时代精华，实现了马克思主义中国化时代化新的飞跃。这一闪耀真理光芒的科学理论已经指引党和国家事业取得了重大成就，必将指引我们创造新的伟业。走好实现第二个百年奋斗目标新征程的"赶考"路，必须更加深入学习贯彻习近平新时代中国特色社会主义思想，更加自觉牢记"中国共产党是什么、要干什么这个根本问题"，更加坚定不移地走中国特色社会主义道路，确保党和国家事业始终沿着正确的方向和道路前进。我们要把学深悟透和全面贯彻习近平新时代中国特色社会主义思想，自觉地转化为走好新征途赶考路的实际行动。

走好新时代赶考路，全党上下必须不断增强"四个意识"、坚定"四个自信"、做到"两个维护"，坚定不移贯彻落实党中央方针政策和工作部署，在新时代新征程上展现新气象新作为，开创各项工作新局面。

二、奋力走好新的赶考路，必须不断增强党的历史自信

习近平总书记指出，在新的赶考之路上，我们能否继续交出

优异答卷，关键在于有没有坚定的历史自信。我们党对接续走好新的赶考路充满信心，有自觉而坚定的历史自信。

我们党坚定的历史自信，首先是由自己的科学理论和理想信念决定的。马克思主义已由历史实践证明是代表人民根本利益和人类社会发展方向的科学真理，是有强大的真理力量和生命力的。马克思主义揭示了人类社会历史运动客观规律和发展大趋向，形成了辩证唯物主义历史唯物主义的科学世界观、价值观和方法论，确立了代表人民群众根本利益的社会主义共产主义理想信念。早在《共产党宣言》问世时，马克思恩格斯就阐明了共产党人为无产阶级和绝大多数劳动者而斗争的政治立场和主张，明确指出："过去的一切运动都是少数人的，或者为少数人谋利益的运动。无产阶级的运动是绝大多数人的，为绝大多数人谋利益的独立的运动。"① 马克思主义理想信念和共产党从事的一切运动，体现了"天下为公"的历史大势和社会正义。马克思主义政党有坚定的理想信念和历史主动精神，从科学理论和理想信念中获得察大势、应变局、观未来的指路明灯。

我们党的坚定历史自信来自于党的性质宗旨和初心使命。作为马克思主义政党，中国共产党始终代表最广大人民的根本利益，没有任何自己特殊的利益，也从来不代表任何利益集团、任何权势团体、任何特权阶层的利益。从诞生那天起，我们党所付出的一切牺牲和创造，都是为了人民，所进行的一切奋斗都致力于为中国人民谋幸福、为中华民族谋复兴。中国共产党是马克思

---

① 《马克思恩格斯选集》第1卷，人民出版社2012年版，第411页。

主义先进政党，是今天已拥有9800多万名党员、领导着14亿多人口大国、具有重大全球影响力的世界第一大执政党。我们党坚持胸怀天下，始终以世界眼光关注人类前途命运，坚持主持公道、伸张正义，站在历史正确的一边，站在人类进步的一边，致力于为人类谋进步、为世界谋大同。中国共产党的初心使命和历史担当，体现了天下为公，人间正道。习近平总书记指出，这是我们党具有历史自信的最大底气，是我们党在中国执政并长期执政的历史自信，也是我们党团结带领人民继续前进的历史自信。今天，我们完全可以自信地说，中国共产党没有辜负历史和人民的选择。

我们党坚定的历史自信来自于党丰富的历史经验。习近平总书记指出，我们要从党的百年奋斗史中汲取智慧和力量，不断增强历史自信。我们党走过了百年光辉历程，团结带领人民取得了举世瞩目的重大成就，积累了极其宝贵的历史经验。这些重大成就和历史经验是最生动、最有说服力的教科书。中国共产党团结带领人民浴血奋战、百折不挠，创造了新民主主义革命的伟大成就；自力更生、发愤图强，创造了社会主义革命和建设的伟大成就；解放思想、锐意进取，创造了改革开放和社会主义现代化建设的伟大成就；自信自强、守正创新，统揽伟大斗争、伟大工程、伟大事业、伟大梦想，创造了新时代中国特色社会主义的伟大成就。这些历史变革和重大成就深刻改变了近代以后中华民族发展的方向和进程，深刻改变了中国人民和中华民族的前途和命运，深刻改变了世界发展的趋势和格局。这一百年来党团结带领人民开辟的伟大道路、创造的伟大事业、取得的伟大成就，必将载入中华民族发展史册、人类文明发展史册,也是我们接续奋斗前行的坚厚根基。在百年历史实践中,党领导人民在进取中突破,于挫折中奋起,从总结中提高,积累了坚持党的领导、人民至上、理论创新、独立自主、中国道路、胸怀天下、开拓创新、敢于斗争、统一战线、自我革命等十大历史经验。这是党和人民极为宝贵的精神财富,是我们充满历史自信,走好新的"赶考"路的强大力量。

历史自信需要建立在正确的历史认知的基础上。习近平总书记指出,对历史进程的认识越全面,对历史规律的把握越深刻,党的历史智慧越丰富,对前途的掌握就越主动。历史自信和历史主动精神,来自于对历史的正确认知。我们党历来重视科学理论、党史等学习教育,是一个善于理论思维、善于总结历史经验的政党。历史成就、历史经验、历史事件和历史活动,都需要有正确的立场、观点、方法去认识和总结。我们党一直坚持用实事求是、客观辩证的观点正确总结党的历史,反对各种历史虚无主义错误观点。特别是党的十八大以来,我们党鲜明地坚持唯物史观和正确党史观,在党和国家历史问题上正本清源,对党的历史郑重、全面、权威地作出科学总结,深入推进党史学习、教育、宣传,使全党全社会通过学史明理、学史增信、学史崇德、学史力行,不断增加历史自信、增进团结统一、增强斗争精神,让正确党史观得到广泛传播,让正史成为全党全社会共识,使广大党员、干部和全体人民特别是广大青年更加坚定历史自信,不断筑牢历史记忆,满怀信心地向前进。

百年奋斗历程已充分诠释了中国共产党的先进性质和全心全

意为人民服务的宗旨，深刻彰显了党的崇高初心和使命，浓墨书写了中华民族几千年历史上最恢宏的史诗，出彩回答了中国共产党"是什么、要干什么"这个根本问题和"从哪里来、往哪里去"这个基本命题。党的十八大以来，以习近平同志为核心的党中央，就新时代坚持和发展什么样的中国特色社会主义、怎样坚持和发展中国特色社会主义，建设什么样的社会主义现代化强国、怎样建设社会主义现代化强国，建设什么样的长期执政的马克思主义政党、怎样建设长期执政的马克思主义政党等重大时代课题，提出一系列原创性的治国理政新理念新思想新战略，创立了习近平新时代中国特色社会主义思想。我们党有足够的历史自信和历史智慧，团结带领人民走好新的"赶考"路，不断开创更美好未来。

三、奋力走好新的赶考路，必须更密切地联系人民群众

赶考本质上就是赶人民之"考"。时代是出卷人，党和政府是答卷人，人民是阅卷人、评卷人。"考卷""答卷"的主题永远是人民利益、人民幸福。

中国共产党所奋斗的一切都是为了人民幸福和民族复兴大业。我们党不仅要占据着科学真理的制高点，而且要占据着为民利民的道义制高点。人民力量是我们党的执政之基。始终把人民放在心中最高位置，以百姓之心为心，以百姓利益为本，与群众有福同享、有难同当，有盐同咸、无盐同淡。这就是我们党过

去、现在和未来克服一切困难、不断取得胜利的根本法宝,也是我们党始终保持先进性和长期执政的根本保证。离开了人民和人民的力量,我们党不但一事无成,而且势必政息人亡。因此,我们要结合新时代新实践,不断深化认识人民是党的生命根基这个大道理,并在全部执政活动中体现好落实好这个大道理。

习近平总书记告诫全党:"保持党的先进性和纯洁性、巩固党的执政基础和执政地位靠什么?最重要的就是靠坚持党的群众路线、密切联系群众。"历史和实践反复证明,我们党的最大政治优势是密切联系群众,党执政后的最大危险是脱离群众。能否实现好人民的根本利益,能否满足人民群众不断增强的美好生活的需求,能否保持党同人民群众的血肉联系,决定着党和国家事业的成败。警惕和防止脱离人民群众,最重要的是全党和各级领导干部要真心实意地坚持人民至上、以民为本,尊重敬畏人民的主体地位,保障和发展人民的根本权益,坚持从群众中来到群众中去,自觉接受人民监督和批评,坚持全面从严治党,坚决清除一切消极腐败现象和腐败分子,坚持科学执政、民主执政、依法执政,积极推进国家治理体系和治理能力现代化,不断提高新的历史条件下的执政水平,团结带领人民同心同德战胜前进道路上的各种可能风险,不断推进党和国家各项事业的新发展,以更加优异的赶考成绩赢得人民的点赞和拥护。

走好赶考路,不负人民,为民执好政,向人民交出优异答卷,让人民满意高兴,最重要的在于坚持和发展中国特色社会主义事业,坚持以人民为中心的发展思想,全面落实新发展理念,不断推动物质文明、政治文明、精神文明、社会文明、生态文明协调发展，让人民群众在现代化建设事业进程中得到更多更全面的实际利益，生活水平不断提升，生活质量不断改善。

我们党执政后，就把人民生活幸福作为"国之大者"，把发展经济、满足广大人民经常性的生活利益需求作为工作的重心。必须牢固树立以人民为中心的发展思想，坚定地把"人民对美好生活的向往"作为党和国家工作的奋斗目标。当前，我国社会主要矛盾已经转化为人民日益增长的美好生活需要和不平衡不充分的发展之间的矛盾。我们要继续坚持以人民为中心的发展思想，不断体现逐步实现共同富裕的发展要求，立足新发展阶段、贯彻新发展理念、构建新发展格局，着力提升发展质量和效益，以期更好地满足人民生活质量日益增长的需要，更好地促进人的全面发展和全体人民共同富裕。

四、奋力走好新的赶考路，必须不断推进党的自我革命

党的百年历史，也是我们党不断保持党的先进性和纯洁性、不断增强拒腐防变和抵御风险能力的历史。办好中国的事情，关键在党。我们党能否接续走好赶考路，续写发展新篇章，关键又在于我们党的"伟大工程"建设，不断把党的先进性和纯洁性推向新的时代高度。

赶考的真正要义，在于把党建设成理想信念坚定而朝气蓬勃的马克思主义政党，始终能经受住各种风浪考验、人民衷心拥护的坚强领导核心。这就必须结合时代特点不断加强党的先进性和

纯洁性建设。先进性和纯洁性是马克思主义政党的本质属性，是党生存和发展最根本依据所在。党的先进性和纯洁性建设是一个永恒课题，永远走在"赶考"的路上。习近平总书记指出："我们多次讲，党的先进性和党的执政地位都不是一劳永逸、一成不变的，过去先进不等于现在先进，现在先进不等于永远先进；过去拥有不等于现在拥有，现在拥有不等于永远拥有。这是用辩证唯物主义和历史唯物主义观察问题得出的结论。"

中国共产党要领导全国各族人民实现新的一百年的奋斗目标，实现中华民族伟大复兴的中国梦，必须深入推进新时代党的建设新的伟大工程，以党的政治建设为统领，不断提高党的领导水平和执政水平，不断提高拒腐防变和抵御风险的能力，不断增强党的自我净化、自我完善、自我革新、自我提高能力，不断提高党的创造力、凝聚力、战斗力，使我们党始终走在时代前列，永葆马克思主义政党的先进性和纯洁性，始终成为中国人民和中华民族最可靠的主心骨和坚强领导核心。

百年辉煌，千秋伟业。中国共产党完全有信心、有能力接续走好新时代赶考路，以更加辉煌的成就不断向人民交出优异的答卷。